U0030557

The Worldly Philosophers

The Lives, Times and Ideas of the Great Economic Thinkers

俗世哲學家

改變歷史的經濟學家

Robert L.
Heilbroner

海爾布魯諾——著

譯——唐欣偉

推薦序

市場啟示錄

熊秉元

因爲工作忙和孩子還小，我到中國大陸去的次數不多。但是，在有限的閱歷裡，我覺得有幾件事印象特別深。

第一次到大陸是一九九五年左右，到上海參加研討會。晚上閒逛，迷了路，問小店裡的一位年輕人；玻璃櫃裡的貨品，數量和種類都很有限。小夥子二十不到，翹著腳坐在藤椅裡看雜誌；頭也不抬，粗聲粗氣地回了一句：「不知道！」

二〇〇九年在山東濟南，向馬路上擺攤的小販問路。好幾次，當我走近時，小販抬頭，臉露笑容，一臉親切；可是，一旦聽到是問路，馬上沉下臉來，相應不理。還是在濟南，有天早上到麥當勞，早餐來了之後，向服務生要杯水吃藥。服務生竟然回應，沒有杯子裝水！「這樣吧，你喝完咖啡，杯子給我，我幫你倒點水！」一番口舌之爭以後，她心不甘情不願地倒了杯水給我。

當然，回憶匣裡裝著的，不只是苦澀和不豫。二〇一〇年到湖北中部旅遊，在荊門看完博物館之後，要到幾十公里外的鍾祥，去探訪被列爲「世界文明遺產」的「明顯陵」。在長程巴士站等車時，有個出租車過來攬客；年輕小夥子穿的T衫有點時髦，開的也是新車。我問到鍾祥一趟多少，他要一百五十（客運大約二十）；我意願不高，隨口回了一個價：一百二十。沒想到他毫不還價，立刻點頭；上了車，他回頭表示：如果開到中途，有鍾祥的回頭車，希望我能同意換車，他保證接手的一定有冷氣。

車離荊門不久，他看到對面路旁停了部計程車；兩人手勢一比，他把車停下，對面的車子掉頭過來。換了車之後，他站在車旁笑著對我揮手：「大哥，慢走！」我很好奇，就問新的司機，他們之間的價碼是如何？

接手的司機有點老實憨厚，服裝和車子都比不上原先的小夥子；他新婚不久，以鍾祥為基地；媳婦（牽手）勸他轉到荊門開車，生意較好，但是他一直沒動。接手之後開回鍾祥，他可以得五十元。而從荊門車站到碰面換手的地點，車資大概十二元。也就是，原先的司機，接了一筆一百二十元的生意，自己做了一小部分，再以五十元轉給別人完成；一百二十元扣掉五十元，是七十元；七十元扣掉十二元，是五十八元。十分鐘不到，他做成了兩筆生意；三方面都高興，而他自己是最大的贏家。他靈活巧思的結果，是皆大歡喜，利人更利己。難怪他衣著光鮮，開新車！——十餘年前在上海偶遇的那位年輕人，不知道目前的光景如何？

這些點點滴滴，都是大陸走資本主義道路、沿路的景觀。短短的一、二十年之內，有如此巨大的轉折，確實令人眼界大開。對經濟學者而言，當然可以萃取許多知識上饒有興味的體會：社會主義吃大鍋飯的時代（人民公社）裡，一般人沒有工作意願；開放走資之後，華人勤奮向上的民族性，自然而然地展現出來。每個人的利潤動機有強有弱，也就呈現出不同的結果。當然，這是一個漫漫長路，剛開始是明顯地向錢看——只問路不買東西，不會給好臉色。而且，專業倫理的雕塑，需要時間——舉世各地麥當勞的標準作業程序，絕不會是要客人先喝完咖啡、再倒水！

因此，隨著經濟活動的蓬勃發展，市場的規模日益擴大，不只是賺錢的機會增加；更重要的，是人們的思維觀念，會滴水穿石般地蛻變。仔細琢磨，在傳統的農業社會裡，一般人的思維，是依循風俗習慣。在市場經濟裡，不知不覺的，人們會慢慢地以成本效益取捨行爲。市場的價格機制，改變了人們的生活，更徹底地影響人們的思考模式。

抽象來看，當人們循成本效益思考時，「理性」的程度逐漸增加。而理性程度的提升，除了增添了人自求多福的能力之外，更擴充了國家社會追求福祉的空間。「歐盟」的出現，是最好的例子——德英法等國，歷史上是不共戴天的世仇；但是，經過斟酌，他們捐棄小是小非的計較，形成經濟共同體，攫取和實現更爲可觀、更爲巨大的利益！

這一切的一切，都是市場經濟帶來的變化。當然，市場經濟的發展，是一個漫長的過程；中國大陸近二十年的變化，可以說是人類歷史演進的縮影。市場對個人、對社會，乃至於對人類的影響，值得大書特書，更值得一書再書。

海爾布魯諾（Robert Heilbroner）教授是極其特殊的經濟學者；他博覽群籍，上下古今，視野見解恢宏而深遠。《俗世哲學家》（*The Worldly Philosophers*）這本書，一九五三年初版，一九九九年修訂七版。近半個世紀以來，這本書被翻譯成多國文字，暢銷而長銷數百萬冊。書中的內容，主要是介紹幾位重要的經濟哲人；然而，貫穿全書的，其實是「市場」這個基本概念——透過輕鬆活潑、旁徵博引、妙趣橫生的揮灑，作者描繪了包括亞當·斯密和馬克思在內，幾位重要思想家對市場經濟的見解、闡釋和影響！

這本鉅著不是教科書，由書中的材料，其實學不會經濟分析。然而，這本書的內容，卻可以豐富讀者的心靈、擴充讀者的視野。把這本書列爲「公民教育」必讀書籍之一，並不爲過！

（本文作者爲浙江大學經濟學院恒逸講座教授、中國海洋大學法學院特聘講座教授、深圳大學法學院特聘講座教授）

推薦序

為什麼要讀經濟思想史？

賴建誠

經濟學家和政治哲學家的想法，無論是對是錯，
其影響力都超過一般人的理解。……生活在現實中的人，
通常自認爲能夠完全免除於知識的影響，
其實往往都還是某些已故經濟學家的奴隸。

——凱因斯

爲什麼要讀經濟思想史？這是經濟系學生的正常疑問。研究所又不考這一科，出國留學時也沒人要看它的成績，就業時更沒人關心你是否讀過這門課。我連最新的好理論都吸收不完，怎麼會有時間和心情，去讀這些「死人的錯誤見解」？是的，所以這門課在台灣的經濟系裡，一直是個可有可無的小盆景，靠此業爲生的教師，有時還要用分數來吸引學生，既侮辱了它的「價格」，也屈辱了它的「學格」。甚至有教師對學生說，這門課教的都是老骨董，既不能用數學表達，也不能用統計工具驗證，科學性非常低，基本上是「從垃圾中製造垃圾」。以上的說法不是危言聳聽，而是我在這個領域工作二十五年的親身經歷與聽聞。

我希望替這個學門講些稍帶門面的話。先從學術市場的產品價值，來辯解這個行業並不完全是在「製造垃圾」。以亞當．斯密爲例，他的全集和傳記從一九七六年起，在牛津大學出版社重新編校印行，當初的用意是紀念《國富論》（1776）出版兩百週年。這套全集在全世界的銷售量，這三十五年來相當可觀，還印成各式各樣的版本銷售。

斯密在經濟學理論上，最有名的論點之一是「不可見的手」（the invisible hand）原理。它的基本意思是說：經濟個體在追求自身的利益時，未必會考慮到其他人的利益，但如果沒有外在的干預，就有一隻看不見的手（市場價格機能）調和眾人的利益，使個人和集體（社會）都會得到最大的利益。這種說法在經濟學界傳承兩百多年，也成爲不同學派（尤其是主張政府干預者），攻擊古典自由經濟學派的箭靶：天下哪有這種好事？只要自由放任，隨它自生自滅，就能使個人和社會同時達到最佳利益？

思想史學者的研究告訴我們，兩百多年來我們都誤解了「不可見的手」原理。William Grampp 在二〇〇〇年六月號的*Journal of Political Economy*，發表一篇翻案文章〈斯密的看不見之手是什麼意思？〉（What Did Smith Mean by the Invisible Hand?）。作者的論點相當專業嚴謹，我不便在此輕易摘述。我只是要說，這篇純用文字、沒有數學、沒有統計、不具科學外貌、題材古舊的文章，竟然刊在芝加哥大學經濟系（有多位現職教授得諾貝爾獎）編印的重量級專業期刊上，還放在當期的首篇。

好吧，就算這個行業有些特殊人物，偶爾寫些好作品，改變我們對某個觀念的見解，但那總是少數的例外。爲什麼我拿起《國富論》時，總是無法從內心深處提起激昂的興趣，再怎麼讀也看不出其中的妙趣與洞見？是我有眼無珠呢？還是你們這些做研究的人，藉著引用斯密著作的某些段落，把自己的見解借屍還魂？

我對這個問題的理解是：這些西洋古典名著寫作的時空背景，以及作者當初的特殊切入角度和論點，對幾百年或幾十年之後的我們，確實有文化和時空上的落差（對西洋人也一樣）；我們需要同時代的專業人士，用現代能理解的語言，換個角度來解說。如果不是歷代有專家，不斷地爲我們注釋解說《老子》、《墨子》，一般知識界大概很難直接閱讀原典，遑論讀出新見解來。

經濟思想史學者，基本上就是在做典籍整理與解說詮釋的工作，所以你現在可以確定，這不是很具原創性的學門。我還要誠實地告訴你，古今中外每個學門都有「嗜屍癖」的怪人，就經濟學來說，各國的同行都有這種怪人，在日本尤其多。

現在換個角度，我希望從純智識的觀點，建議你去翻一下馬克思的《資本論》，或凱因斯的《一般理論》。台灣知識界對馬克思的印象，有不少是透過三民主義教育間接得來，他常被視爲反社會、提倡階級鬥爭、主張無產階級專政的罪魁禍首。然而，如果你知道他曾經對女婿說：「我非常確定的是，我不是馬克思主義者！」你可能會重新思考，他的「外界」形象是否公平。

如果因而想看看他的《資本論》爲什麼會「禍國殃民」，那你必然會大失所望。因爲那是一本相當學術的硬書，對歐洲經濟史與經濟思想史，有大幅長篇的深入探索，腳註中充滿統計數字，引述大量的學術著作。換句話說，我們心中的馬克思形象，是透過各種立場的人，「解讀」

與「扭曲」之後傳達銘印入你我腦中。今天馬克思主義已不再風行，共產集團在世界政治的勢力已經崩垮，我們現在應該做的事，就是把馬克思的各種人造面具摘除，以自己的眼光重讀《資本論》，從原著來重新認識他。

馬克思是個被負面冤屈的例子，凱因斯是被正面扭曲的個案。如果你是經濟學的學士、碩士或博士，你一定熟習凱因斯學派的理論（喜不喜歡是另一回事）。因爲台灣的經濟學界，受到美國主流經濟學影響很深，一九五〇至八〇年代受美式經濟學教育的人，大致不脫這種思考方式（到今天也還有不少人）。

如果你很熟悉這個學派的理論，對「新」凱因斯、「後」凱因斯學派的理論也駕輕就熟，那我建議你重讀《一般理論》。你會驚異地發現，從美國凱因斯學派文獻裡所得到的知識，爲什麼和凱因斯本人的著作有這麼大差距？這就是「凱因斯」經濟學與「凱因斯學派」經濟學的差別：太多人把自己的見解，沾上凱因斯的一點邊之後，打著他的旗號闖蕩江湖。弄到後來，英國劍橋大學眞正凱因斯的弟子，例如鼎鼎大名的Joan Robinson就說，美國的凱因斯學派是「私生子」，不是本家正宗的。

我的用意不在傳布這些八卦，而是要提醒說：如果你聽某人在談哪個學派，說得天花亂墜深動人心，那麼請保持冷靜，讓自己回歸「原典」，不要被人牽著鼻子走。這個淺顯的道理，可以普遍應用到古今中外的任何名著上。

如果你不想一下子就陷得太深，想在別處先逛一下，那我願意推介三本入門、輕鬆愉快的書：Robert Heilbroner的《俗世哲學家》（一九九九第七版，商周出版中譯本，二〇一〇、二〇二〇）；Todd Buchholz的《經濟大師不死》（第二版，先覺出版社，二〇〇〇）；Mark Skousen: *The Making of Modern Economics: The Lives and Ideas of the Great Thinkers*, New York: M.E. Sharpe, 2009（第二版）。這三本書可以在桌上、床上、馬桶上隨意翻閱，如果你覺得不好看，我願意替他們辯護。

這三本「業餘版」之後，如果你想再更深入理解，那我願意推介一本專業級的：Mark Blaug, *Economic Theory in Retrospect*, Cambridge University Press, 5th edition, 1997（《經濟理論的回顧》，中國人民大學出版社，二〇〇九）。這本書從一九六二年出版後，中間各版都有多次重印，經歷四十年的市場檢驗，有相當的品質保證。一九九〇年春，我邀請Blaug來台一週，向他請教了不少事情，對這本書的寫作與修正過程，有些親耳的聽聞。二十幾年來我不知讀過多少次，每次重讀這本厚書，還是覺得內容精闢、見解銳利、博學多聞。Blaug是寫作高手，解說清晰邏輯順暢，很會把深奧的原著，用現代的幾何圖形與簡易數學重新呈現，綜合評估這些理論的歷史意義，不忘夾帶幾句譏刺的會心語。

如果你是網路族，請觀賞經濟思想史學會（History of Economics Society，一九七四年創立）的網站（eh.net/HE）。如果你對人文社會的知識有點興趣，在這個網站逛一圈之後，或許會有一種感覺：就好像在森林中散步時，無意間掀起一塊不起眼的木頭，看到底下有未見過的螞蟻聚落，成員各司其職，忙進忙出，有相當完整的組織，甚至還有一些前所不知曉的成果。

如果你上了經濟思想史的網站，也認真讀了幾本這方面的著作，你還會驚訝地發現，有好幾位諾貝爾獎得主，例如芝加哥的George Stigler和MIT的Paul Samuelson，也是這個「好讀古書」俱樂部的榮譽會員。這些高手比一般經濟學者能「溫故」，也比經濟思想史研究者，更能從古書中「知新」，他們的成就確實令人敬佩。

如果你對經濟學的認知，被「效率」、「最適化」、「均衡」這類的數學概念佔據，那就應該清靜地思考一下，你是否得了知識上的狹心症。西方經濟學發展兩百多年來，在各國各派人士手中，累積出豐富的智慧成果，但在台灣的經濟學教育中，這些美好的景觀，卻長期有系統地被輕忽了。如果你同意凱因斯的說法：「生活在現實中的人，通常自認爲能夠完全免除於知識的影響，其實往往都還是某些已故經濟學家的奴隸。」那麼你或許會想進一步瞭解，你的經濟見解是否爲某人或某派的「奴隸」，而卻一直未警覺地意識到？

（本文作者爲清華大學經濟系榮譽退休教授）

目錄

推薦序　市場啓示錄　熊秉元　〇〇三
推薦序　爲什麼要讀經濟思想史？　賴建誠　〇〇七
第七版序言　〇一五
第一章　序論　〇一九
第二章　經濟革命　〇二五
第三章　亞當・斯密的美妙世界　〇五三
第四章　馬爾薩斯和李嘉圖的陰暗預感　〇九一
第五章　烏托邦社會主義者的夢想　一二三

第六章　馬克思的嚴酷體系　一五九
第七章　維多利亞世界與經濟學的地下世界　一九五
第八章　韋伯連的野蠻社會　二四一
第九章　凱因斯的異端學說　二七九
第十章　熊彼德的矛盾　三二一
第十一章　俗世哲學的終結？　三四五
延伸閱讀指南　三五七
註釋　三六七

第七版序言

我在大約四十六年前寫了這本書，這是第七個版本，使得《俗世哲學家》（*The Worldly Philosophers*）如今的年齡，比我當年寫作時還老得多。當我還是一名研究生時，就開始了撰寫本書的冒險活動。這個存活年限之長、全然始料未及的活動，值得讓我在敘述此一最新、可能也是最後一個版本中的重要更新前，交代其來龍去脈。

我在一九五〇年代初期就讀研究所時，曾擔任自由作家賺錢維生。若有機會或有需要時，寫作的主題可能與經濟學毫不相干。因此，某次賽門舒斯特（Simon & Schuster）的資深編輯約瑟夫・巴恩斯（Joseph Barnes）約我共進午餐，以討論關於許多書籍的想法。這些想法都算不上什麼好主意。當沙拉被端上來時，一陣不祥預感浮現。這時我意識到，第一次和出版者的午餐約會，不太可能以一紙著作合約收場。然而，巴恩斯並未輕言放棄。他開始詢問我在社會研究新學院（New School for Social Research）[編1]的研究所課程。我察覺到自己對一門關於亞當・斯密（Adam Smith）的極佳專題研究充滿熱情。該專題的授課老師阿道夫・羅威（Adolph Lowe）很

編註

1 即現今之新學院（The New School），位於紐約之學術機構，以人文社會學科研究著稱，成立於一九一九年。

懂得啓發學生的靈感，本書稍後還會再提到他。在上甜點前，我們已經明白，這就是我著作的主題。等到我下次上課後，便趕緊告訴羅威教授，自己決定撰寫一部關於經濟思想演變的歷史。

受到驚嚇的羅威，乃是典型的德國學者。他專斷地說：「不行！」但我非常肯定，自己**可以**勝任。正如我在別處曾寫過的——只有研究生才能兼具這種必要的信心與天眞。我寫了介於自由作家工作和未來研究課題之間的最初三章，忐忑不安地拿給羅威教授。他讀了之後說：「你**一定要**做這個！」這就是那位傑出人士的評價（直到他於一〇二歲過世前，一直都是我最熱切、最嚴峻的批評者）。在他的協助下，我便如此進行了。

要寫書就得下個標題。我知道「經濟學」這個詞早已不流行，因此搜索枯腸，尋求一個替代品。於是，和弗雷德里克．劉易斯．艾倫（Frederick Lewis Allen）的第二場關鍵午餐會登場了。他是《哈潑》（*Harper's*）編2雜誌的編輯，對我非常好，非常有幫助。我告訴他自己很難找到一個好標題。雖然我覺得「金錢」這個詞不是很恰當，但目前考慮將這本書命名爲《金錢哲學家》。他說：「你的意思是『世俗』。」我說：「午餐我請客。」

我對此標題很滿意，但我的出版者們不這麼想。等到這本書開始跌破大家眼鏡地銷售後，他們建議將之改名爲《偉大的經濟學家》。幸好沒這麼做。或許他們以爲，人們對「世俗的（worldly）」一詞並不熟悉。在上千份學生作業中，這個字確實被誤拼成wordly。多年以後，我聽說有位學生在校園的書店中找一本書。他不記得作者的名字，但盡力回想起這本書的古怪名稱：「滿是龍蝦的世界」（A World Full of Lobsters）。也許出版者們早就料到會有這種問題。

多年以來，《俗世哲學家》的銷量超乎我的想像。別人還跟我說，有數以萬計意料之外的受害人，中了該書的毒而走上經濟學之路。對於隨之而來的痛苦，我無法答覆。然而聽到許多經濟學家說，他們最初的興趣，就是被這本書中的經濟學願景所引發。這實在讓我很高興。

這個版本和前版有兩處不同。第一，和往常一樣，重新審視這些文稿，讓我得以改正撰稿時無可避免的錯誤，以及出版後從事的研究揭示出的錯誤。這也是一個機會，讓我能隨著自身看法的演進，改變所強調的重點與闡述。這些小小的改變，或許只有這個領域的專家學者們才會注意到，並不足以為此另出新版。

第二項改變更為重要。除了將一群擁有有趣觀念的傑出人士，按時間順序排列外，我是否忽略了某條可以將本書各章更緊密串連在一起的線索？我不時會想到這個問題。數年前，我開始相信這條線索就存在於變遷的概念中。這些變遷的概念——也就是願景——藏身在所有社會分析的背後。約瑟夫．熊彼德（Joseph Schumpeter）早在一九五〇年代就提過這個概念。他是俗世哲學家中最富想像力者之一，卻未將此洞見運用到經濟思想史上。多年來，我自己也沒想到這點，希望大家見諒。

我不打算在序言中進一步討論這個俗世哲學演變的新觀點。否則，就好比在懸疑小說的陰謀尚未開始前，就把它點破一樣。因此，社會願景雖會被多次提及，但要到最後一章，我們才會考

編註

2 美國歷史悠久之月刊，以藝術、文化、文學、政治類撰文為主，創刊於一八五〇年。

慮它和我們自身所處時代的關聯。

讀者或許已注意到，本書最後一章的標題很奇特：〈俗世哲學的終結？〉這個問號清楚地表明，它不是末日宣言。等到最後一章，才會講明此一改變。這並不是在戲弄讀者，而是因爲要到最後，也就是今天，此一改變才會對經濟思想的本質與重要性構成挑戰。

這一切都需要加以證明。容我以個人的答謝來作結。我要感謝我的讀者，尤其是那些細心地將更正、異議或認可的意見寄給我的學生和老師。希望《俗世哲學家》一書，能繼續讓將成爲專捕龍蝦的漁夫、出版業者，以及那些更有勇氣，決定要成爲經濟學家的人們，更瞭解經濟學。

海爾布魯諾寫於紐約，一九九八年七月

第一章　序論

本書要介紹一小群名聲特異的人士。他們不是軍隊指揮官或帝國統治者，沒有生殺予奪的大權，也幾乎沒參與過締造歷史的決策。

他們之中有哲學家和瘋子、有教士和股票經紀人、有革命家和貴族、有唯美主義者、懷疑論者和流浪漢。

他們可以被稱為俗世哲學家，因為他們所信仰的哲學系統，是所有人類活動中最世俗的一種——賺錢的欲望。

本書要介紹一小群名聲特異的人士。他們不是軍隊指揮官或帝國統治者，沒有生殺予奪的大〔13〕權，也幾乎沒參與過締造歷史的決策。依據學童歷史教科書的標準，這些人根本無足輕重。其中有幾位頗負盛名，但沒有一個人是民族英雄。有幾位曾遭痛罵，但沒有一人成爲全民公敵。然而他們的所作所爲，比許多聲名更著之政治家的行動對歷史更富決定性；比指揮前線軍隊進退的叱喝聲更具震撼力；也比國王和立法者的敕令更能影響吉凶禍福。這是因爲他們形塑並支配了人們的心智。

因爲能夠爭取人心的人，力量勝過刀劍或權杖，所以這些人也就形塑並支配了這個世界。他們很少採取實際行動，主要是以學者身分默默工作，也不太關心世人對他們的評論。但是在他們的行列中流傳下來的觀念，卻在各大洲造成爆炸性的影響，足以決定國家政權的存亡。他們讓階級與階級、甚至國家與國家彼此對抗。這並非因爲他們密謀策動這些爭執，而是因爲他們的觀念具有非凡的力量。

他們是誰？就我們所知，他們是「偉大的經濟學家」。奇怪的是，我們對他們的認識甚微。〔14〕或許有人以爲，在一個被經濟問題困擾，總是憂心經濟事務、談論經濟議題的世界裡，人們對於大經濟學家，應該像對大哲學家或大政治家一樣熟悉才對。然而他們卻只是過去的虛幻陰影，人們對其曾熱烈討論的事情敬而遠之。經濟學的重要性固然無庸置疑，但是冷僻艱澀，最好留給那些擅長深奧思考的人來研究。

這種想法與事實天差地遠。有人認爲經濟學只是教授們的問題。他們忘記了，這門科學也曾讓人們走上街頭反抗政府。看過一本經濟教科書，就斷言經濟學很無聊，就跟看過一本後勤學的入門書籍，就認定兵學必然枯燥乏味一樣。

其實，大經濟學家們從事的研究，就和世人所知的任何事物一樣能夠激動人心，也一樣危險。他們所處理的觀念和大哲學家們的觀念不同，對我們的日常生活會造成不小的影響。他們所極力策動的實驗，也不同於隔絕在實驗室裡的科學實驗。大經濟學家的想法曾震撼世界，其錯誤則遺患無窮。

本身也是偉大經濟學家的凱因斯爵士（Lord Keynes）說：「無論是對是錯，經濟學家與政治哲學家的觀念，都比常人所理解的更有力量。其實這個世界正是爲其統治。一般注重實務，自認爲不受知識分子影響的人，往往都是某個已故經濟學家的奴隸。只聆聽來自虛空中聲音的掌權狂人，正在從多年前某個三流學者的學說中提煉其狂想。我確信，與逐漸滲入人心的觀念相比，既得利益者的權力已被過分誇大。」[註1]

當然，並非所有經濟學家都這麼偉大。數以千計的經濟學家寫過教科書（其中不少單調乏味的作品），並懷著中世紀學者的熱情，探究雞毛蒜皮的瑣事。假如今日的經濟學欠缺魅力而又〔15〕無趣，自然是經濟學家的錯。大經濟學家不會只在學術圈裡小題大作。他們以整個世界爲研究主題，並且以憤怒、絕望或充滿希望等十餘種大膽的態度，爲這個世界上色。他們的異端邪說演變成一般常識；他們將常識中迷信的本質揭發出來。當代生活的理智結構，就是這樣逐步建構而成。

8

很難想像出另外一群更奇特，不像是命中注定要改造這個世界的人們。

他們之中有哲學家和瘋子、有教士和股票經紀人、有革命家和貴族、有唯美主義者、懷疑論者和流浪漢。他們的國籍、生活和性情各個不同。其中有些光彩照人，有些卻令人生厭；有的讓人感到開心，有的讓人無法忍受。他們之中至少有三人賺到大錢，但是另有許多人連基本理財都做不好。有兩位是卓越的商人，有一位只是旅行推銷員，另有一位則把家產揮霍殆盡。

他們對世界的觀點，也同樣地分歧——從來沒有一群這麼愛爭吵的思想家。其中一人終身提倡女權，另一人堅稱女性確實比男性低劣。一人主張「紳士」只不過是經過僞裝的野蠻人，另一人則認爲只要不是紳士，就是野蠻人。其中一位曾經非常有錢的學者，極力主張消滅富裕階級；另一位頗爲貧窮的學者則反對慈善事業。他們之中好幾位主張這個世界雖有很多缺點，卻是所有可能達致的世界中最好的一個；其他幾位則窮盡畢生之力，去證明事情絕非如此。

他們全部都有著作，但其間差別之大，前所未見。有一兩人撰寫的暢銷書，遠及亞洲的窮鄉僻壤；其他有些必須自費出版其默默無聞的作品，而其讀者人數極爲有限。有些作品的文采足以〔16〕
撼動數百萬人的心靈，也有些（對世界同樣重要的）作品讓人不知所云。

將他們聯繫在一起的，不是他們的人格、他們的生涯、他們的偏見，也不是他們的觀念，而是他們共有的好奇心。這個世界十分複雜，而又看似混亂無序；在虛假的虔誠之下隱藏著殘酷，卻又有著不為人知的成功之處。這在在都讓他們目眩神迷。他們都很關注同胞們如何創造物質財富，以及人們如何仿效旁人，以賺取自己的那一份財富。

所以，他們可以被稱為俗世哲學家，因為他們所信仰的哲學系統，是所有人類活動中最世俗的一種——賺錢的欲望。或許這不是最優雅的哲學，卻是讓人最感興趣，或最重要的一種哲學。誰會在一戶窮人家，以及一個屏息等待某個能讓他進場撿便宜的災難降臨的投機商人之間，尋找「秩序」和「計畫」，或是在一群遊街亂民與一位笑臉迎客的賣菜小販間，尋找「一致的法則和原理」呢？然而這些大經濟學家們就是相信，能將這些看似不相干的線條，織成一張掛毯。只要在一定的距離外觀看，這個紛紛擾擾的世界，就會呈現出井然有序的進程，喧囂的雜音也會變得和諧。

沒錯，相信一個宏大的秩序！結果，他們是對的。這真是令人驚訝。當經濟學家在他們那一代人眼前，揭露其行為模式時，窮人和投機商、菜販和亂民，就不再是被莫名其妙推上舞台的一群不協調的演員。不論他們高興與否，每一個人都在人類進展的戲劇中，扮演一個角色。在經濟學家大功告成時，原本單調或混亂的世界，變成了有秩序的社會，其生命歷史自有其意義。

對社會史的秩序與意義之探尋，正是經濟學的核心。因此，它也是本書的主旨。我們看到的不是一個又一個原理原則，而是一連串塑造歷史的觀念。我們不僅會看到喜歡賣弄學問的教師，〔17〕還會遇到許多窮人、許多投機商人（有的破產倒閉，有的大發橫財）、許多亂民，甚至某個賣菜的小販。我們應當回到大經濟學家所察覺到的社會模式起伏中，重新發現我們社會的根源。如此，我們也可以瞭解大經濟學家本人。這不僅是因爲他們的人格常常多彩多姿，也是由於他們的觀念讓人感到厭煩。

若能直接從第一位大經濟學家亞當．斯密開始敘述，將會很合宜。然而亞當．斯密是美國獨立時代的人物。爲什麼在他之前，長達六千年的人類歷史上，沒有一位扮演主要角色的**俗世**哲學家呢？我們必須回答這個問題。早在埃及法老時代前，人們就已爲了經濟問題奮戰不休。千百年來，出現過許許多多的哲學家、科學家、政治思想家、歷史學家、藝術家，以及上千名政治家。爲什麼就是沒有經濟學家？

我們將以一章的篇幅回答此問題。我們要徹底調查那個比我們所處的世界更古老、持續時間更久遠得多的世界——它不僅不需要經濟學家，連讓他們出現的機會都不存在。之後，我們才能安排讓大經濟學家登場的舞台。我們最關心的還是近三百年來的這一小群人。然而，我們必須先瞭解他們登場前的世界。我們必須觀察那個孕育出這個摩登時代的世界。這個在一場重大的革命中動亂而又痛苦的時代，就是經濟學家的時代。

第二章　經濟革命

直到幾百年前，人們還是對市場體系抱持著猜疑、厭惡與不信任感。千百年來，世界早已安於傳統與指令的支配。只有一場革命，才能讓人們放棄這種安全感，轉向讓人懷疑又令人困惑的市場體系。

從形塑現代社會的觀點來看，這是有史以來最重要的革命。它所造成的衝擊，凌駕於法國、美國，甚至俄國革命之上。

自從人類從樹上爬下來之後，就開始面臨生存問題。這不是個人問題，而是社會群體成員的〔18〕問題。人類持續存在，就是他已解決這個問題的明證。然而即使在最富裕的國家中，仍有匱乏與貧困的現象。這表示人類尚未徹底解決此問題。

對於未能建立人間天國一事，不應太過苛責。在這個世界上混口飯吃確實不易。很難想像，人類在第一次馴養動物、第一次栽培植物，以及第一次開採礦物之際，要花費多大的努力。只因爲人類可以和他人合作，組成社會，才得以持續生存。

但是，人類必須仰賴他的同胞才能生活這個事實，卻使得生存問題變得異常難解。螞蟻具有合作本能，但人類卻正好相反，似乎生來就有強烈的自我中心傾向。人們瘦弱的身體迫使他與別人合作，但其內心的驅力卻傾向於破壞社會合作的夥伴關係。

環境可以解決原始社會中，自我中心與合作之間的鬥爭問題。當整個社群都被饑荒的陰影籠〔19〕罩（好比愛斯基摩人〔Eskimos〕的社群），求生存的純粹需要，促使社會每天都要分工合作。人類學家說，在環境稍好的情況下，會有一種被普遍接受的親屬規範與互惠規範。男男女女在這個有力的規範指引下，履行他們的任務。在伊莉莎白．馬歇爾．托馬斯（Elizabeth Marshall Thomas）那本關於非洲布什曼人（Bushmen）的有趣書籍中，她描述了一個如何將一頭大羚羊按照親戚、親戚的親戚等順序加以分割，以至於最後「沒有人吃得比任何其他人更多」。註1但先進社群中沒有這種實質的環境壓力，或社會的義務網絡。當人們無須肩並肩地直接從事求生存所必須的工作——當三分之二的人從不下田耕作、開採礦物、建造房屋，甚至連工廠都不去，或是當能夠憑親屬關係而主張的權利也消失無蹤時，人類的持續生存，就成爲一項了不起的社會成果。

事實上，人類社會得以存續，實在非常了不起。因爲它面臨著千鈞一髮的危機。現代社會面對著上千種危險：假如農人無法生產足夠穀物、假如鐵路員工突發奇想，要改行去記帳，而簿記員則想改行去當鐵路員工；假如礦工、煉鐵工、想念工程學位的人等等，只要這個社會中上千個彼此緊密相連的職務中，有一個無法履行功能，那麼工業化的生活很快就會絕望地解體。我們的社會每天都可能土崩瓦解——並非出於自然之力，純粹因爲人類捉摸不定。

千百年來，人們總共只有三種防止這種災難的方法。

人們能以傳統爲中心，將社會加以組織，以確保其存續。依據習俗，將各種各樣必須完成的工作，一代一代傳遞下去，以子承父業的方式保持一種模式。亞當・斯密說，在古埃及，「每個人都受到宗教原則的束縛，承繼其父親的職業。若想改行，就是犯了褻瀆神明的大不敬之罪」。[註2] 〔20〕直到最近，印度也都還是依據傳統的種姓來分派特定職業。[編1]事實上，在大多數未工業化的世界中，一個人要從事的工作，仍然是自出生時就已注定。

社會也可以用其他方法來解決這個問題。它能用威權統治的力量來完成任務。古埃及的金字塔，不是因爲某個富有企業家精神的包商，突然想到才去興建的；蘇聯的「五年計畫」，也不是

編註

1 一九四七年印度脫離殖民統治後，種姓制度已無法理地位，但於社會中仍可見其影響。

由於它正好與習俗或個人的自利心相一致，才得以實行的。俄國與埃及都是「指令型」社會。除了政治之外，其經濟生存也是由單一權威機關的敕令，以及最高權威當局認爲有必要採取的懲罰措施，來加以確保。

多少年來，人們都是採取上述兩種方法中的一種，來處理生存問題。只要這些問題被交給傳統或命令來解決，「經濟學」這門特殊的學問就無由出現。儘管歷史上各個社會，呈現出驚人的經濟多樣性，儘管它們頌揚國王和人民委員，用鱈魚乾和固定的石頭當貨幣，用最簡單的共產主義型態或最傳統的方式來分配財貨，只要他們是依習俗或指令運作，就不需要經濟學家來幫他們理解事務。有神學家、政治理論家、政治家、哲學家、歷史學家，奇怪的是，就是沒有經濟學家。

經濟學家在等待解決生存問題的第三種方法，一種驚人安排的發展。由此，社會可以讓每一個人在遵守一項指導原則的前提下，去做他認爲適當的事，這樣就可以確保社會存續。這種被稱作「市場體系」的安排，其規則出乎意料地簡單：人人都該盡可能地賺錢。在市場體系下，大多數人既不是被傳統牽著鼻子走，也不是被官方所逼迫，而是受到利誘前去工作。雖然每個人都可 〔21〕
以隨心所欲地逐利，但是人人「交征利」的結果，卻能完成社會所需的任務。

這種解決生存問題的方法，看似自相矛盾，而且既微妙又艱困。所以，我們需要經濟學家。

用習俗和指令來解決問題，簡單明瞭。讓每個人追逐自身的利益，就能讓社會存續的道理，卻不那麼顯而易見。假如不靠習俗和指令，社會上的所有工作（不論低賤或高尚），都未必會被完成。當社會不再服從領袖的要求時，由誰來掌舵呢？

負責解開這個謎題的，就是經濟學家。但在市場體系的觀念本身被人接受之前，並無謎題可解。直到幾百年前，人們還是對市場體系抱持著猜疑、厭惡與不信任感。千百年來，世界早已安於傳統與指令的支配。只有一場革命，才能讓人們放棄這種安全感，轉向讓人懷疑又令人困惑的市場體系。

從形塑現代社會的觀點來看，這是有史以來最重要的革命。它所造成的衝擊，凌駕於法國、美國，甚至俄國革命之上。我們的社會源於一個更古老，而且早已被遺忘的世界。爲了瞭解這場革命的強度，以及它對社會的衝擊，我們必須先置身於那個早先的世界。如此，才能理解爲什麼經濟學家這麼晚才登場。

第一站：法蘭西。一三〇五年。註3

帶著保鑣的商旅，於今天早晨抵達我們參訪的市集。他們架設起色彩斑斕的帳篷，與其他的商旅，以及當地人民交易。銷售的舶來品包括絲綢與塔手綢、香料和香水、皮革與毛皮。有些來自利凡特（Levant）編2，有些來自斯堪地那維亞（Scandinavia），有些則來自僅在幾百英里以外的地方。除了一般民眾外，地方領主與仕女，也常造訪各攤位。他們很想調劑乏味的莊園生活，〔22〕

編註

2 地中海東岸的西亞地區。

急切地想要得到沙發床、楓糖漿、洋薊、菠菜，以及其他瓶瓶罐罐等。他們對來自阿拉伯的奇珍異寶與極遠地區的新鮮事物都很有興趣。[註4]

但是在帳棚裡，有著我們意想不到的景象。桌上的商業簿冊，有時只不過是一些交易的紀錄而已。比方說：「某人在聖靈降臨週[編3]欠我十枚金幣。我忘了他的名字。」[註5]大致上，人們用羅馬數字進行計算，而且常常算錯。他們不懂長除法，也不太清楚「零」的使用方法。儘管展覽會十分華麗，參與者非常興奮，然而市集的規模實在很小。擁有史上第一座吊橋的聖哥達隘口（Saint Gothard pass）[編4]，是重要商業要道。當時每年經過該隘口，進入法國的貨物總量，還裝不滿一列現代的貨運火車；一支規模龐大的威尼斯艦隊運載的商品，也塡不滿一艘現代貨輪。[註6]

下一站：日耳曼。一五五〇年左右。

穿著皮衣，留著鬍子的商人安德列亞斯・萊夫（Andreas Ryff），正要回到在巴登（Baden）的居所。他在寫給太太的信中表示，已走訪了三十個市場，而且深爲舟車勞頓所苦。[註7]在那個時代，還有讓他更感困擾的事。幾乎每隔十英里，他就會被攔下來徵收一次關稅。在巴塞爾（Basle）[編5]與科隆（Cologne）之間，他就繳了三十一次稅。

更有甚者，他走訪的每個社區，都有自己的貨幣與自己的法規秩序。光是在巴登一帶，就有一百一十二種不同的長度基準、九十二種不同的面積基準、六十五種不同的乾貨基準、一百六十三種不同的穀類計量標準、一百二十三種不同的液體計量標準、六十三種特殊的酒類計量標準，以及八十種不同的磅重基準。[註8]

接下來，我們到了一六三九年的波士頓（Boston）。註9羅伯特‧奇尼（Robert Keayne）正在接受審判。「他是一位福音的老教授，才學出眾，家境富裕，有一個孩子。他受到良心的驅使，爲了傳福音而來到美洲。」他被指控犯了可怖的罪行：在一先令中賺了六便士的利潤。這是極不道德的。法庭正在辯論，是否要因爲他的罪孽而將之逐〔23〕出教會。由於他以往的表現毫無瑕疵，法庭最後決定從輕發落，僅判處兩百鎊罰金。但是可憐的奇尼先生苦惱異常，因此在教會長老面前，「流淚承認自己利欲薰心」。波士頓的牧師在週日布道時，利用這個良機，以任性的罪人奇尼先生的貪念爲例，大力指責某些錯誤的貿易原則：

一、人應該盡量賤買貴賣。
二、假如某人意外損失了某些商品，他可以提高剩餘商品的價格。
三、若他進貨的價格太高，則可以依其買進價格來銷售物品。

牧師大喊：這些全部都是錯！錯！錯！爲利逐利，就會墮入貪婪的罪惡之中。

編註

3 指自聖靈降臨節（Whitsun，復活節後的第七個星期天）開始的一週。
4 位於現今瑞士南部瑞義交界處，十三世紀起爲南北商賈往返的重要通道。
5 地處瑞、法、德三國交界，瑞士第三大城，僅次於蘇黎世與日內瓦。

我們再回到英格蘭與法蘭西。

英格蘭的「商人冒險家公司」（The Merchant Adventurers Company）編6，是一個大型貿易組織。它的公司章程規定，成員不能說粗話、彼此間不可以爭吵、不能玩牌、不能養獵犬、不能攜帶不雅觀的包包上街。這家公司眞的很奇怪，與其說是企業，不如說是個兄弟會。註10

後來，法國紡織業出現大幅度的全面性創新。科爾伯（Colbert）編7於一六六六年公布了一項法規，以消除這種危險而又具有分裂性的趨勢。此後第戎（Dijon）編8與色蘭吉（Selangey）生產的織物，包括邊緣在內，便一律含有一千四百〇八條絲線，不多也不少。在奧塞荷（Auxerre）、阿瓦雍（Avallon）編9以及另外兩個工業城鎮，絲線的數目是一千三百七十六條；在沙提永（Châtillon）編10，則是一千二百一十六條。任何不合規格的織物，都會遭到指責。假如有三次被發現不合格，該名商人就會被指責。註11

這些舊世界的零星瑣事，有某些共同點：第一，一個以**個人利得**爲基礎的體系是否適當（更〔24〕
遑論是否必須），還在未定之天。其次，經濟世界還不能從社會脈絡中獨立出來。現實事務不可避免地與政治、社會和宗教生活糾結在一起。等到這兩個世界截然二分後，現代生活的節奏與感覺才會出現。爲了將這兩個世界分開，就必須經過一段長時間的痛苦奮鬥。

相對而言，利得是一個現代的觀念。這也許讓我們覺得驚訝。人本來就是貪得無厭的生物，若任其自由發展，就會展現出和任何一位自重的生意人一樣的行徑。學校老師就是這樣說的。我們一向聽說，人類打從一開始，就有追求利潤的動機。

然而事實並非如此。只有「現代人」才有我們所知的謀利動機。即使對當世的許多人而言，以利益本身爲目的的想法，還是很陌生。在有史以來的大多數時期裡，這種觀念顯然不存在。威廉·佩提爵士（Sir William Petty）是十七世紀一位傑出人物。他當過船艙小弟、叫賣小販、裁縫、醫師、音樂教授，也是政治算術（Political Arithmetick）[編11]學派的創始人。他聲稱，當工資高的時候，「勞工反而很難找到。他們工作只是爲了購買食物或酒。這眞不道德」。[註12]威廉爵士所表述的，不僅僅是那個時代資產階級的偏見而已。他所觀察到的事實，仍然存在於未工業化的人民中：勞動力未經訓練、不習慣爲了薪資而工作、不適應工廠生活、沒有提高生活水準的觀念。當工資提高時，他們不會更辛苦地工作，而只會減少工作時數。每個人不僅可以，而且應該持續努力奮鬥，以改善其物質生活。埃及、希臘、羅馬以及中世紀文化中的廣大中下階層，對這種利得的觀念非常陌生。這種觀念僅在文藝復興和宗教改革時期零星出現，而大部分的東方文明〔25〕

編註

6 召集倫敦重要外貿商人的同業工會，於一四〇七年獲准成立。
7 Jean–Baptiste Colbert（1619–1683），法王路易十四時代著名的財政大臣。
8 法國東部科多爾（Côte–d'Or）省省會，也是勃艮第（Bourgogne）大區的首府。色蘭吉爲科多爾省一市鎮。
9 奧塞荷（Auxerre）爲科多爾省西側約納（Yonne）省省會。阿瓦雍（Avallon）爲約納省一市鎮。
10 位於法國中部亞列（Allier）省境內。
11 以數學方式說明分析社會問題，爲日後統計學之發展奠定基礎。

皆無此觀念。這種觀念做爲普遍的社會特質，就和印刷術的發明一樣新穎。

利得的觀念，固然不如我們有時所想的那麼普遍；這個觀念得到社會支持的時間來得更晚，其發展也更爲有限。中世紀教會不准基督徒經商，因爲他們認爲商人是社會動盪的根源。在莎士比亞（Shakespeare）的時代，非上流社會的一般百姓的生活目標，不是要改善生活，而是要維持現狀。即使對我們從英國移居美洲的清教徒祖先來說，也只有邪惡的人才會認爲利得的觀念可以被容忍，甚至是有用的。

當然，至少早在聖經故事中，貪求財富之心就已出現。但是一小群有權有勢的人貪求財富，和整個社會都爲了財富而汲汲營營之間，有極大的差別。古代腓尼基[編12]水手之中就有商人冒險家。歷史上的羅馬投機客、威尼斯貿易商、漢撒同盟（Hanseatic League）[編13]，以及爲了追求個人財富，尋求前往印度之航道的偉大葡萄牙與西班牙航海家們，都是這一類人。然而少數人的冒險，與整個社會爲投機精神所驅動之間，有著天壤之別。

就以十六世紀偉大的日耳曼銀行家，令人驚奇的富格爾家族（Fuggers）來說吧。全盛時期的富格爾家族擁有金礦、銀礦、貿易特權，甚至有權鑄造自己的貨幣。國王和皇帝的財富都遠不及他們，而且還需要該家族資助戰爭與宮廷開銷。但是當老安東·富格爾（Anton Fugger）過世後，他年紀最大的侄子漢斯·約伯（Hans Jacob）卻拒絕接管這個銀行帝國，因爲城市的事業與自身的事務，已經讓他分身乏術。約伯的弟弟喬治（George）則說，他寧願過平靜的生活。第三個姪子克里斯多福（Christopher）對此同樣不感興趣。這個富有帝國的所有潛在繼承人，顯然都

不認爲值得接下這份差事。註13

除了有錢的國王，以及像富格爾家族這種少數富豪之外，早期的資本家們非但不是社會支〔26〕柱，反而常被社會排斥。偶爾也會有像芬夏爾（Finchale）的聖哥德里克（Saint Godric）這種積極進取的年輕小夥子。起初，他在海邊晃蕩。等他撿了足夠的來自遇難船隻上的物品後，就轉而成爲商人。在賺取大量財富後，又退下來成爲虔誠的隱士。註14但這種人還是太少。只要人們仍然認爲，塵世生活只不過是到達永生的一個先行階段，商業精神就不會被鼓勵，也無由自行滋長。國王爲財寶而爭戰，貴族爲領土而征服。有自尊的貴族，都不願出售祖先的領地。但是像農奴、村裡的工匠，甚至製造業同業公會的領袖，都只想不受打攪地過著像他們父親一樣的生活，並希望兒子們也過著同樣的生活。

在十到十六世紀那個奇特的世界中，日常生活並不以追逐利益做爲指導原則。事實上，教會還大力抨擊這種觀念。這點和亞當·斯密之前一兩百年才開始的那個世界，有很大的不同。然而在這兩個世界之間，還有一個更根本的差異。「賺錢營生」的觀念，要到後者的世界中才出現。從前，經濟生活與社會生活是同一件事。工作本身就是目的，而不是爲了賺錢以及購物所需的手段。當然，工作也會帶來金錢和商品，但它是傳統的一部分，是一種自然的生活方式。一言以蔽

編註

12 Phoenecia，古代迦南（Canaan）北部沿海地區，即現今黎巴嫩、敘利亞、以色列一帶，航海事業發達。

13 中世紀後期歐洲北部沿海各大城市商會組織共同成立的貿易聯盟。

之：「市場」這種偉大的社會發明尚未出現。

市場已經存在了很長一段時間。在阿瑪納字版（Tablets of Tell-el-Amarna）編14中，就有關於法老與利凡特諸王在公元前一千四百年，以黃金和戰車換取奴隸與馬匹的熱絡貿易的記述。註15儘管交換的觀念，就跟利得的觀念一樣，幾乎與人的歷史一樣古老，但我們不能誤認爲，整個世界都和現今的美國學童一樣喜歡討價還價。舉一個稀奇古怪的例子來說吧。據說，你不能向紐西〔27〕蘭的毛利人（Maoris）詢問，一個魚鉤值多少食品，因爲他們根本沒做過這種交易，而且認爲這種問題十分荒謬。註16然而，在某些非洲社區，詢問一個女人值多少頭母牛，卻完全合法。我們對這種交易的看法，就跟毛利人對用食物換魚鉤的看法一樣（雖然聘禮的存在拉近了我們跟這些非洲人之間的距離）。

不論是原始部落中，將物品若無其事地擺放在地上的市場，或是中世紀令人興奮的商旅市集，都不能等同於市場體系。因爲市場體系不只是交換物品的手段，**更是維繫整個社會的一種機制**。

中世紀的人們完全不瞭解那種機制。我們已經看到，營利的概念被認爲是褻瀆神明。如果更進一步，主張人人競相求利有助於整個社群密切整合，那一定會被當作瘋子。

這種無知情有可原。市場會分配產品。但是「土地」、「勞工」與「資本」這三個基本生產要素，在中世紀、文藝復興時代，以及宗教改革時代——也就是十六或十七世紀之前的整個世界——根本不存在。所以人們無從想像市場體系。當然，土壤、人力與工具，一直與社會並存。但是人們並沒有關於土地或勞工的抽象觀念，就跟沒有關於能量或物質的抽象觀念一樣。土地、勞工與資本這三個生產「要素」，成爲客觀而且沒有人性的經濟個體的概念，並不比微積分的出現早多少。

以土地而言，直到十四、十五世紀，都還沒有將土地視爲可以自由買賣、收租的財產。當然，莊園或采邑之類的土地確實存在。但它們顯然不是可以看情況出售的房地產。這些土地形成〔28〕社會生活的核心，是聲望與地位的基礎，並且奠定了社會的軍事、司法與行政組織。雖然在某些情況下，土地可以買賣，但這並不是常態。一個有地位的中世紀貴族，不會想要出售他的土地，就好像康乃狄克（Connecticut）的州長不會想要把幾個郡賣給羅德島（Rhode Island）的州長一樣。

勞動力也同樣不可買賣。今天的勞動市場，意味著一個可以讓個人將其勞務，出售給提供最高工資者的廣大求職網絡。前資本主義社會沒有這種網絡。各種各樣的農奴、學徒與工人在工作，但很少能夠進入一個可以買賣勞動力的市場。在鄉下，農人的生活繫於其領主的地產上；他在領主的爐子裡烤麵包、在領主的磨坊裡磨麵粉、在領主的田地裡耕作，並且在戰時爲其領主服

編註

14 古埃及新王國時期，統治官員與駐守迦南地區官員間來往的書信，刻於泥板上。

兵役。這些服務幾乎都領不到酬勞，因爲這是身爲農奴所應盡的義務，而非可以自由締約的個體所提供的「勞動」。在城鎮裡，學徒替他的主人工作。關於要做多久的學徒、他同事的人數、他的待遇、他的工作時數以及具體的工作方法，都由同業公會統一規定。除非由於情況實在難以忍受，而引起了零星的罷工事件，否則雇工幾乎沒有與主人討價還價的餘地。

再以資本來說，私有財產當然存在於前資本主義社會。可是人們卻沒有將資金投入新穎且具有進取精神的用途的衝勁。人們的座右銘不是冒險與改變，而是「安全第一」。人們選擇的生產方式，不是耗時最短且最有效率的，而是歷時最長、最耗費勞動力者。不可以做廣告。若一個主要的公會成員，生產出的東西比他的同業更好，就會被認爲是一種背叛。當紡織業的大量生產，在十六世紀的英格蘭首次露出其可憎的面目時，同業公會向國王提出抗議。據說，這家「奇蹟作〔29〕坊」擁有兩百台紡織機，以及一群包括屠夫與麵包師傅在內，可以供應工人所需的服務人員。由於這種工作效率與財富集中，會樹立不好的先例，於是國王陛下判定它不合法。[註17]

由於未能想像出關於生產的抽象要素，中世紀自然無法想像出市場體系。儘管有著多彩多姿的地區商業中心與商旅，中世紀仍然沒有市場。社會運作有賴地區的指令與傳統。生產依據領主的命令而增減。若沒有命令，就蕭規曹隨。假如亞當・斯密生在公元一四○○年以前，就不會覺得有必要建構一個政治經濟學理論。關於中世紀社會爲什麼能凝聚在一起，並沒有什麼祕密可言；其秩序與設計也是一望即知。關於低階領主和高階領主，以及高階領主和國王之間的關係，還有教會的教導與商人階級根深柢固的營利傾向之間的衝突等，在倫理學與政治學方面的問題，確有許多需要解釋和辯護之處。但在經濟學方面則無。在一個僅憑莊園、教會和城市的律法，以及一輩子都不會改變的習俗就能明白解釋的世界裡，誰會去尋找抽象的供需法則，或是成本或價值的概念呢？在那個早先的時代，亞當·斯密或許會成爲偉大的道德哲學家，但絕不會成爲偉大的經濟學家。那時根本沒有值得他去研究的經濟事務。

直到這個自產自足的世界，在忙亂、急促而又一切自由的十八世紀迸發出來之前的數百年，任何經濟學家皆無事可做。對於一場歷時數百年，而非在一次暴烈的發作之後才出現的變遷而言，「迸發」一詞或許過於戲劇化。但是這場變遷爲時雖長，卻絕非和平演變，而是痛苦的社會〔30〕動亂，是一場革命。

就以土地的商業化來說吧。將社會的上下階層關係，轉換爲許多空地和具有商業價値的地點，就須將已根深柢固的封建生活方式連根拔起。不論在原先父權制度的藉口下，對農奴與學徒的剝削有多嚴重，要將這些「工人」從他們的寄身之處解放出來，就要創造出一個受到驚嚇而又不知所措的無產階級。要讓同業公會的領袖變成資本家，意味著把受人豢養的膽小家畜，扔到叢林裡自求生路。

這個過程幾乎不可能平靜無波。沒有人**想要**讓生活商業化。唯有再對經濟革命進行最後一次觀察，才能體會到它曾遭遇多麼激烈的抗拒。

我們回到一六六六年的法蘭西。註18

市場機制逐漸擴張之後，必然導致變革。當時的資本家就面臨這項令人不安的挑戰。紡織同業公會的領袖，是否可以改革其產品？這就是問題所在。官方的裁決是：「若一名紡織工人有意依據其發明來織布，就必須得到城鎮法官們的許可。至於他想採用的絲線數量與長度是否得當的問題，要由同業公會中四名最資深的業者與四名最資深的紡工來考慮。否則，該紡工不可以依其發明來設定織布機。」我們可以想像，到底有多少改革的提案。

就在紡織問題獲得處理後不久，鈕釦製造業公會發出怒吼。裁縫師開始用布料來製作鈕釦。這是前所未聞的事。這種創舉會對一個既有的產業構成威脅，於是政府憤怒地對用布料製作鈕釦的人科以罰金。但是鈕釦公會的會長們，還是不滿意。他們要求當局授權，以利搜索民宅與衣櫥，甚至當街逮捕穿戴這種破壞性產品的人。

對於變革與創新的恐懼，不僅僅反映在一小群惶恐商人的滑稽抵抗上。資本正在認眞地對抗〔31〕變革，各種反動的方式都可以採用。數年前的英格蘭，不僅駁回了一項關於長襪架的革命性專利申請，樞密院[編15]甚至下令禁止這種危險的新玩意兒。[註19]在法蘭西，進口印花布已對紡織業造成損害。爲此所採取的因應措施，竟造成一萬六千人喪生！僅僅在瓦連斯（Valence）[編16]一地，某次就曾爲了非法印花布的案件判處七十七人絞刑、五十八人被輪子輾死、六百三十一人發配到船上做工，只有一個幸運者被釋放。[註20]

資本並非唯一狂熱地去避免市場生活方式的危險的生產要素。勞工的處境更爲絕望。讓我們回到英格蘭。

十六世紀末，是英格蘭向外擴張與探險的偉大時代。伊莉莎白女王（Queen Elizabeth）剛完成巡視全國的凱旋之旅。然而，她卻帶著異樣的悲嘆回到宮中：「到處都是貧民！」[註21]這確實很奇怪。僅僅在一百年前，英格蘭的鄉間大都是自耕農。他們是英格蘭的驕傲，是世界上最大的一群獨立、自由而又富足的人民。如今卻「到處都是貧民」！究竟在這段期間，發生了什麼事呢？

在這段期間，土地所有權正開始大規模移轉。羊毛已成爲一種新穎而有利可圖的商品，而生產者需要牧草地來牧養綿羊。原本的公有土地，在這個過程中被轉爲私人牧場。本來零星錯落，沒有設籬笆的小地塊，僅僅用這裡或那裡的一棵樹或一塊石頭來分界。人們可以在這些零散土地與公共土地上，牧養自己的牲口，或撿拾泥炭。突然間，莊園領主宣布，這些土地都是他的財產，於是當地居民便不能再使用了。自耕農被綿羊取代。一位名叫約翰．赫爾（John Hales）的人在一五四九年記述著：「從前養活十幾個人的土地，現在被一個人和他的羊群占據……沒錯，〔32〕
羊群就是把農業趕出鄉間的罪魁禍首。從前生產各種糧食的地方，現在只剩下綿羊。」[註22]

很難想像這種圈地過程的範圍與影響。早在十六世紀中期，就有反圈地暴亂發生。其中一次

編註

15 樞密院（Privy Council）爲由英國內閣官員、大主教、高等法官等組成，就行政、立法、司法等事務向國王或皇后諫言的機構。

16 法國東南德隆（Drôme）省省會。

造成了三千五百人喪生。[註23]在十八世紀中期還有大規模動盪。這個歷史性的恐怖進程，一直持續到十九世紀中期。在美國獨立之後將近五十年的一八二〇年，索色蘭（Sutherland）公爵夫人還將七十九萬四千英畝土地上的一萬五千名佃農趕走，改爲放牧十三萬一千頭綿羊。爲了補償這些人，平均每戶佃農獲准承租兩英畝產量不高的土地。[註24]

值得注意的不只是大規模奪取土地的現象。眞正的悲劇發生在農民身上。使用公地的權利被剝奪後，就無法再維持「農夫」身分。即使願意改行做工，那時卻連工廠也沒有，於是只能變成最悲慘的農業無產階級。若無農活可幹，就成爲窮光蛋。有時變成盜匪，通常都是乞丐。英國國會對全國貧民大增的現象感到震驚，於是想把問題就地處理。爲了讓窮人們留在家鄉，國會提供了些許救助金，同時對於離鄉背井的流浪者，施以鞭刑、烙刑，以及斷肢之刑。與亞當．斯密同時代的一位教士，認眞地將教區裡的貧民收容所稱爲「恐怖之家」。[註25]最糟的是，英國以救濟金讓貧民留在家鄉過活的措施，反而妨礙了此一問題唯一的可能解決途徑。英國統治階級並非完全冷酷無情，但是他們不瞭解，市場可以讓想找工作的流動勞動人口，移往有工作的地方。就像將資本商業化時所遭遇的情形一樣，將勞動力商業化的每一個步驟，都遭到誤解、懼怕與反抗。

因此，包含土地、勞工與資本這三大要素的市場體系，是在極大的痛苦中誕生。這種痛苦從十三世紀就已開始。直到十九世紀，市場體系才能自行發展。從來沒有一個像這樣不被瞭解、不受歡迎，而又缺乏計畫的革命。然而創造出市場的這股偉大力量，勢不可擋。不知不覺中，這股力量粗魯地撕裂了傳統習俗。儘管遭到鈕釦製造業者聲嘶力竭地反抗，那時的布質鈕釦還是贏得了勝利。儘管樞密院曾經禁止使用長襪架，但是它卻變得極有價值，以至於七十年後，樞密院下令禁止長襪架出口。儘管面臨被車輪輾死的刑罰，印花布還在急速成長。在打倒了最後的抵抗後，經濟性的土地就從代代相傳的地產中被創造出來。雇員和老闆們的哀慟抗議，也無法阻止經濟性的勞工，在失業的學徒與無產的農工之中奠定基礎。

社會這輛大型馬車，向來都是在傳統的坡道上平穩前進，如今卻發現自己被一具內燃機推動。交易、交易、交易；賺錢、賺錢、賺錢，成爲新穎而又讓人驚訝的強大動力。

是什麼樣的力量，足以粉碎原本舒適的世界，並以一個不受歡迎的新社會取而代之呢？

原因不只一個。新的生活方式，乃是從舊方式中醞釀而成，好像蛹中的蝴蝶一樣，力量足夠時就會破繭而出。經濟革命不是由偉大的事件、個別的歷險、單獨的法律或有力的人物所締造，而是一個多面向的自發過程。

首先是民族國家在歐洲的興起。早期的封建殘餘，在農民戰爭與國王征服的打擊下，被中央集權的君主政體所取代。民族精神隨著君主政體的出現而成長，而王室也會贊助其偏愛的產業。〔34〕比方說，偉大的法國織錦業，以及隨著艦隊和軍隊發展所需而出現的各輔助性產業。多如牛毛的法令與管制措施，曾經讓萊夫等十六世紀的商旅們倍感困擾。如今卻被國家法律、共同的度量衡，以及比較標準化的貨幣所取代。

讓歐洲出現革命性變化的政治變遷之一，就是對海外探險與擴張的鼓勵。十三世紀時，無武裝的商人波羅兄弟（brothers Polo）[編17]勇敢地前往大汗的土地。十五世紀時，哥倫布（Columbus）也想前往同樣的目的地，於是在伊莎貝拉（Isabella）女王的贊助下，揚帆出海。從私人探險轉變爲國家贊助的探險，就是從私人生活轉變到國家生活的縮影。英國、西班牙與葡萄牙的航海資本家們，在國家贊助下出海遠航，輪番將財寶以及對於財寶的意識，大量帶回歐洲。哥倫布說：「黃金能讓人實現在人間的理想，最後更能讓人的靈魂進入天國。」[註26]這就是那個時代的觀念。受此觀念影響，一個以營利爲導向，爲賺錢而生活的社會提早出現。值得一提的是，過去東方的財富極爲驚人。伊莉莎白女王認股贊助法蘭西斯．德雷克爵士（Sir Francis Drake）的金鹿號（*Golden Hind*）航行，而這筆投資的回報，讓女王還清了英國所有的外債、平衡了預算，還能大舉投資海外。以複利計算，這筆投資相當於一九三〇年時不列顛的全部海外資產！[註27]

第二個重大的變遷，就是宗教精神受到義大利文藝復興的懷疑論與人文主義觀點的衝擊，而逐漸式微。未來世讓位給現世。物質生活水準以及日常生活的舒適，就和塵世生活一樣變得更爲重要。新教的教義隨著宗教寬容而興起。該教義促進了一種對於工作與財富的新看法。羅馬教會 〔35〕
總是不信任商人，而且毫不猶豫地將放高利貸稱爲一種罪惡。如今商人的社會地位日趨上揚，已不僅僅是一種有用的附屬物，而是新世界中不可或缺的一部分。因此，有必要重估商人的功能。新教領袖替精神生活與世俗生活的混合做好了準備。他們不歌頌與俗世生活分離的安貧樂道的生活，卻在布道時反覆灌輸這樣的觀念：盡量在日常生活中運用上帝所賜予的天賦，乃是虔誠的表現。貪求之心成爲一種公認的美德——不是爲了個人享樂，而是爲了上帝更大的榮耀。至此，精神上的完人與富人之間，幾乎已可以畫上等號。

在十二世紀的一則鄉野傳奇中，有一位放高利貸的商人，在即將步入教堂結婚之際，被一座掉落的雕像擊斃。經過調查後發現，那個掉落的雕像也是一名高利貸商人。顯然上帝不喜歡金融業者。我們可能還記得，直到十七世紀中期，可憐的奇尼還爲了他的商業行爲，而觸怒了清教當局。市場體系很難在這種充滿敵意的氣氛下擴展。當精神領袖逐漸認爲市場作風不但無害，甚至有益的時候，該體系才能全面成長。

還有一個蘊藏在物質變遷之下，影響深遠的潮流，最終使得市場體系可能實現。我們習慣性地認爲，中世紀是一個停滯不前、缺乏進步的時代。然而在五百年的封建時代中，創造了一千個城鎮（一項了不起的成就），並且以雖嫌原始但足可堪用的道路連接這些城鎮。還能從鄉下購買食品，來供應城鎮人口的需求。這些都能讓人們對於金錢、市場，以及與買賣有關的生活方式更加熟悉。在這場變遷過程中，權力很自然地從不瞭解金錢重要性的驕傲貴族手中，流向了明白金〔36〕
錢可貴的商人之手。

除了緩慢的貨幣化趨勢外，技術進步也很重要。商業革命必須以某種理性計錢的方式爲前提。儘管十二世紀的威尼斯人，已經使用精密的會計工具，但是歐洲商人在這方面，仍然和學童

編註

17 Niccoló & Maffeo Polo，馬可波羅（Marco Polo）的父親與叔父，十三世紀典型的威尼斯絲路商人。

一樣無知。對簿記方法的需要，得經過一段時間才廣為接受。直到十七世紀，複式簿記才成為標準的業務。除非金錢可以被理性地計算，否則大規模的商業活動不可能成功運作。

或許科學好奇心的興起，才是所有變遷中最重要的一項。百花齊放的技術進展，要等到亞當．斯密之後的時代才出現。不過若沒有一連串基礎的次工業發明，工業革命也無由發生。在前資本主義時代，印刷術、造紙廠、風車、機器鐘、地圖，以及許多其他發明都已出現。發明的觀念已然出現，而人們也首次以善意眼光看待實驗與創新。

上述各種潮流中的任何一樣，都無法單獨將社會翻轉。它們之中有許多，確實都能對人類組織造成重大震盪。歷史不會急轉彎，整體性的劇變要經過一段時間，才會蔓延開來。在較古老的傳統生活方式中，就已出現了市場生活方式的跡象。等到市場已經由於實際需要，而成為經濟組織的指導原則後，昔日的遺風仍然持續了一段時日。在法國，同業工會與封建特權直到一七九〇年才被廢除。在英國，對同業工會進行規範的工匠條例，編18直到一八一三年才被廢止。

但是到了一七〇〇年，也就是亞當．斯密出生前的二十三年，這個曾經審判過奇尼、禁止商〔37〕人攜帶不雅的包包、擔心價格是否「公正」，以及為了維持其祖先的特權而奮鬥的世界，已經日薄西山。社會開始注意到一組「不證自明」的格言：

「人皆天生貪財。」

「法律不能全面禁止圖利。」

「圖利乃是商業活動的核心。」註28

「經濟人」[編19]這種新觀念誕生了。這是一種蒼白生物的幻影，隨著他的計算機大腦所指引的方向前進。教科書很快就會講述，漂流在荒島的魯賓遜們（Robinson Crusoes）[編20]如何安排其生活的故事。這種安排的方式，就和那些錙銖必較的會計師一樣。

在現實世界裡，一股新的拜金與投機風氣，已經瀰漫全歐。在一七一八年的法國，一位名叫約翰・勞（John Law）的蘇格蘭冒險家，成立了一家充滿美麗幻象的投機企業——密西西比公司（Mississippi Company）。這家公司將開採美洲的金山，並出售其股票。男男女女爲了爭奪認股權，而在街上大打出手。有人爲此謀財害命，也有人一夕致富。一位旅館的服務生，賺得了三千萬里弗（livres）[編21]。當這家公司快要垮台，並導致所有投資人損失慘重時，政府試圖延緩災難發生，便糾集了上千名乞丐，給他們十字鎬和鏟子，讓他們在巴黎街頭遊行，好像是剛從黃金國埃爾多拉多（Land of Eldorado）[編22]回來的礦工團體一樣。當然，這個組織還是垮了。在那群想要迅速發財的暴民，在孔恩康波伊克斯街（Rue de Quincampoix）推擠之前的一百年，資本家們

編註

18 Statute of Artificers，十六世紀起制立的英國法律，規範勞力的供給與行爲。
19 經濟人（economic man）的假定爲經濟分析中一項重要條件，假設人類的思考與行爲具有目的理性的特質。
20 以魯賓遜做爲理性經濟人，探討人類個體自由分配工作與餘暇，追求自我利益的最大化，是古典、新古典與奧地利經濟學派經常採用的實例。
21 中世紀法國的貨幣單位之一。
22 古印加帝國傳說中的黃金城，招致西班牙對拉丁美洲的侵略。

還很膽小怕事。後來大眾的貪財之心，強烈到了連這種厚顏無恥的騙局都會輕易相信！註29

這種轉變並沒有錯。陣痛已經過去，而市場體系已然誕生。此後，生存問題不再仰賴習俗或指令來解決，而是依靠一群自由追逐利潤的人們的行動來解決。這些人僅僅是透過市場本身，才能凝聚在一起。儘管資本主義一詞要到十九世紀晚期，才被廣泛使用，但是這種體系就叫資本主義！而從根本支持這種體系的利得觀念，已然深植人心。很快地，人們就深信它是人類本性中，〔38〕
恆久不變而且無所不在的一部分。

這種觀念需要一種哲學。

人們常說，人類之所以高於其他動物，是因爲他有自覺意識。這似乎意味著，在建立社會後，人類仍無法安於現狀。他必須告訴自己，他所處身的這個社會，是所有可能選項中最好的一個，而且這個社會的安排，正是上天更爲廣大安排的縮影。因此，代代皆有其哲學家、辯論家、批評家與改革者。

但是，最早的社會哲學家們，所考慮的相關問題，都集中在生活中的政治而非經濟層面。只要世界仍爲習俗與指令所統治，貧富問題就不太可能打動這些早期的哲學家。他們最多只會爲此嘆息，或者以之做爲人類內心弱點的徵象，而加以譴責。只要人類像蜜蜂一樣，生而爲遊手好閒的雄蜂時，就不會太過關心辛苦工作的可憐群眾——后蜂的奇異變化，總是更有意義、更能激動人心。

亞里斯多德（Aristotle）寫道：「從出生的那一刻起，有些人就注定要被統治，其他人則注定要成爲統治者。」[註30]這段評論倒未必能總結爲早期哲學家們對於日常世界的輕視，但至少他們對此並不關心。廣大勞工群眾的存在遭到漠視。對於紳士與學者來說，關於金錢與市場的問題難登大雅之堂，所以不值得考慮。學者們思考的是關於國王、牧師等人的權利，以及關於世俗權力和神聖權力的重大問題，而不是那些汲汲營營的商人們的權利問題。雖然個人財富對世界的運轉有所幫助，但在努力追求財富變得尋常而普遍，且顯然對社會至關重要之前，並不需要關於財富的通用哲學。

但有人長期忽視市場世界中齷齪鑽營的一面，有人則會對此大力反對。最後，當它滲入哲學〔39〕家的象牙塔之後，最好先看看這裡是否忽略了什麼主要的模式。早在亞當・斯密之前兩百年，哲學家們就已經提出關於日常生活的理論了。

但是當他們試圖去探究這個世界的根本意圖時，卻將之編入一系列奇怪的類型之中！

首先，惡劣的生存競爭，被認爲純然是爲了累積黃金。哥倫布、科爾提斯（Cortés）[編23]與德雷克，不僅僅是政府支持的探險家，同時也是**經濟進步**的推手。對於那群爲文討論貿易問題的重商主義者來說，發展經濟的努力，自然是爲了要增強國力，而國力最重要的成分就是黃金。因此，他們的哲學是關於大艦隊與大冒險、國王的財富與國家的節約。其優於一切的信念是，假如

編註

23 Hernán Cortés（1485-1547），造成阿茲提克帝國滅亡的西班牙征服者。

人人皆努力尋寶，國家自會繁榮昌盛。

這些觀念的背後，是否有一個統一的概念？在此，我們第一次遇到在序言結尾處提到的想法，那就是做爲實踐的基礎，其重要性比實踐更高的觀念——願景。事實上，在英國哲學家與政治思想家托馬斯．霍布斯（Thomas Hobbes）於一六五一年出版，深具影響力的作品《利維坦》（*Leviathan*）的封面，就有這樣的願景圖像：一位巨人保護著其下寧靜的田園。那是一位國王，一手持劍，一手持權杖。仔細審視他身上穿的盔甲，可以發現其每一片金屬板，都是一個人頭。

值得注意的是，這是一個政治性的願景，而不是經濟性的。《利維坦》一書的核心論證，是說爲了防止墮入霍布斯所描述的「孤獨、貧困、齷齪、殘酷與短命」的狀態，必須有一個掌握全權的政府。註31 雖然商業活動扮演重要角色，但它們既可能支持該至高無上的政府，也可能造成混亂。因此，儘管各國王室都對累積金銀頗有興趣，它們還是都准許商船將黃金運到外國，交換 [40]
絲綢等奢侈品，以彌補王室寶庫的損失。

然而，即使在此處，這個願景也提供了初次嘗試建構經濟分析的基礎。早在《利維坦》問世前，商界的發言人就發行許多小冊子，以證明航向泰晤士河（Thames）下游的商船，乃是國王的資產，不會對政權構成威脅。它們的確會載運某些黃金到國外，以換取外國貨物，但是它們載運的不列顛貨品，可以換回更多黃金。正如東印度公司的主管托馬斯．孟（Thomas Mun）在《英國得自對外貿易的財富》（*England's Treasure by Foreign Trade*）一書中所提的解釋：一個國家增進其財富的「常用手段」，就是貿易。「我們一定要觀察到這個貿易的規則：每年賣給外國

人的商品價值，都要比我們向他們購買的商品價值更高。」[註32]

到了十八世紀，早先對黃金的重視，被認爲有點天眞。新的思想流派逐漸成長，而且愈來愈強調將**商業**當作國家活力的偉大泉源。從此以後，他們自問的哲學問題，不再是如何壟斷黃金市場，而是如何協助新興商人階級去促進商業，以創造更多財富。

這個新哲學帶來了一個新的社會問題：如何讓窮人持續貧窮？當時通行的見解是，除非讓窮人持續貧窮，否則他們就不會老實地做苦工，而不要求過高的薪資。十八世紀初期最聰明、最棒的社會評論家伯納德．曼德維爾（Bernard Mandeville）寫道：「爲了使社會幸福……必須讓大多數人既無知又貧窮。」[註33]所以，重商主義的作家們面對英國廉價的農業與製造業勞工，對此現象嚴肅地點頭表示認同。

在日常生活的混亂中，被置入的秩序，絕不僅僅是黃金與商業的觀念而已。無數的時事評論家、牧師、怪人、偏執狂等等，提出了十餘種不同解釋，以試圖替社會現狀辯護或加以譴責。麻煩的是，這些模式全都無法讓人滿意。有人說，國家顯然不能買多賣少；另外卻有人堅決主張，〔41〕進多出少顯然更爲有利。有些人堅稱貿易可以增加國家財富，因此推崇貿易商；其他人則說，貿易只不過是寄生在農人強健的身體上才得以成長茁壯。有些人說，窮人之所以貧困，乃是上帝有意爲之。即使不是如此，他們的貧困對國家的財富來說，也至關重要；其他人則將赤貧視爲一種社會罪惡，看不出貧困如何能創造財富。

在這些彼此矛盾的論戰之外，只有一件事很清楚：人類堅持要某種理性的秩序，以幫助他理解所處的世界。嚴酷而又讓人倉皇失措的經濟世界，隱然變得愈來愈重要。難怪薩繆爾・約翰遜博士（Dr. Samuel Johnson）[編24]說：「沒有比貿易更需要哲學來加以說明的了。」一言以蔽之，經濟學家的時代來臨了。

在這場混戰之外，一位見識非凡的哲學家登場了。亞當・斯密於一七七六年出版了他的《國家財富的性質和原因的探究》（*Inquiry into the Nature and Causes of the Wealth of Nations*），而爲那個重要的一年，增添了第二起革命性的事件。一個民主政體在大海的這一端誕生；一個經濟藍圖在大海的那一端展開。並非所有歐洲國家都追隨美國的政治領導，然而在斯密展示了現代社會的第一幅眞實畫面後，整個西方世界，都變成了亞當・斯密的世界。他的願景成了歷代公認的傳統。亞當・斯密從未自認爲革命者。他只是對於他認爲十分清楚、合理，而又保守的事情加以解釋而已。在《國富論》問世後，人們開始用不同的眼光，看待關於他們的世界。他們看見，他們執行的任務，如何成爲整體社會的一環；他們看見，整個社會正以莊嚴的步伐前進，邁向一個遙遠但清晰可見的目標。一言以蔽之，一個新的願景誕生了。

編註

24 英國十八世紀著名詩人與文評家，其耗費九年編撰之著作《約翰遜字典》（*A Dictionary of the English Language*）對現代英文影響甚鉅。

第三章　亞當・斯密的美妙世界

他想揭露讓社會凝聚在一起的機制。他所尋找的就是「那隻看不見的手」，讓「人們的私利與激情」，被引導到與「整個社會的利益最為一致」的方向。正如同《道德情操論》所述，人類自私動機之間的交互作用，轉化成最出人意表的結果：社會和諧。

那是什麼新願景？正如我們可能預見的，那不是一種「狀態」，而是一個「系統」——更精〔42〕確地說，是個「十足自由的系統」。但在介紹這個不凡的概念前，要先介紹這個同樣不凡的作者。

在一七六〇年代訪問英國的人，很可能聽說格拉斯哥大學（University of Glasgow）的亞當·斯密。斯密博士或許不算非常有名，但很多人都知道他。伏爾泰（Voltaire）聽過這個人。大衛·休謨（David Hume）是他的好朋友。學生們從俄國遠道而來，聽他有些結巴卻熱情洋溢的演講。除了在學術界的成就外，斯密博士的獨特個性也很出名。比方說，人人都知道他心不在焉。某次，他在和朋友同行時，很認眞地討論研究課題，結果卻跌進了坑洞裡。據說他曾經自己把麵包和奶油加到飲料中，然後說那是他這輩子所喝過最糟的茶。雖然他有很多怪癖，對他的智力並不構成阻礙。亞當·斯密正是那時代最重要的哲學家之一。[註1]

在格拉斯哥，亞當·斯密講授道德哲學的課題。這門學科的範圍，比現在的要廣泛得多。道〔43〕德哲學包括自然神學、倫理學、法理學，以及政治經濟學。因此它含括了人類對於秩序與和諧最崇高的推動力，乃至於爲了在殘酷現實中謀生而從事的那些沒那麼和諧有序的活動。

自古以來，人類一直想將事物合理化。而在宇宙的混亂中尋求設計意圖的自然神學，就是其中一個目標。假如斯密博士闡述的是宇宙亂象背後的自然法則，來訪的客人就會覺得理所當然。但是斯密博士探索的是光譜的另一端，在日常生活的喧囂下，尋求其宏大的構造，那麼訪客或許會覺得，他眞的踰越了哲學的分寸。

十八世紀末的英國社會，絕非理性秩序或道德意涵的典範。只要將目光轉離有閒階級的優雅生活，就會發現人們用最邪惡的形式，爲求生存而進行殘酷鬥爭。在倫敦的廳堂與各郡舒適奢華的地產外，舉目所見，盡是與昔日殘留下來之最不理性、最昏聵不堪的習俗與傳統所混合在一起的貪婪、殘酷與墮落。這個社會不像一部經過精心設計，每部分皆有助於整體功能的機器，反而像詹姆斯·瓦特（James Watt）奇怪的蒸汽機：漆黑、嘈雜、效率低而又危險。斯密博士聲稱，能在其中看見秩序、設計與目的，眞是奇哉怪也！

若我們的訪客前去參觀康瓦耳（Cornwall）的錫礦，[註2]就會看見礦工們往下進入礦井中。等他們到達坑底，會從腰帶上拿出一根蠟燭。點燃後，他們會伸展四肢，睡到蠟燭熄滅才起床。然後他們挖礦兩三個小時。接下來，又要照例抽菸斗休息一陣子。這樣下來，半天的時間在偷懶，半天的時間在採礦。假如我們的訪客前往北方，鼓起勇氣進入德罕（Durham）或諾森伯蘭（Northumberland）的礦坑中，他將會看見完全不同的景象。在這裡，男男女女衣不蔽體地在一 [44] 起做牛做馬。這裡有著最野蠻、最殘酷的習俗：雙目交接燃起的性慾，就在廢棄坑道中草草地解決；七歲或十歲，從沒見過陽光的小孩，只爲了礦工付的幾分錢，就在冬天被派去幫忙拖拉裝煤的桶子；孕婦像馬一樣拉著運煤的車子，甚至就在漆黑的洞穴中分娩。

生活的多彩多姿、守舊因循，或是殘酷無情，並非只顯現在礦坑裡。就算在平地上，一個觀察力敏銳的訪客也很難看到與秩序、和諧以及設計有關的事物。國內許多地方，都有貧農成群結隊地四處找工作。一群自稱爲老不列顛幫（Companies of Ancient Britons）的人會在收割時節，從威爾斯高地（Welsh highlands）下來。有時候，整群人中只有一匹既沒有馬鞍，也沒有轡頭的馬。有時候，整群人都是徒步。他們之中，常常只有一個人會說英語。那個人就可以代表大家，請求擁有地產的鄉紳讓他們幫忙收割。他們一天的工資僅有六便士。[註3]這點倒不會讓人感到驚訝。

最後，我們的訪客停留在一個製造業城鎮。他還是會看見其他值得注意的景象。只是對沒受過訓練的人來說，看起來還是毫無秩序可言。他也許會對隆貝兄弟（brothers Lombe）[編1]在一七四二年建造的工廠感到驚奇。它有五百呎長，六層樓高，在當時算是相當巨大的建築物。根據丹尼爾．狄福（Daniel Defoe）所述，工廠內的機器包括「兩萬六千五百八十六個輪子與九萬七千七百四十六個裝置。水車輪子每分鐘轉三圈。每轉一圈，就可以牽動七萬三千七百二十六碼的絲線」。[註4][編2]同樣值得注意的是，照料機器的孩童，每隔十二或十四小時就轉時鐘一次，在汙穢漆黑的鍋爐上烹煮他們的伙食，在供應膳宿的工寮裡輪番上工。據說，工寮裡的床鋪始終都是暖熱的。[註5]

不論在十八世紀還是現代，人們都會認為那是一個怪異、殘酷、雜亂無章的世界。然而更值〔45〕得注意的是，斯密博士竟能將它與道德哲學的結構加以協調，而且這位飽學之士還宣稱，要去探尋在其內部，與包羅萬象且意義深遠的整體相契合的，那偉大法則的清晰輪廓。

這位彬彬有禮的哲學家，究竟是怎麼樣的人呢？

「我是一個只愛自己書本的雅士。」亞當‧斯密某次自豪地向他的朋友炫耀他心愛的書齋時，曾這樣自我描述。註6當然，他並不英俊。一個大獎章上的人像，顯示出他突出的下唇往上伸展，快要碰到他大大的鷹勾鼻；垂落的眼皮下，有著凸出的雙眼。終其一生，他都爲神經疾病所苦；他的頭會顫抖，而且講話也有點結結巴巴。

此外，他的心不在焉也是人人皆知。在一七八〇年代，當斯密快要六十歲時，愛丁堡（Edinburgh）的居民經常可以看見，他們最傑出公民的滑稽模樣：穿著淺色外套、及膝短褲、白色絲質長襪、帶扣鞋，戴著寬邊海狸毛帽，拿著手杖，沿著鵝卵石路走下來。他的眼睛注視著無盡的遠處，嘴唇似乎在喃喃自語。每走一兩步，他便躊躇不前，好像要改變方向，甚至退回原處。有個朋友說他走路的樣子「像隻蠕蟲」。

有一次，他穿著睡袍走入自家的花園。然後失神地走了十五哩才回頭。還有一次，斯密與一位顯赫的朋友在愛丁堡散步。一名衛兵舉槍對他們致敬。對這種事早已司空見慣的斯密，突然著魔似地用他的手杖回禮。讓他朋友更驚訝的是，他還一再模仿那名衛兵的動作，直到站上一長串台階的頂端才恢復正常，而那時他的手杖還揮舞在半空中。他完全不知道自己剛才的怪異舉動，

編註

1 John & Thomas Lombe，十八世紀英國德比的絲織業者。

2 按狄福逝於一七三一年，並無可能見到一七四二年建立的工廠景象。又John Lombe逝於一七二二年，Thomas Lombe逝於一七三九年，也不可能於一七四二年建造工廠。顯然一七四二年之說有誤。

將手杖放下來之後，他繼續之前的話題。

這位失神的教授，於一七二三年生於蘇格蘭伐夫郡（County Fife）的刻科迪鎮（town of 〔46〕 Kirkcaldy）。刻科迪鎮當時已有一千五百人。在斯密出生時，仍有鎮民把釘子當成貨幣使用。當他四歲時，發生了一件最奇怪的意外：一群路過的吉普賽人把他綁走了。他的叔父努力追趕（斯密的父親在他出生前就過世了），使得吉普賽人將這個孩子遺棄在路旁。他的一位早期傳記作者寫道：「我怕他可能成爲一個可憐的吉普賽人。」

雖然斯密會突然失神，但是他從小就是聰明的學生。他注定要從事教育工作，因此在十七歲時就得到獎學金，騎馬前往牛津大學，並在那裡待了六年。然而，那時的牛津卻不是適合學習的好地方。這點和日後的情形不同。絕大多數知名的教授，早已連假裝教書都不願意。一位外國遊客曾記述他在一七八八年時，在一場公開辯論會上驚訝地發現，所有四位參賽者，在該他們發言的時間完全保持沉默，每個人都在全神貫注地讀一本那時流行的小說。既然教授們很少講課，斯密大部分的時間，就在無人教導的情形下，閱讀他認爲適當的讀物。事實上，他差點因爲房裡藏有休謨的《人性論》（*A Treatise of Human Nature*）一書，而被大學開除——即使對這位未來的哲學家來說，休謨也不適合被閱讀。[編3]

在他還不到二十八歲的一七五一年，斯密就成爲了格拉斯哥大學的邏輯學教授。不久後又獲得道德哲學教授的職位。和牛津不同的是，格拉斯哥大學的學風嚴肅，是所謂蘇格蘭啓蒙運動（Scottish Enlightenment）[編4]的中心，以人才雲集自詡。但是它和現代大學的觀念，仍大相逕庭。拘謹的教授們並不十分欣賞斯密那種有些輕浮而又熱情的舉止。他曾被指控說，有時在宗教場合發笑（顯然是在做白日夢）、是大逆不道的休謨的堅定盟友、不支持見證基督的主日課程、請求大學評議委員會（Senatus Academicus）免除上課前的祈禱儀式，以及宣講含有「自然〔47〕宗教」[編5]意味的祈禱文。若我們還記得，斯密的老師法蘭西斯·哈奇森（Francis Hutcheson）曾在格拉斯哥打破慣例，拒絕使用拉丁語授課這件事，就不會覺得奇怪了。

對斯密的非難並不算很嚴重。他仍在一七五八年被提拔爲院長。無庸置疑，他在格拉斯哥過得很愉快。他在晚上玩牌（心不在焉的問題，讓他變成一名不太可靠的牌友）、參與學術性社團，過著平靜的生活。他很受學生愛戴，尤其以講學著稱——連巴斯維爾（Boswell）[編6]也前去聽講。而他怪異的步伐和說話方式，更讓人競相仿效。他的小型半身像，還被陳列在書店櫥窗裡。

他的聲望當然不僅僅來自於古怪的人格特質。在一七五九年，他出版了《道德情操論》（*The Theory of Moral Sentiments*）。該書立刻引起轟動，並使得斯密很快便進入英國頂尖哲學家之林。該書是在探討道德上的認可與非難之起源。爲什麼天性自利的人類，似乎可以受到制約，

編註

3 休謨的《人性論》在一七三九至四〇年間出版，因爲對道德及宗教的理論立場而引起諸多爭議。

4 指十八世紀後半葉於蘇格蘭突起的智識與科學的巨大進展，斯密的老師哈奇森、休謨、斯密均爲其代表人物。

5 指基於理智和經驗而信仰的自然神學。

6 James Boswell（1740-1795），蘇格蘭律師及傳記作家，以爲薩繆爾·約翰遜作傳而著名於世。

或昇華到更高層次？斯密認爲，這是因爲我們有能力置身於第三者的位置，成爲超然的觀察者。如此，就能夠深入個案的客觀價值，而不只是站在自私的立場思考。

這本書及其探討的問題，引起了廣泛的興趣。在日耳曼地區，**亞當・斯密的問題**成爲人們熱衷爭辯的主題。對我們來說，更重要的是該書得到了奇人查爾斯・湯森（Charles Townshend）的讚許。

十八世紀似乎奇才輩出，而湯森就是其中之一。他不但機智，而且博學。霍拉斯・華爾波（Horace Walpole）[編7]曾說湯森是「一位全才。倘若他像一般人一樣眞誠、一樣穩健，而且擁有一般的常識，那麼他必然會是那個時代最偉大的人」。[註7]湯森的反覆無常經常被人詬病。人們〔48〕諷刺地說：湯森先生身體的某一邊疼痛，但是他卻不肯說是哪一邊。[註8]在擔任財政大臣時，他先不讓美洲殖民地人民自行選任法官，然後又對美洲的茶課以重稅，從而助長了美國革命的爆發。這可以做爲他缺乏常識的證據。

儘管政治眼光短淺，湯森卻眞心地在研究哲學與政治學，而且他還是亞當・斯密的忠實信徒。更重要的是，他有能力提供斯密一個難得的機會。湯森於一七五四年，和布克萊公爵（Duke of Buccleuch）的遺孀，達奇司女伯爵（Countess of Dalkeith）成婚。這場婚事極爲順利，而且對湯森十分有利。如今，他得爲他太太的兒子物色一位家庭教師。上流社會的年輕男子，往往都要前往歐陸旅行。在那裡，可以學到赤斯特菲爵士（Lord Chesterfield）所讚揚的優雅。湯森認爲，亞當・斯密博士是陪伴小公爵旅行的理想人選，湯森提出年薪五百鎊（開支另外報銷）外加退休年金五百鎊的條件。這種條件好得令人無法拒絕。斯密擔任教授時，每年從學生那裡領到的酬金，還不及一百七十鎊。值得一提的是，當斯密博士把學費退還給學生時，他們拒絕接受。這些學生們說，他們所學的已物超所值。

這位教師和年輕的公爵於一七六四年前往法國。他們停留在土魯斯（Toulouse）[編8]十八個月。由於往來的朋友極端乏味，再加上斯密的法語十分差勁，相形之下，在格拉斯哥的寧靜生活反倒顯得自在放蕩了。之後他們搬到法國南部（斯密在那裡遇見伏爾泰，並且向他致敬，同時還冷淡地斥退了一位熱情女侯爵的追求），接著去日內瓦，最後到達巴黎。爲了排解在異鄉生活的煩悶，斯密開始撰寫關於政治經濟學的專著。這是他曾在格拉斯哥講授過的主題，在愛丁堡的「擇優學會」（Select Society）[編9]的許多夜晚與人辯論過，也詳細地與他的摯友休謨討論過。這 〔49〕
本書就是《國富論》，不過還要等十二年才大功告成。

在巴黎的日子就好得多。這時，斯密的法語雖然還是很糟，但已足以和法國最重要的經濟思想家長談。此人就是弗隆索瓦·奎內（François Quesnay），路易十五的御醫，也是龐巴度夫

編註

7 Horace Walpole（1717-1797），英國作家，以哥德式小說《奧托蘭多城堡》（*The Castle of Otranto*）聞名。

8 法國西南部加隆（Garonne）河畔一城市。

9 十八世紀於愛丁堡成立的學會，由多位對蘇格蘭啓蒙運動具有卓越貢獻的人物組成，包括休謨、亞當·佛格森（Adam Ferguson）、斯密等人。

人（Mme. Pompadour）的私人醫師。奎內提倡經濟學上的重農主義（Physiocracy），並且創制了《經濟表》（*tableau économique*）。當時人們仍認爲，財富就是金銀之類的固體材料。奎內反對這種觀念，堅決主張財富源於生產，而且一手一手地傳遞，就像血液循環一樣流經整個國家，並注滿社會的身體。這確實是屬於醫生的洞見。[註9]《經濟表》讓人印象深刻——老米拉波（Mirabeau the elder）[編10]將其稱爲能與書寫和貨幣相提並論的發明。[註10]不過重農主義的問題在於，堅稱只有農人才能**生產**出眞正的財富，因爲只有農業才能讓財富從大自然中產生，而製造業的工人，只能改變產品的形式，實際上並沒有增加財富。因此，奎內的體系對於實際政策的幫助有限。它的確提倡自由放任（*laissez-faire*）政策這個劃時代主張，卻堅稱工業部門只能改變產品形式，從而無法看出，勞工也可以在土地以外的場域創造財富。

斯密最偉大的創見之一，就是發現了「價值」是源於勞工，而非源於自然。或許這是因爲，斯密生長於一個貿易繁忙，而非像法國那樣完全以農業爲主的國家。不論如何，斯密都不能接受這派學者對於農業的狂熱偏見（像米拉波等奎內的追隨者，只會奉承諂媚而已）。斯密個人非常欽佩這位法國醫生。倘若奎內能再多活些時日，斯密一定會把《國富論》獻給他。但重農主義和斯密蘇格蘭式的願景根本不合。

這場旅行在一七六六年意外中斷。和他們在一起的公爵幼弟發燒了。儘管斯密竭盡所能地照〔50〕護，還請了奎內幫忙，但他還是在狂亂狀態下死亡。於是公爵回到他在達奇司的莊園，而斯密則先去倫敦，然後再到刻科迪。雖然休謨一再懇求，斯密還是在那裡待了比較愉快的十年，而這本鉅著也隨之成形。在大部分時間裡，斯密都是倚靠著壁爐口述，同時神經質地用頭去摩擦牆壁，以至於在嵌板上留下一條黑色的條紋。他偶爾會去達奇司的莊園拜訪他的學生，或是去倫敦與當時的俊彥討論他的觀念。約翰遜博士就是其中之一。雖然斯密參加了約翰遜博士的擇優學會，但是他和這位最年高德劭的詞典編纂家總是話不投機。華爾特．史考特爵士（Sir Walter Scott）編11告訴我們，當約翰遜第一次遇見斯密時，就攻擊他所做過的某個陳述，而斯密則爲自己的論點辯護。大家都想知道：「那約翰遜怎麼說呢？」斯密很憤怒地說：「他說：『你在騙人！』」「那你怎麼答覆呢？」「我說：『你這××養的！』」史考特說，這兩位偉大的倫理學家第一次見面時，用的就是這些詞彙。而這也是這兩位偉大哲學導師間的經典對話。註11

斯密也遇見了一位兼具魅力與才智的美國人，班傑明．富蘭克林（Benjamin Franklin）。富蘭克林提供了關於美洲殖民地的豐富資訊，並且讓斯密深切地體會到，這個殖民地將來可能扮演的角色。後來斯密對於這些殖民地所組成的國家有著如下的敘述：「它確實很可能變成世界上所曾出現過之最偉大，也最可怕的國家之一。」這無疑是受到富蘭克林的影響。

《國富論》於一七七六年出版。兩年後，斯密奉派出掌愛丁堡海關，年薪六百鎊，而且幾乎

編註

10 Victor Riqueti, marquis de Mirabeau（1715-1789），Honoré-Gabriel Riqueti, comte de Mirabeau（1749-1791）之父，法國重農學派經濟學家。

11 Sir Walter Scott（1771-1832），蘇格蘭歷史小說家與詩人，知名著作包括《薩克遜英雄傳》（*Ivanhoe*）和《威弗利》（*Waverley*）等。

不用做什麼事。斯密一直和母親住在一起，直到她在九十歲時去世爲止。斯密的學者生涯始終祥和、平靜。直到最後，他都很安詳、滿足，而且心不在焉。

8

那麼那本書又如何呢？

它號稱「不僅僅是出自一個偉大的心靈，而且也是一整個時代的結晶」。註12 然而嚴格地說，它並非一部「原創性」的著作。洛克（Locke）、史都華（Steuart）編12、曼德維爾、佩提、坎蒂隆（Cantillon）編13、杜爾哥（Turgot）編14，以及先前提過的奎內和休謨等一連串在斯密之前的觀察家，對這個世界的理解都和斯密很接近。斯密汲取了他們的思想：在他的專著中所提到的作者，超過一百人。然而其他人只是在某處釣魚，斯密卻撒下了天羅地網；他人釐清了個別議題，斯密卻闡明了全貌。《國富論》雖然不完全是一部全然原創的著作，但它無疑是一部傑作。

首先，它是一幅巨大的全景圖。它在開頭的著名段落裡，便描述了釘子製作過程中細密的分工專業化情形。在結束前，還論及包括「美洲殖民地最近的騷動」（顯然斯密以爲美國獨立革命戰爭會在他的著作出版之際結束）、牛津大學學生生涯的虛度光陰，以及一七七一年以來鯡魚捕獲量的統計數據等各種各樣的題材。

只要看一眼坎納（Cannan）編15爲該書較晚出的版本所編纂的索引，就能得知斯密的參考文獻與思想範圍之廣：以下便是十餘個字母A的條目：

阿拔斯（Abassides），薩拉森帝國（Saracen empire）在該王朝統治時期繁榮昌盛

亞伯拉罕（Abraham），衡量過的錫克爾（weighed shekels）

阿比西尼亞（Abyssinia），以鹽爲貨幣

公開表演的演員（Actors, public），因爲從事這一行所受到的輕視，而領取報償

非洲（Africa），掌握大權的國王還遠遠比不上歐洲的農人

酒館（Alehouses），其數量並非造成酒醉的充分原因

大使（Ambassadors），他們被任命的最初動機

美洲（America）〔其下有一整頁參考條目〕

學徒資格（Apprenticeship），對這種奴役本質的解釋

阿拉伯人（Arabs），他們支援戰爭的方式

軍隊（Army），……君王對抗一位心懷不滿的教士時，並不安全

〔52〕

編註

12 James Denham Steuart（1712–1780），英國重商主義經濟學家，蘇格蘭啓蒙運動貢獻者之一，其著作《政治經濟學原理研究》（*An Inquiry into the Principles of Political Economy*）因亞當·斯密的《國富論》而黯然。

13 Richard Cantillon（1680s–1734），愛爾蘭經濟學家，長居法國，其研究理論爲爾後重農學派核心觀念之先驅。

14 Anne–Robert–Jacques Turgot（1727–1781），法國重農學派經濟學家，經濟自由主義的早期倡議者。

15 Edwin Cannan（1861–1935），英國經濟學家，專研經濟思想史，曾任倫敦政經學院教授。

在採用小號字體印刷的版本中，該索引長達六十三頁，其內容無所不包：「財富，最讓人愉快之處在於可以炫耀；貧困，有時讓民族採行不人道的習俗；胃，對食物的欲望受到其容量的限制；屠夫，殘忍可憎的行業。」當我們讀完這部厚達九百頁的著作後，對於一七七〇年代英國的學徒、熟練的工人與新興的資本家；地主、教士與國王；作坊、農田與對外貿易，都會歷歷在目。

這本書的內容豐富。它具有百科全書式的深思熟慮，卻不像有秩序的百科全書那般精確。那時的作家，無須用**假如**、**而且**與**但是**等字眼，來限定其觀念，而且才智到達斯密那種水平的人，可以囊括他那個時代的大部分知識。因此，《國富論》無所迴避、無所刪削、無所畏懼。多麼讓人惱怒的書啊！它一再拒絕用一個簡明的句子，來總括他辛苦花了五十多頁篇幅才達致的結論。該書的論證充滿細節與觀察，因此人們總要將這些裝飾去除後，才能發現把他們貫串在一起的隱藏鋼骨結構。討論到白銀問題時，斯密偏離主題，花了七十五頁篇幅處理；討論到宗教問題時，他又花了一章的篇幅，漫遊在道德社會學領域。儘管該書卷帙浩繁，卻充滿洞見、觀察，以及巧妙的措詞，使得這部鉅著活力洋溢。首先將英國稱爲「小店主的國度」的人，就是亞當．斯密；[註13]寫出「比較一位哲學家和一位街頭挑夫的天賦和氣質，就像是比較獒犬和灰狗一樣，在本質上差異不大」這句話的人，也是亞當．斯密。[註14]對於當年正在蹂躪東方的東印度公司，他寫道：「它是一個非常奇特的政府。在行政機關中的每一個成員，只要有能力，而且在對他有利的情形下，都想離開那個國家……在他帶著全部的財產離開後，即使該國被一場地震所吞噬，他

也無動於衷。」註15

《國富論》絕不是一本教科書。亞當．斯密是爲了他的時代，而不是他的課堂而寫作。他是在詳細解釋，一種對於治理帝國來說非常重要的學說，而不是一部在學術界流傳的抽象專著。他要斬殺的惡龍，在那時儘管有點疲倦，但還沒有氣絕。例如重商主義者的哲學，就耗費了超過兩百頁的篇幅，才被置於死地。

最後，這本書還具有革命性。當然，亞當．斯密並不贊成一場推翻紳士階級，擁戴貧苦大眾的動亂。然而《國富論》的意涵卻有革命性。亞當．斯密並不是在爲新興的資產階級辯護，這點和一般人所想像的不同。我們將會看見，他對資產階級的工作感到欽佩，卻對他們的動機存有疑慮。他也很留意廣大勞工群眾的需要。他的目標不在擁護任何一個階級，而在增進國家整體的財富。對亞當．斯密來說，儘管人們的消費量並不同，然而財富是由社會中**所有**人的消費所構成。在這種自然自由的社會（Society of Natural Liberty），既有貧困，也有財富。

然而，這是一個民主而且激進的財富哲學。關於黃金、財寶與國王窖藏的想法，以及商人、農人或同業工會的特權，皆已消逝。我們處身於現代世界。經濟生活的最終目標，是由每一個人所消費的商品與勞務的流量所構成。

現在，又有什麼樣的願景呢？我們將會看到的願景，不可能像霍布斯關於王權原則所描述的那樣簡單。亞當．斯密的願景，更像是一個全新社會組織方式的藍圖。這就是政治經濟學的方式。就今日的術語來說，這就是經濟學的方式。

亞當．斯密對於兩個問題的解決方案特別有興趣。這也是該藍圖的核心。首先，他想揭露讓社會凝聚在一起的機制。一個人人追逐己利的社群，怎麼可能不四分五裂呢？是什麼因素，使得每一個人的私務，得以和全體的需要相符？既沒有中央權威的規劃，也沒有古老傳統的穩定影響〔54〕力，又怎麼能夠讓社會完成維繫其生存所必須的任務呢？

這些問題引導著亞當．斯密去構想市場的規律。用他的話來說，他所尋找的就是「那隻看不見的手」，[註16]讓「人們的私利與激情」，被引導到與「整個社會的利益最爲一致」的方向。[註17]

但是市場律只是亞當．斯密所探詢的一部分問題而已。社會將往何處去？市場的規律，就好像可以解釋爲什麼一個旋轉中的陀螺，可以保持直立而不倒的法則一樣。但是陀螺能否憑著自身的旋轉，而在桌子上移動呢？這就是另一個問題。

亞當．斯密，以及那些追隨他的偉大經濟學家，並不認爲社會是一種人類的靜態成果，會一成不變，一代又一代地自我複製。相反地，社會被視爲一個有自己生活史的有機體。的確，整部《國富論》就是一本偉大的歷史著作。亞當．斯密將商業資本主義稱之爲「完全自由的體系」。《國富論》就解釋了「完全自由的體系」（也被稱爲「自然自由的體系」）如何誕生，以及如何運作的問題。[註18]

但是，在我們隨著亞當．斯密弄清楚市場規律之前，還不能轉而碰觸這個更大、更迷人的問題。因爲市場規律本身，將是那個導致社會繁榮或衰敗的更大規律不可或缺的一部分。讓無心插柳的個體能夠與其他人協調一致的機制，會影響到社會自身隨著年歲的流逝而演變的機制。

因此，我們先來看市場機制。它不是會激發想像力，或讓人心跳加速的東西。不過它雖然枯燥乏味，卻值得我們另眼相看。因爲市場規律不僅是理解亞當．斯密世界的關鍵，也構成了卡爾．馬克思（Karl Marx）那個全然不同的世界，以及我們現在所處的，另一個大相逕庭世界的〔55〕
基礎。無論知不知道，我們都要服膺市場規律。所以，有必要更仔細地對它詳加檢視。

亞當．斯密的市場規律基本上很簡單。在特定的社會架構下，某種特定行爲的結果，會產生全然確定，而且可預見的後果。具體地說，市場規律告訴我們，在一個人人追逐己利的環境中，個別的自利本能會導致競爭；更進一步地說，競爭會導致社會按照它所想要的數量，以其準備要支付的價格，獲得其所需的物品。讓我們來看看這是如何發生的。

首先，自利心驅使人們去從事任何社會願意支付酬勞的工作。亞當．斯密說：「我們能夠有東西吃，不是出於屠夫、釀酒人或麵包師的善心，而是他們的自利心。我們不要訴諸他們的仁愛心，而要訴諸他們的自愛心。不要和他們談論我們的需要，而要談論他們的利益。」[註19]

然而自利只顯示出這幅圖像的一半。它驅使人們採取行動。另外還必須有某種事物，用來防止利令智昏的人們讓社會付出過高的代價。僅靠自利心激起作爲的社群，將會是一個無情奸商的社群。然而競爭，也就是市場中自利行爲者之間的衝突，可以節制上述問題。每一個追求自身最大利益，而不顧其社會後果的人，都要面對一群有著同樣動機，追求同樣目標的對手。因此，每一個人反倒會過於急切地利用旁人的貪婪之心。當一個人利令智昏的時候，他的競爭對手早已把生意搶走了；假如某人的商品索價過高，或者給工人的薪資比別人給得低，他的客戶或員工就會流失。正如同《道德情操論》所述，人類自私動機之間的交互作用，轉化成最出人意表的結果：〔56〕社會和諧。

讓我們來考慮高物價問題的例子。假設有一百個手套生產商。每一個人的自利心，使得他們希望讓價格高於生產成本，以賺取額外的利潤。但他做不到這一點。若他抬高價格，競爭者將以比他更低的售價把生意搶走。除非所有手套生產商共組一個穩固的聯合陣線，才能收取不正常的高價。但是在這種情形下，一個來自其他領域（例如製鞋業），富有進取心，並決定投資到手套製造業的廠商，還是可以打破該聯盟的聯合壟斷。因爲這個廠商能夠削價搶攻市場。

市場規律不僅僅能迫使產品價格有競爭性，還能讓社會中的生產者，注意到社會所需的商品**數量**。假設消費者決定，要比較多的手套與比較少的鞋子。如此一來，大家會爭相購買市場上積存的手套，而鞋子的生意將變得很冷清。當消費者準備購買的手套數量，比現貨量更多時，手套價格就會隨之上升。當鞋店門可羅雀，鞋子的價格會下跌。但是手套業的利潤，會與手套的價格一起揚升，而製鞋業的利潤，則會與鞋子的價格一起下跌。於是自利心會再次發揮效用，以重新恢復平衡。當製鞋業的生產規模縮小時，工人們就會離開這個產業，轉而投入正在蓬勃發展的手套製造業。顯然地，手套生產將會增加，鞋子的生產將會減少。

而這正是社會最初想要的結果。等到更多手套進入市場，以滿足需求之後，手套價格將回歸正軌。鞋子生產的減少，則會使得鞋子的剩餘很快地消失，於是其價格也將再次回歸常態。社會將能夠透過市場機制，調整生產要素的分配，以符合其要求。然而沒有人發號施令，也無須主管〔57〕當局規劃建立生產的進度。自利心與競爭之間彼此拮抗，就能實現這種轉變。

　　最後，市場不僅根據大眾的需求來調節**商品**的價格和數量，同時還能調節合作生產那些商品的人們的**收入**。假如某種產業的利潤高得離譜，其他廠商將蜂擁而至，直到競爭將過多的利潤降低爲止。假如某種工作的薪水超出尋常，其他工人將迅速轉行，直到該職位的薪水，降低到和需要類似技術與訓練的工作薪水相近時爲止。相反地，當某種產業的利潤或工資太低的時候，資本與勞工將會外流，直到需求再次引發供給爲止。

　　這似乎有點顯而易見。但是細想一下，亞當・斯密用自利動機和競爭調節解釋了多少事情。首先，他解釋了爲什麼價格和實際生產成本間的差距不至於過大。其次，他解釋了社會如何能夠誘使商品生產者，提供社會所需的物品。第三，他點出了高物價的問題爲什麼可以自行消弭。因爲昂貴的產品價格，會使得這類物品的產量增加。最後，他解釋了國內每一個重大生產階層，基本上收入水準都很接近的原因。一言以蔽之，他已經在市場機制中，找到了爲社會有秩序地提供所需物資的自我調節體系。

　　注意「自我調節」一詞。市場的美妙之處，就在於它能夠自我管理。假如產出、價格，或某種酬金偏離了社會所規定的水準時，就會有一股力量將它們拉回來。這裡有一個奇怪的悖論：市場既是個人經濟自由的極致，也是最嚴格的監工。人們或許可以上訴要求計畫委員會做出裁定，或是懇求某位大臣的恩賜。但是來源不明的市場機制壓力，既不會對上訴做出裁定，也無所謂恩

賜。因此，乍看之下人們擁有經濟自由，其實只不過是一種幻象。一個人可以在市場上爲所欲 〔58〕
爲。假如一個人反市場之道而行，那麼個人自由的代價就是經濟破產。

世界眞的是這樣運作的嗎？在亞當．斯密的時代確實如此。當然，即使在那時，也已經有限制市場體系自由運作的因素出現。製造業者聯合壟斷，人爲地維持高價；熟練工人組成的工會，抗拒將工資壓低的競爭壓力。更令人不安的跡象也已出現，有待人們去理解。隆貝兄弟的工廠，不僅僅是一項工程奇蹟或觀光景點：它預示了大規模的工業即將來臨，在市場中擁有極大勢力的老闆就要出現。棉花廠裡童工的市場力量，當然不能和提供床鋪、伙食，並且剝削他們的老闆相提並論。儘管這些偏差的現象與藍圖並不一致，十八世紀的英國確實很接近亞當．斯密心目中的模式。在那時，商人們**的確**彼此競爭、一般工廠的規模並不大、價格**確實**隨著需求起伏而漲跌，且價格的變化**確實**會造成產出和工作的改變。亞當．斯密的世界，被稱爲原子式競爭的世界。在那個世界中，無論是勞動或資本方面的生產要素，都無力對於競爭的壓力加以干預或抗拒，人人都被迫在一個巨大的社會自由競技場中，匆匆地追逐自身的利益。

競爭性的市場機制，在今日仍起作用嗎？

這不是可以簡單答覆的問題。自從十八世紀以來，市場的本質已經大幅地改變。在我們所居住的世界中，已經有人可以與潮流對抗。這不再是一個原子式競爭的世界。今日市場機制的特
徵，在於參與者的規模龐大：巨型的公司與強大的工會，其行爲方式顯然不同於過去個別的業主 〔59〕
與工人。他們的規模足以使之抗拒競爭壓力、漠視價格訊息，考慮它們長程的自身利益，而非當

下日常買賣的壓力。

這些因素顯然已削弱了市場機制的引導功能。不過，自利與競爭的偉大力量縱然已遭淡化與限縮，卻仍是市場體系中無人可以全然忽視的基本行爲法則。儘管我們所居住的世界不同於亞當·斯密的世界，我們仍然能察覺市場規律的運作。

但是市場規律只是對於凝聚社會之行爲的一種描述而已。必須靠另外一種力量，才能將它推動。在《國富論》出版後九十年，馬克思發現了能夠描述資本主義緩慢、不情願但又無可避免地步向滅亡的「運動規律」。儘管過程不會非常順利，然而亞當·斯密的世界則會緩慢，但是十分樂意地邁向天國（Valhalla）[編16]。這和馬克思主義者的預測不同。

絕大多數的觀察家，當時都不認爲最後能夠抵達天國。在一七九二年拜訪英格蘭北部（North Country）的約翰·拜恩格爵士（Sir John Byng）[編17]，從馬車的窗口向外望，並且寫道：「爲什麼現在這裡成了一個引人注目的大工廠……整個山谷都被侵擾……理查·阿克萊特爵士（Sir Richard Arkwright）[編18]或許替他的家人和他的國家賺進了大筆財富，但是做爲一名遊客，

編註

16 北歐神話裡由戰神奧丁（Odin）統管的天國。
17 十八世紀英國日記作家，作品多爲一七八一至一七九四年間多次遊覽英格蘭及威爾斯之記述。
18 英國棉紡工業發明家與實業家。

我卻對他那已然蔓延到每一個田園谷地、摧毀了自然進程與美貌的計畫，深感憎恨。」「喔！曼徹斯特就像個狗洞！」約翰爵士一到達該地，就說了這樣的話。註20

說實話，當年英格蘭的大部分地區，就跟狗洞沒兩樣。三百年來，激發了土地、勞工與資本的騷亂，似乎只會帶來更進一步的劇變，因爲最近被釋放出來的生產要素，開始結合成一種新的〔60〕醜陋形式：工廠。而工廠又製造了新的問題。在約翰爵士出遊之前二十年，靠著販售女性假髮而累積了一些資本的阿克萊特，發明（或竊取）了紡織機。但是在機器製造出來後，他發現要找到操作的人員並不容易。地方上的工人跟不上製程的「規律速度」，而且人們仍然瞧不起領薪水的工作。有些資本家發現，他們新建的工廠，純粹因爲盲目的仇恨，而被燒成平地。阿克萊特不得不找童工幫忙，因爲「他們小小的手指比較靈活」。而且孩子們並沒有下田或做工的獨立生活經驗，因此更容易適應工廠生活的紀律。雇用童工甚至被譽爲一種善行——這不是有助於改善這些「賺不到錢的窮人」的處境嗎？

除了對工廠愛懼交織的情緒外，公眾之所以關心這個問題，就是因爲賺不到錢的窮人已經無所不在。在一七二〇年，這樣的窮人在英國已達一百五十萬。當時英國的總人口也只有一千兩百萬或一千三百萬。註21認識到這一點後，就會明白窮人多得可怕。爲此曾提出過許多安置方案，其中絕大部分都毫無希望。大家都在抱怨，乞丐的懶散問題無法根治，而且下層階級的人竟然也想模仿地位比他們更好的人。工人居然在喝茶！一般百姓似乎偏愛小麥麵包更甚於黑麥或大麥麵包！當時的思想家們問道：這一切將如何演變？（愛搬弄是非的曼德維爾在一七二三年寫道：「緩和窮人的需求問題是明智的，解決窮人的需求問題是愚蠢的。」[註22]對於國家的福利而言，窮人的需求不是不可或缺的嗎？假如聽任社會所必需的階級就此消失，社會將遭遇什麼狀況呢？

當時人們爲了「下層階級」這個可怕的大問題而感到驚駭，但亞當・斯密卻不這麼想。他寫道：「假如一個社會中的大多數成員都過得貧困而又痛苦，這個社會將無法繁榮幸福。」[註23]他〔61〕不僅膽敢做出這麼激進的聲明，而且還繼續證明，社會其實一直都在進步。不論願不願意，社會都被推向一個正面的目標。它不是因爲任何人的意願，或國會可能通過法律，或英國贏得一場戰役，才有所進步。社會之所以進步，是由於一股潛藏的動力，像一個宏大的引擎推動著社會整體。

英國勞動力的細微分工與專業化，大幅提升了生產力。此一事實令亞當・斯密印象深刻。在《國富論》的開頭部分，他就對一間別針工廠發表評論：「一個人把鐵絲抽出來，另一個人把它拉直，第三人把它切斷，第四人把它削尖，第五人把頂部磨光，以利安裝針頭；製作針頭又需要兩三道不同的工序；安裝針頭、加以漂白，都是獨特的工作；把它們別在紙上的動作，甚至本身就是一項手藝……我曾經參觀過一家這類型的小工廠。該廠只有十名員工，其中某些人總是負責執行兩、三項不同的工序。他們十分蹩腳，也只配有最基本的機器設備。但是在全力趕工時，一天可以生產十二磅別針。每磅大約有四千多根中型的別針。因此，十個人在一天之內，就可以生產四萬八千根以上的別針……假如他們個別獨自工作……顯然每個人一天的產量都不到二十根，

或許連一根也做不出來……」註24

現代的生產方式，當然比十八世紀時複雜得多。亞當．斯密對一間十人的小工廠，就已經印象深刻到加以專文論述；假如遇上一間雇有一萬人的工廠，又將做何感想！但是分工的好處不在於它的複雜性——事實上，它把辛勞的工作簡化了。用亞當．斯密的話來說，分工的好處，就在於「讓最低層的民眾都能享受到普遍的富裕」。以我們現代的眼光來看，十八世紀的普遍富裕其〔62〕實還是過得很苦。但我們若從歷史的觀點來看待此事，將十八世紀英國工人的命運，跟他們一兩百年前的先輩相比，就可以很清楚地看出，他們平庸的生活已經比從前進步甚多。亞當．斯密很生動地指出了這一點：

> 觀察一個文明且繁榮國家的技師和日薪工人所用的設施，你將發現，爲了生產這些設施，個別的工人只貢獻了很小的一部分，但是要讓一個人獲得這些東西，所牽涉到的人數多得難以計算。以日薪工人所穿的羊毛外套爲例，或許很粗糙。但它卻是一大群工人共同努力的成果。即使只是爲了製造這個樸實的家用品，牧羊人、整理羊毛的人、梳毛工、染色工、紡織工、漂洗工、裝飾工，以及許多其他的工人，都必須貢獻其不同的技術，才能完成。此外，還需要多少商人和搬運人員……多少商業與航運業……多少造船者、水手、製帆工、製繩工……
>
> 以同樣方式來檢驗他的衣服與家具的不同部分，他穿的貼身粗麻襯衣、罩在腳上的鞋

子、睡覺用的床……做菜用的爐子，爲了做菜升火所需的煤炭要從地底下挖出來，或許經過長程的海陸運輸才能抵達，他廚房中所有其他的器皿、桌上所有的用具：刀、叉、用來分裝食物的陶盤或白鑞盤，還有爲了準備他的麵包與啤酒所需的不同人手、能引進熱量與光線又能擋風遮雨的玻璃窗，以及爲了準備這些美妙發明所需的一切知識與技藝……我說，當我們檢視這一切……就可以發現，爲了滿足一個文明國家中最平凡的人的生活所需，即使像我們〔63〕所錯誤想像的那樣簡易，也必須要上千人的協助與合作。的確，和大人物更加奢華的生活相比，他的生活無疑顯得極爲簡樸。然而，或許一位歐洲王子的生活享受，與一位勤奮而又節儉的農民生活之間的差距，並非總是大於後者與掌握上萬名裸體奴隸生殺大權的非洲國王生活之間的差距。註25

是什麼力量使社會財富如此美妙地增加呢？市場機制本身，提供了部分動力。因爲在一個鼓勵，甚至迫使人們去發明、創新、拓展與冒險的環境中，市場利用了人類的創造力。但是在市場永遠得不到滿足的活動背後，還有更爲深層的壓力。事實上，在生產力呈螺旋型上升的情形下，亞當・斯密發現了兩條根深柢固的行爲法則，推動著市場體系。

其中的第一條是「累積律」（Law of Accumulation）。註26

想想亞當・斯密的時代，躍升中的工業資本家，能夠而且也確實藉由投資獲得大量財富。年輕時做過見習理髮師的阿克萊特，於一七九二年去世時，留下了五十萬鎊的遺產。註27剛開始在羅賽罕（Rotherham）[編19]一家老舊的製釘廠打鐵的薩繆爾・華克（Samuel Walker），在那裡留下了一間價值二十萬鎊的鋼鐵鑄造廠。[註28]約西亞・威基伍（Josiah Wedgwood）[編20]會爲他的陶器廠發表精神講話。當他看見粗心工作的跡象時，就會在木頭柱子上潦草地寫著：「不能這樣替威基伍做事。」他的遺產爲二十四萬鎊，外加許多地產。[註29]在工業革命的最初期，只要動作夠快、頭腦夠精明，而且又夠努力地去駕馭此一潮流的話，致富機會俯拾皆是。

絕大多數的新興資本家，自始至終的唯一目的，就是**累積**資金。十九世紀初，爲了替主日學〔64〕校提供資金，募集到了兩千五百鎊。在該教區內經營棉紡廠，首屈一指的大老闆，爲此高尚的事業所捐助的款項爲九十鎊。對年輕的工業新貴來說，金錢不該被捐贈給不具生產力的慈善事業，而應當把它們累積起來。對此，亞當・斯密完全同意。不累積的人必遭不幸——「就好比某些宗教基金，爲了某些褻瀆神明的目的而遭到濫用一樣。祖先省吃儉用攢積下來的資金，原本是要用來維持產業的，卻被他浪擲到無意義的項目上」。[註30]

但是亞當・斯密不贊成爲累積而累積。他畢竟是一位哲學家，鄙視有錢人的虛榮心。但是他發現，資本累積對社會大有裨益。因爲資本若能被用來購置機器，就可以促成美妙的分工，從而增進人類的生產力。所以累積也成了亞當・斯密的另一把兩面刃：私人的貪欲再度促進了社群的福利。二十世紀的經濟學家將面對這個問題：私有資本的累積，是否眞能促進就業？亞當・斯密對此並不擔心。對他而言，世界可以永無休止地改進，而市場的規模只會受到地理條件的限制。亞當・斯密說，累積，然後世界將會獲益。當然，在他那個雄心勃勃的時代氛圍中，有能力的人顯然都會努力累積資本。

但這裡有個難題。資本的累積很快就會使得進一步的累積無由發生。因爲累積意味著更多的機器，而更多的機器意味著需要更多的工人。這遲早會使得工資愈來愈高，直到將利潤吞食殆盡爲止。但利潤卻是資本累積的泉源。要怎麼克服這個困難呢？

∞

這得藉由市場的第二個重大規律來克服：「人口律」（Law of Population）。

〔65〕

對亞當·斯密來說，勞工和其他商品一樣，都可以依照需求而被生產。假如工資很高，那麼工人的數量就會增加；假如工資下跌，工人的數量就會減少。亞當·斯密很直率地說：「……對人的需求，就和對其他商品的需求一樣，必然地控制著人的生產。」註31

乍看之下，這個概念顯得很天眞，其實未必。在他那個時代，低層民眾的嬰兒死亡率高得驚人。亞當·斯密說：「在蘇格蘭高地，一位母親生了二十個孩子，而存活的不到兩個……這並不稀奇。」註32在英格蘭的許多地方，半數孩子活不到四歲，而任何地方的孩子，活過九歲或十歲的機會只有一半。營養不良、惡劣的生活環境、寒冷與疾病使得較貧窮的人們傷亡慘重。因此，

編註

19 英格蘭北部南約克郡（South Yorkshire）一工業城鎮，盛產鐵、煤礦。

20 Josiah Wedgwood（1730–1795），英國陶業家，廢奴主義（abolitionism）的支持者。

較高的工資雖然只會對出生率造成些許影響，但是對能夠順利成長到可工作年齡的孩童數量，卻有可觀的影響。

所以，資本累積若是先能提高工人階級的薪資，那麼工人的數量就會隨之增加。現在市場機制發揮作用了。如前所述，較高的市場價格會使得手套生產增加，而較多的手套數量，隨後便會把較高的手套價格壓下去。同理，較高的薪資會使工人數量增加，而他們數量的增加，將會對工資水準造成一股反向的壓力。只要考慮工資因素就會發現，人口就和手套生產一樣，是一種可以自我療癒的疾病。

而這意味著，資本累積可以安全地持續進行。它會導致工資上升，並使得進一步的資本累積無利可圖。但是人口的增長會使得這個問題趨於緩和。資本累積會走向自我毀滅，然後卻能在緊要關頭得到解救。非常高的工資會促成人口增長，而人口增長則能夠解決較高工資所造成的難〔66〕題。這個問題惡化與問題解決、刺激與回應的自動化過程十分迷人。其中似乎會導致體系毀滅的因素，也會偷偷地讓體系恢復健康。

現在來看看亞當·斯密爲社會所建構出的，一個巨大而又無止盡的鏈鎖。社會就像一連串環環相扣的數學命題一樣，有規律而又無可避免地開始向上揚升。不論從何處開始，市場的探索機制，都會先使得各種不同用途的勞工與資本的回報趨於平等，讓有需求的商品能以適當數量被生產，並進一步確保競爭的機制，使得商品價格不會與其生產成本相差太多。更有甚者，社會是動態性的。財富的累積從一開始就會發生，而此一累積會導致生產設備增加，以及進一步的分工。

到目前爲止，一切都很好。但是資本累積，也會在資本家招聘員工前往新工廠上班時，導致工資上漲。工資上漲使得進一步資本累積顯得無利可圖。這個體系可能會停滯不前。然而就在此時，工人們將會利用較高的薪資來撫養小孩，而死亡率也會降低。因此，工人的供給會增加。隨著人口的成長，工人間的競爭將再次把薪資壓低。於是資本可以繼續累積，社會又能再度螺旋式上升。

亞當．斯密並沒有描述任何的商業週期。它是一個長期的演進過程。只要市場機能不被削弱，就能夠美妙地確定，每件事在這個鏈結中，都被安排得好好的。所有的社會內部，都安裝了一部往復運動的機器：只有大眾的愛好才能引導生產者，而國家實際的物質資源，則在這個因果鏈之外。

但是事情不會永無止盡地進步。我們所謂的經濟成長（亞當．斯密並沒有使用這個詞彙）確定可以持續很長一段時間，但是改進有其限度。這不會立刻對工人造成影響。的確，人口增長終〔67〕將使得薪資回跌到僅能餬口的程度。然而亞當．斯密認爲，工人階級的生活水準還可以持續地改善很多年。

不過亞當．斯密畢竟很注重實際。他已然看見，經過**非常**長的時間，在遙遠的地平線之外，成長中的人口將使得薪資回落到「自然」水準。[註33]顯然地，這將會在社會已經用盡了未經利用的資源，並且已經無法再做進一步分工時發生。一言以蔽之，當經濟已拓展到極限，並已充分運用了經濟增長的「空間」後，就無法繼續成長。

然而極限爲何無法進一步地延伸呢？這是因爲亞當．斯密將至關重要的分工，看作是一次性而非持續性的過程。最近有人指出，亞當．斯密並沒有將分工的組織與技術核心，視爲變革的自發性過程，而把它當作分離性的進展，只能產生一次性的刺激。因此，經過很長一段時間後，社會將不再成長。亞當．斯密曾表示，一個社會至多只能興旺兩百年。[註34]然後工資會回到僅可餬口的水準，資本家在一個穩定的市場中，可以得到適度的利潤。儘管人口不再成長，但是總數比以往更多，從而需要更多的食物生產，這使得地主的收入會比較高。儘管亞當．斯密十分樂觀而又大膽，他的願景卻是有限、小心而又審慎的。就長期而言，此一願景甚至審慎到了嚴肅的地步。

難怪這本書花了很長時間才被人接受。八年之後，它才首度在國會中被引用。第一個引用這本書的是下議院中權力最大的成員，查爾斯．詹姆斯．福克斯（Charles James Fox，他後來承認，其實從沒有真正**閱讀**過這本書）。直到一八〇〇年，該書才得到充分的認可。那時該書已經出了九個英文版本，而且銷售到了歐洲和北美。讓人想不到的是，被亞當．斯密痛斥爲「邪惡貪婪」，[註35]「既不是，也不應該是人類統治者」的新興資產階級，成爲該書的擁護者。這些批評〔68〕
都可以被忽視，因爲亞當．斯密的研究重點就是：**讓市場自行其是**。

亞當．斯密的本意，與他的擁護者利用他的話所推論出的意思並不相同。正如我們所言，亞當．斯密並不擁護任何一個階級，只忠於他的體系。他堅信市場有能力引導體系獲得最大限度的回報。這就是其整個經濟哲學的根源。只要讓市場這個美妙的社會機器**自行其是**，它就會照顧社會之所需，而演進的規律將發生作用，讓社會得到應有的回報。亞當・斯密既不反對勞方，也不反對資方。若要說他有什麼偏見，那麼他比較偏愛的是消費者。「消費乃是一切生產活動的唯一目的。」[註36] 亞當・斯密如是說，並且進一步指責那些讓生產者的利益凌駕於消費大眾利益之上的體系。

但是新興工業家，卻在亞當・斯密對於自由市場的歌頌中，找到他們所需的理論依據，來阻礙政府改善當時可憎的工作環境的初步嘗試。因爲亞當・斯密無疑主張自由放任。對亞當・斯密來說，政府揮霍無度、不負責任、不事生產，自然是愈小愈好。然而，亞當・斯密未必反對——誠如他過世後讚賞他的人所說的——爲增進全民福祉的政府作爲。比方說，他對於從事大量生產的勞工其單調工作的後果，有如下的看法：「人類大部分的理解力，都是在工作中形成的。一輩子只操作幾個簡單動作的人……往往變得極端愚昧而無知」，他還預言，勞工會趨於墮落，「除非政府努力預防此事」。[註37]

亞當・斯密沒有反對政府採取任何行動。事實上，他還特別強調，在一個自然自由的社會中，政府必須要做三件事。首先，政府應該保護社會，不受其他社會的「暴力侵略」。這並不意〔69〕
外。第二，它應該爲所有人民提供一個「嚴格的司法機構」。第三，政府有義務「設立並維護公共設施，以及那些對一個偉大社會來說，能提供最大好處的公共事業」，但這些事務「在本質上，其利潤不得足以償付任何個人或一小群人爲此所做的開銷」。

用今天的語言來說，亞當．斯密明確承認，政府對於私部門無力執行的項目進行投資是有用的。他舉出了道路和教育這兩個例子。從那時起，這個概念的範圍便大幅地擴張，這點無須多言。防洪、環保、科學研究等項目，都有人想到。但是這個觀念本身，就和許多其他的觀念一樣，潛藏在亞當．斯密根本的願景中。

亞當．斯密**真正**反對的，是政府對市場機能的干預。他反對限制進口、獎勵出口，反對使產業免於競爭的法律，反對政府將金錢投注於非生產性的事務。值得注意的是，這些政府活動都有礙於市場機能的正常運作。後來的知識分子，爲了政府的社會福利法律是否會弱化或強化市場體系而苦惱。亞當．斯密無須面對此一問題。因爲在他那個時代，政府除了救濟貧民外，根本沒有任何關於社會福利的法律。那時政府明目張膽地與統治階級結盟，而政府內部最大的紛爭，在於究竟應該讓地主還是產業階級得到最大的利益。當時的顯貴人士完全沒想過，勞工階級應否擁有對經濟事務的發言權。

亞當．斯密體系的大敵不是政府本身，而是任何形式的壟斷。亞當．斯密說：「同業之人很少碰面。但是他們之間的對話，總是以妨害公共利益的陰謀，或是如何抬高售價作結。」[註38]這種行徑的問題，不是在道德層面——畢竟那只是人類自利本性的必然後果而已。眞正的問題在〔70〕於，他們妨礙了市場運作的流動。當然，亞當．斯密是對的。假如市場運作確定能夠以最低的可能價格，生產最大量的商品，那麼對於市場的任何干預都會減損社會福利。假如像亞當．斯密的時代一樣，英格蘭的帽商在哪裡都不能雇用兩個以上的學徒，或者雪菲耳（Sheffield）的刀具商不能雇用一個以上的學徒，市場體系就不可能產生充分效益。假如像亞當・斯密的時代一樣，不准乞丐離開家鄉到外地找工作，市場就無法將勞工吸引到需要勞工的地方。假如像亞當・斯密的時代一樣，大公司獲准壟斷對外貿易，大眾就無法充分享受到廉價外國產品的好處。

因此，亞當・斯密說，所有這些障礙都必須掃除。市場要能夠自由地尋找自身價格、薪資、利潤與生產的自然水平。對於市場的任何干預，都只會犧牲國家真正的財富。但是連要求清洗工廠，或不讓童工操作機器的法律，都可能被解釋成妨礙市場的自由運作。人們大量引用《國富論》來反對最初的人道法規。所以，警告十八世紀貪得無厭的工業界人士「往往會藉由蒙蔽甚至欺壓大眾而獲利」的人，不公平地被扭曲成是他們的經濟守護神。即使在今天，不瞭解亞當・斯密真正哲學的人，往往誤以爲他是**保守的**經濟學家。其實他對商人**動機**的公開敵意，比大多數當代的自由派經濟學家更高。

十八世紀的人相信，理性與秩序終將戰勝獨斷與混亂。就某種意義來說，亞當・斯密的願景，是這種信念的證明。亞當・斯密說，不要試著爲善。善事會以自私自利之心的副產品自然出現。這多像一個哲學家！他將這樣的信念，放到巨大的社會機器中，並且論證自私的本能有助於社會道德！亞當・斯密對他哲學信念的後果堅信不移。他極力主張，讓訴訟當事人而非政府來支〔71〕付法官的薪水，而法官們的自利心就會使他們加速審理案件。他不看好被稱爲合股公司的新興商業組織，因爲這種不具人性的機構缺乏足夠的自利心，來從事複雜艱鉅的工作。即使對於像廢除奴隸制度這種最偉大的人道主義運動，亞當・斯密也用他自己的詞彙來辯護：最好廢除奴隸制度，因爲如此或許將使得奴隸變得更便宜。

由此，複雜而又不合理的世界，就被化約爲某種合理的結構。其中的人們就像鐵粉一樣，被磁力吸引到有利可圖的一端，而遠離虧損的一端。這個偉大體系之所以能夠運作，不是因爲人們有心爲之，而是因爲自利心和競爭讓事物井井有條。人們所能做的，至多就是幫助這個自然的社會磁鐵獨立運作，掃除一切有礙此社會物理原則自由運作的事物，不要錯誤地試圖逃出此一藩籬。

儘管亞當．斯密的世界充滿十八世紀的風味：相信理性、自然法則，以及人類行爲與反應的機械式鏈鎖，但是它還有更溫暖的價值。別忘了，此一體系中最大的預期受惠者乃是消費者，而不是生產者。在日常生活的哲學中，消費者第一次登上首位。

整體而言，他的理論中有哪些存留至今呢？
不是偉大的演進體制。我們將會看到，後來的大經濟學家們對此進行了大幅更動。但是，不要只把亞當．斯密的世界，當成他想企及其無法理解之運作規律的初步嘗試。亞當．斯密是前工業資本主義時代的經濟學家，並沒有親見五十年後市場體系受到許多企業的威脅，或是社會發展擾亂他的資本累積律和人口律。當亞當．斯密在世寫作時，可能被稱作「商業週期」的現象尙〔72〕
未出現。他所描述的世界確實存在，而他對那個世界的系統化論述，則是對其擴張傾向的精彩分析。

然而亞當・斯密的概念必然有所疏漏。雖然他看見了社會的演進，卻沒有看見一場革命——工業革命。亞當・斯密並沒有在醜惡的工廠體系中、在嘗試性的公司形式商業組織中，或在熟練工人組織自保團體的脆弱嘗試中，看見一種新穎而且具有破壞性的強大社會力量出現。就某種意義而言，他的體系預設了十八世紀的英國將永遠不會改變，而只會在數量方面有所增長：更多人口、更多商品、更多財富，但是其本質仍然不變。他描述的是一個靜態社群的動態，這個社群會成長，但永遠不會成熟。

雖說這個演進的體系已經被大幅修改，但是將市場偉大的全貌勾勒出來，仍然是一項重要成就。亞當・斯密當然沒有「發現」市場；其他人也早已點出自利與競爭之間的互動，能夠提供社會所需的物品。但是亞當・斯密是第一個理解到這樣的概念所需之行動的完整哲學；第一個以廣泛且系統化的方式，闡述這整個結構的人。他是讓英國，乃至於整個西方世界，理解到市場如何將社會凝聚在一起的人，也是第一個以其所理解的爲依據，打造社會秩序大廈的人。後來的經濟學家將會潤飾亞當・斯密對於市場的描述、探究後來浮現的嚴重缺陷。然而亞當・斯密對於這個世界所提供之豐富多彩而又充滿活力的描述，沒有一個人比得上。

對於亞當・斯密淵博的識見，我們只能表示欽佩。唯有在十八世紀，才可能寫出這樣一本無所不包、立論穩當、嚴苛而又深刻的鴻篇巨帙。的確，《國富論》和《道德情操論》，以及亞當・斯密其他的一些文章顯示出，他不僅僅是一名經濟學家而已。他是一位想出了包含人類動〔73〕機、歷史「階段」以及經濟機制，以之表述出偉大自然造化（亞當・斯密這樣稱呼它）的哲學家、心理學家、歷史學家與社會學家。就這個觀點而言，《國富論》不僅僅是一部政治經濟學傑作，它是人類歷程本身之宏偉概念的一部分。

更有甚者，《國富論》深刻的觀察總是讓我們感到驚訝。亞當·斯密寫道：「對於大多數有錢人來說，財富所帶來的主要樂趣，就在於炫耀。在他們眼中，唯有秀出只有他們自己才有足夠財力擁有的事物，方能充分發揮財富的效用。」[註39]他比韋伯連（Veblen）早了一百五十年預見此事。亞當·斯密寫道：「假如大英帝國的任何省分，無法對於支持整個帝國做出貢獻，那麼大不列顛就不該支付費用，在戰時防衛這些省分，或在平時支援其軍民機構，或努力協調自身對未來的觀點和設計，以配合這些實際上很平庸的省分。」[註40]這時，他是超越自身時代的政治家。

或許不會再有任何一位經濟學家，能像亞當·斯密一樣充分掌握自身的時代。當然，也不曾有過任何一位經濟學家，像他那樣穩重、平和，深入地批評卻又不帶仇恨，樂觀卻又不流於空想。他固然也擁有那個時代的信念，事實上他出力去鎔鑄那些信念。那是一個人道主義與理性的時代。但是當這兩者都可能爲最殘暴的目的所扭曲時，亞當·斯密卻絕不自大、絕不妥協，也不爲既得利益者辯護。他在《道德情操論》中寫道：「這個世界的辛苦奔忙，究竟是爲了什麼？貪婪、野心，追求財富、權勢與卓越，其目的是什麼？」[註41]《國富論》提供了答案：所有對於財富與榮譽的巧取豪奪，都有助於百姓的福祉，終能得到正當的理由。

亞當·斯密在晚年倍極尊榮。柏克（Burke）[編21]到愛丁堡去看他；他在曾經任職的格拉斯哥大學被選爲名譽校長；他眼見《國富論》被譯爲丹麥文、法文、德文、義大利文、西班牙〔74〕

文。只有牛津大學忽視他，始終不願意頒給他榮譽學位。有一次，當時的首相小皮特（Pitt the Younger）編22與亞丁頓（Addington）編23、威伯福斯（Wilberforce）編24和格連維（Grenville）編25會晤，也邀請亞當·斯密與會。當這位年長的哲學家步入房間時，所有的人都起立致敬。他說：「諸位先生，請坐。」皮特回答：「不。我們要等您入坐後才坐下，因爲我們都是您的學生。」註42

一七九○年時，亞當·斯密過世，享年六十七歲。奇怪的是，他的謝世並沒有引起多大的注意。或許人們正忙著擔心法國大革命，以及它可能對英國造成的影響。他葬在坎農給特（Canongate）編26教堂墓園。不起眼的墓碑上寫著，《國富論》作者亞當·斯密長眠於此。很難想出比這更雋永的墓誌銘。

編註

21 Edmund Burke（1729–1797），愛爾蘭政治家與哲學家，英國下議院輝格（Whig）黨議員，保守主義代表人物。

22 William Pitt the Younger（1759–1806），二十四歲出任英國首相，爲英國歷史上最年輕之首相。其父（William Pitt, 1st Earl of Chatham, 1708–1778）亦曾擔任此職，於英法七年戰爭時期（Seven Years' War, 1754–1763）帶領英國。

23 Henry Addington（1757–1844），英國政治家，小皮特的幼時玩伴，一八○一至一八○四年出任英國首相。

24 William Wilberforce（1759–1833），英國政治家與慈善家，提倡廢奴，與小皮特爲知交。

25 William Wyndham Grenville（1759–1834），前首相George Grenville之子，一八○六至一八○七年出任英國首相。

26 位於愛丁堡。

第四章　馬爾薩斯和李嘉圖的陰暗預感

馬爾薩斯在智識方面的一記重擊，毀滅了一個時代邁向自足舒適進步前景的希望。但是這一擊似乎還不夠。同時還有另一位完全不同的思想家，也在準備打擊十八世紀末、十九世紀初的另一個美好而虛幻的假設。異常成功的證券經紀人大衛．李嘉圖很快就要提出一個經濟學理論。它雖然不像馬爾薩斯的人口氾濫說那麼驚人，卻將以它自己不聲不響的方式，對亞當．斯密抱持的進步觀點給予同樣具有毀滅性的打擊。

除了無所不在的貧窮問題外，在十八世紀的大部分時間中，英國都在擔心：究竟英國人有多〔75〕少呢？從不列顛的觀點來看，英國在大陸上的天敵人口大增，而資源不足的英國人口數量卻在下降。這就是令人擔心之處。

英國並不能確定自己到底有多少人口，但寧願像憂鬱症患者一樣，在沒有事實根據的情形下窮擔心。直到一八〇一年，才舉行第一次真正的人口普查。但是該普查卻被稱爲是對「英吉利自由最後遺風的徹底破壞」。因此，關於不列顛早期人力資源狀況的知識，有賴於業餘統計學家的努力：普萊斯博士（Dr. Price），一位不信奉英國國教的牧師；霍頓（Houghton），一位藥劑師與咖啡和茶葉的交易商；以及格列哥里．金（Gregory King），一位製圖業者。

金在一六九六年，根據戶口稅與洗禮登記紀錄，算出英格蘭與威爾斯的人口將近五百五十萬。[註1]這個估計似乎非常準確。但是他關心的不只是現狀。關於未來，他寫道：「英格蘭下次〔76〕人口倍增的時間，很可能是在六百年後，公元二三〇〇年之際……再下一次的人口倍增，很可能在一千兩百或一千三百年之內，即公元三五〇〇年或三六〇〇年時。那時全國將有兩千兩百萬人……」這位製圖業者謹慎地說：「假如這個世界可以持續到那時的話。」[註2]

但是到了亞當．斯密的時代，另一種見解取代了金對於人口將溫和成長的預測。普萊斯博士在比較了十八世紀與更早期的貨幣戶口稅紀錄後，斷定英格蘭的人口自王政復辟後，**下降**了超過百分之三十。他的計算顯然有問題，而且其他的研究者強烈質疑其研究成果。然而，儘管當時的政治正處於危急存亡之秋，當時的人們大都認同這個非常令人不悅的事。神學改革者威廉．培力（William Paley）悲嘆：「人口衰退是國家所能遭遇到的最大災難。對於這個問題的改善，應該……凌駕於其他任何政治目的之上。」註[3]首相小皮特甚至還提出一項著眼於增加人口的新濟貧法案，提供孩童大量的津貼。註[4]因爲對小皮特來說，顯然地，讓一個人有小孩可以「增進國家財富」，即使其後代變成乞丐也一樣。

我們現在並不關心當年英國人口是否眞的在減少。我們感興趣的是，對人口問題的任何一種觀點，如何與相信自然法則、理性與進步的願景調和。人口在下降？那就該鼓勵人口成長，因爲它「自然」會受到亞當．斯密所提出的自由市場經濟原則的良性預期所引導。人口在成長？再好不過。因爲人人都同意，成長的人口是國家財富的泉源。不論從哪一個角度切入，對社會的前景〔77〕都很樂觀。換言之，人口問題不能動搖人們對未來的信心。

或許沒有一個人像威廉．哥德文（William Godwin）那樣，天眞而又徹底地總結了此一樂觀的展望。這位牧師兼小冊子作家，對他那時的冷酷世界感到氣餒，卻對未來很樂觀。在一七九三年，他出版了《政治正義》（*Political Justice*）一書，痛批現狀，卻對長遠的未來寄予厚望：「那裡將不再有戰爭、不再有罪惡、不再有法院、不再有政府。也沒有疾病、痛苦、憂鬱或怨恨。」註[5]多美妙的願景！這當然極具顚覆性，因爲哥德文的烏托邦需要完全平等與最徹底的無政府共產主義：甚至連關於婚姻的財產契約都將被廢除。但由於該書的售價高達三基尼（guineas）編[1]，所以樞密院沒有起訴其作者，而哥德文先生的大膽觀念，就成爲當時貴族沙龍

編註

1 一六六三至一八一三年英國使用的金鑄貨幣，約等於二十先令。

中的流行話題。

在距離基爾德福（Guildford）編2不遠的奧伯立宅邸（Albury House）中，也在進行上述辯論。那裡住著一位奇特的老紳士。當他於一八〇〇年去世時，《紳士雜誌》（*Gentleman's Magazine*）將他說成「一位道道地地的怪人」。這個怪人就是丹尼爾・馬爾薩斯（Daniel Malthus），休謨的朋友與盧梭（Rousseau）的熱情擁護者。他曾與盧梭一起採集地方植物，並獲得這位法國哲學家某次分送的植物標本簿和一套書籍。丹尼爾・馬爾薩斯和當時許多悠閒而又頗具求知欲的紳士一樣，最喜歡從事具有刺激性的智識對話。而他的談話對象，通常是他那天賦異秉的兒子，托馬斯・羅伯特・馬爾薩斯牧師（Reverend Thomas Robert Malthus）。

他們很自然地考慮到哥德文的樂園。可以預料得到，怪異的老馬爾薩斯很同情那個極爲理性的烏托邦。但是小馬爾薩斯卻不像他父親那麼樂觀。事實上，他已經在辯論時發現，現存的人類〔78〕
社會，和永遠和平富饒的想像樂土之間，存在著不可踰越的鴻溝。他把反對意見寫下來，以說服他的父親。丹尼爾・馬爾薩斯對其子的觀念印象深刻，因此建議他將該論文出版，公諸於世。

於是，一篇五萬字的匿名專著在一七九八年問世了。它的標題是《影響未來社會進步之人口論》（*An Essay on the Principle of Population as It Affects the Future Improvement of Society*）編3，並對和諧宇宙的美好期望給予致命一擊。小馬爾薩斯以簡短的篇幅，就駁倒了當時那些自滿的思想家，並以一個貧乏、陰鬱而又令人寒心的未來，取代了進步的前景。

這本關於人口問題的著作說，人口數量傾向於超過維生所需的所有可能資源。社會絕不會攀升到更高的水準，而會陷入絕望的陷阱：人類強烈的生殖欲望，將無可避免地把人們逼到僅可餬口的邊緣。人類不會朝向烏托邦邁進。在大量增加的飢餓人口，與不論如何努力也無法使之充裕的自然食物數量的爭鬥中，人類注定要失敗。

難怪卡萊爾（Carlyle）編4在讀了馬爾薩斯的文章後，將經濟學稱爲「憂鬱的科學」，而可憐的哥德文則抱怨，馬爾薩斯將數以百計的進步派友人轉變成反動派。

馬爾薩斯在智識方面的一記重擊，毀滅了一個時代邁向自足舒適進步前景的希望。但是這一擊似乎還不夠。同時還有另一位完全不同的思想家，也在準備打擊十八世紀末、十九世紀初的另一個美好而虛幻的假設。異常成功的證券經紀人大衛・李嘉圖（David Ricardo）很快就要提出一個經濟學理論。它雖然不像馬爾薩斯的人口氾濫說那麼驚人，卻將以它自己不聲不響的方式，對〔79〕亞當・斯密抱持的進步觀點給予同樣具有毀滅性的打擊。

亞當・斯密認爲，每個人都可以同步地發展。李嘉圖卻預見了該理論的終結。若以升降梯來

編註

2 英格蘭東南薩里（Surrey）郡郡治。

3 此爲初版書名，二版時更名爲《人口論》（*An Essay on the Principle of Population*）。此書演繹人口增長造成社會貧窮的理論，對達爾文的天擇說（natural selection）影響深遠。

4 Thomas Carlyle（1795-1881），維多利亞時期蘇格蘭社會評論家。

類比，李嘉圖發現，社會進步的升降梯，對不同的階級會產生不同的效果。有些人可以平步青雲，有些人卻在上升數級之後，被一腳踹到底下。更糟的是，讓升降梯移動的那些人，不能隨之上升，而那些步步高升的人卻只是坐享其成。更進一步地仔細觀察那些高高在上的人，就會發現他們也不好過，而得爲了在升降梯上爭得一席之地進行激烈鬥爭。

對亞當・斯密來說，社會是個大家庭；對李嘉圖來說，它卻是一個內部分裂的陣營。他的看法不足爲奇。在《國富論》出版後的四十年間，英國分裂成兩個敵對派別：其一爲新興工業家，忙著經營工廠，並且爲了獲取國會代表權和社會聲望而奮戰；其二則是有財有勢、根深柢固的貴族大地主，對那些暴發戶的步步進逼感到憤恨。

讓地主感到憤怒的，並不是資本家在賺錢，而是後者一再強調糧價過高。在亞當・斯密之後的一個短時期內，向來能夠出口穀物的英格蘭，被迫要向海外進口糧食。儘管普萊斯博士仍在抱怨英國人口迅速減少，實際上的人口成長使得對穀物的需求超過了供給，並讓一蒲式耳（bushel）[編5]小麥的價格**漲為四倍**。農業利潤也隨價格同步上升。在蘇格蘭的東勞欣（East Lothian），投入資本可獲得的利潤與地租，平均可達百分之五十六。[註6]在另一個典型中等規模的三百英畝農場，一七九〇年時的利潤爲八十八鎊、一八〇三年時爲一百二十一鎊，十年之後則〔80〕成爲一百六十鎊。大致上，所有觀察家都同意，過去二十到二十五年來，這個國家中的地租至少漲了一倍。

糧食價格大漲，使得積極進取的商人開始購買海外的小麥等穀物，並將它們運回國內。地主當然不喜歡這種事。對貴族來說，農業不僅僅是一種生活方式，也是一樁生意——一樁大生意。比方說，在一七九九年，約瑟夫．班克斯爵士（Sir Joseph Banks）在林肯郡（Lincolnshire）里維斯比（Reevesby）的辦公室，就需要兩個房間，而且用一道防火牆和一扇鐵門加以區隔。他對於需要一百五十六個抽屜來分類存放關於農場的文件一事，感到自豪。[註7]雖然這樣的一位地主住在他的土地上、熱愛他的土地、每天和他的佃農碰面，並一起討論穀物的輪作與不同肥料的優點，但他沒有忘記，他的收入取決於其穀物的售價。

因此，地主們難以忍受海外廉價穀物的湧入。對他們來說，很幸運的是，手邊就有對抗這種災難性發展的工具。控制著國會的地主只要立法建立一個銅牆鐵壁般的保護體系即可。地主通過的《穀物法》（Corn Laws）[編6]，按照進口穀物的價格課稅。國外價格愈低，要課的稅就愈高。該法實際上將廉價小麥永遠逐出了英國市場。

但是到了一八一三年，局勢已失去控制。農作物歉收，加上對拿破崙的戰爭，使得穀物價格高漲到和饑荒時一樣。每夸特小麥的售價為一百一十七先令，大約每蒲式耳十四先令。因此一蒲式耳小麥的價格，近乎一名工人**全週薪資**的**兩倍**。[註8]（比較之下，一九七〇年代之前美國小麥的最高價格，為一九二〇年的每蒲式耳三點五美元，而當時的平均週薪為二十六美元。）

編註

5 英制乾貨容量單位，等於八加侖。

6 施行時間自一八一五年至一八四六年，其廢止被視為自由貿易的進步關鍵。

穀物價格顯然已高得驚人，而如何因應此問題，就成爲國家的當務之急。在對局勢進行仔細研究之後，國會認爲應該再提高穀物的進口稅！其理由是，短期內更高的價格，將刺激長期英國〔81〕小麥的生產量。

工業家們受不了這種事。他們需要廉價穀物，因爲工資大體上取決於糧食價格。所以，工業家與地主的立場不同。工業家們爲了廉價糧食而奮戰，並不是出於人道動機。倫敦的大銀行家亞歷山大．巴林（Alexander Baring）在國會中聲稱：「工人對這個問題不感興趣。無論一夸特的價格是八十四先令或一百〇五先令，反正他都能拿到不塗奶油的麵包。」[註9]他的意思是說，無論麵包的價格如何，工人就是會得到恰好足以餬口的工資。但是那些要發放薪水與追求利潤的人，對於穀物——以及工資——的價格是高是低，境遇就有很大的差別。

於是商界組成了利益團體，而國會則發現，前所未有的大量請願信函，如潮水般湧入。看起來，倉促地提高穀物進口稅，是行不通的。於是在下議院與上議院分別指派了新的委員會，而此議題也被暫時擱置。所幸拿破崙於次年戰敗，穀物價格又跌回比較正常的水準。然而《穀物法》仍是地主階級政治權力的指標。還要再等三十年，該法才會被廢除，而讓廉價穀物自由進入不列顛。

在這個危機期間進行撰述的李嘉圖，對經濟學的看法遠比亞當．斯密悲觀，這點不難理解。亞當．斯密認爲世界十分和諧，李嘉圖卻看見激烈的鬥爭。《國富論》的作者有很好的理由相信，人人都能分享神的恩典；那位約在半個世紀後寫作，喜歡追根究柢的證券經紀人，不僅認爲社會分裂成彼此敵對的團體，而且理應獲勝的勤勉工業家，似乎將無可避免地落敗。這是因爲李〔82〕嘉圖相信，除非能夠打破地主對於糧價的掌控，否則他們將是唯一可能從社會進步中得利的階級。

他在一八一五年寫道：「地主的利益，總是與社會其他一切階級的利益相對立。」註10 這個毫不含糊的主張，使得一場未經宣告的戰爭，變成在成長中的市場體系內，爭奪決定性政治權力的鬥爭。而這個公開敵對的宣言，使得這個世界終將成爲所有可能出現世界中的最佳者此一最後希望，也隨之破滅。現在看來，社會縱使沒有陷入馬爾薩斯的泥淖，也會在李嘉圖危險的升降梯上分裂。

我們必須更仔細地觀察，這位陰鬱的牧師以及抱持懷疑論的交易員非常使人心神不寧的觀念。但是讓我們先看一下，他們是什麼樣的人。

很難想像有哪兩個人之間的背景與生涯差距，像馬爾薩斯與李嘉圖之間的差距那麼大。我們已經知道，馬爾薩斯是英國上層階級中一位怪人的兒子；李嘉圖則是從荷蘭移民來的猶太工商銀行家之子。馬爾薩斯在具有哲學心靈的父親引導下，接受許多教師體貼的指導，準備進入大學（其中一位教師，曾因表示希望法國革命者入侵並征服英國，從而入獄）；李嘉圖則在十四歲時便爲其父親工作。馬爾薩斯畢生從事學術研究，是第一位專業經濟學家，在東印度公司爲訓練年輕行政人員而創辦於海雷伯里（Haileybury）的學院任教；李嘉圖則在二十二歲就建立了自己的事業。馬爾薩斯始終沒有富裕起來，而以八百鎊資本起家的李嘉圖，二十六歲時就已能財務自主，一八一四年四十二歲退休時，財產約在五十萬到一百六十萬鎊之間。註11

奇怪的是，學院派的馬爾薩斯，對眞實世界的事實感興趣，而要接觸實際事務的李嘉圖，卻〔83〕是個理論家。這位商人只關心看不見的「法則」，而那位教授擔憂的是，這些法則是否與他眼前的世界相符。最後一個矛盾是，中等收入的馬爾薩斯替有錢的地主辯護；富裕的李嘉圖後來也成爲大地主，卻反對地主的利益。

他們的出身背景、所受訓練以及職業生涯都不一樣，因此遭遇也截然不同。傳記作者詹姆斯．波納爾（James Bonar）說，不幸的馬爾薩斯「是在他的時代裡被批評得最厲害的人，連拿破崙也比不上。這個人爲天花、奴隸制與殺嬰辯護，譴責布施、早婚與教區津貼。他『在指控家庭的邪惡之後，自己卻厚臉皮地結了婚』」。波納爾還說：「馬爾薩斯從一開始就受到矚目。三十年來，對他的駁斥像雨水一樣持續灑落。」註12

這樣的批評必然會不幸地降臨在一個主張「道德自制」的人身上。然而，馬爾薩斯既不是假正經（就當時的標準而論），也絕非吃人的怪物。誠然，他主張廢除濟貧，甚至反對爲工人階級施行的住房建築計畫。但是，所有這一切都是發自內心對貧民階級利益最眞誠的關懷。某些與他同時代的社會理論家，和藹地提議讓貧民平靜地死在街頭。馬爾薩斯和他們的觀點大相逕庭。

因此，與其說馬爾薩斯心腸剛硬，不如說他邏輯清晰。按照他的理論，世界的根本難題就是人口過多。任何促進「早期依附關係」的作法，都只會加重人類的苦難。註13雖說「上天有好生之德」，[註14]施捨的善舉可以救活一個人，但是這個人活下去之後，又會繁衍子孫，因此這樣的善舉其實很殘忍。

但是邏輯不一定受歡迎。一個指出社會陰暗結局的人，很難指望受人尊敬。沒有任何學說受〔84〕過這樣的痛斥。哥德文說：「馬爾薩斯的著作所明示的目的，是要證明那些我認爲致力爲人類社會做出重大且必要改善的人，犯了多麼致命的錯誤。」[註15]所以馬爾薩斯不被認爲是正派思想家，並不令人驚訝。

另一方面，李嘉圖從一開始就得到幸運女神的青睞。生爲猶太人的他，爲了娶所愛的教友派（Quaker）[編7]女孩爲妻，而與家庭決裂，改信一位論派（Unitarian）[編8]。在那個鮮少宗教寬容的時代（李嘉圖之父曾經在交易所某處做買賣，該處即被稱爲猶太步道〔Jews' Walk〕），李嘉圖既贏得了社會地位，也廣受人們尊敬。他晚年進入下議院，受邀對兩院發表談話。他說：「當我聽到自己的聲音時，會感到驚慌。而我無意壓制那股驚慌。」[註16]當時在場的某人，說他的聲音「尖銳刺耳」，另一人則說它「甜美悅耳」，但是「音調非常高」。不論如何，當他說話時，議會就傾聽。他誠摯熱心而又才華洋溢地闡述，無視於事件的反覆變化，只將焦點集中在社會最基本的結構上，「好像他是從另一個星球上掉下來的人」。[註17]於是他便以教育了下議院著稱。

編註

7 又稱貴格會，基督新教一教派，主張和平與宗教自由。

8 主張上帝只有一位，而不同於聖父、聖子、聖靈之三位一體論（Trinity）。

儘管他很激進（強烈支持言論與集會自由，反對國會腐敗與天主教迫害），也無礙於人們對他的尊敬。

值得懷疑的是，讚賞他的人閱讀其文章時，究竟瞭解多少，因爲李嘉圖是最難理解的經濟學家。但是，他的文章雖然錯綜複雜，其意涵卻很清晰：資本家和地主注定針鋒相對，而地主的利益對社會有害。因此，不論是否瞭解李嘉圖，工業家們讓他成爲他們的鬥士。於是政治經濟學在他們之中大行其道，連徵聘女家庭教師的仕女們，也要詢問對方會不會教小孩政治經濟學原理。

在經濟學家李嘉圖被敬若神明之際（儘管他是最謙遜且低調的人），馬爾薩斯卻受到貶抑。〔85〕他關於人口的論文一再被人們閱讀、稱讚，而後反駁。單憑反駁程度的強烈，就足以令人不安地證明其論點是多麼有力。當李嘉圖的觀念受到熱烈討論時，馬爾薩斯對經濟學的貢獻（除了他的人口論之外），大致只能受到善意的容忍，或是忽視。馬爾薩斯感覺世上有什麼事情不對勁，卻完全無法以清晰明確的邏輯形式加以表述。他甚至更爲離經叛道地暗示，不景氣（他稱之爲「普遍性的過度供應」）可能擾亂社會，而李嘉圖卻輕易地證明了，此一觀念是不合理的。現代的讀者爲此感到多麼憤憤不平啊！直覺性強而又注重事實的馬爾薩斯，敏銳地嗅到了問題的所在。但他混亂的說明，在那位只把世界視作宏偉抽象機制的金融業者光彩照人的才華面前，毫無招架之力。

因此，他們對所有事務都有所爭執。當馬爾薩斯於一八二〇年出版其《政治經濟學原理》（*Principles of Political Economy*）時，李嘉圖不厭其煩地以兩百二十多頁的註解，指出這位牧師論證的缺失。馬爾薩斯確信，李嘉圖的觀點有著與生俱來的謬誤，並斷然地在他的書中揭露出來。

最奇怪的是，這兩人是最親近的朋友。他們相遇於一八〇九年。在李嘉圖於《晨報》（*Morning Chronicle*）上發表了一系列關於金銀價格問題的精彩書信，並駁倒了魯莽提出反對觀點的博桑克（Bosanquet）先生後，詹姆斯·彌爾（James Mill）[編9]與馬爾薩斯先後開始尋找這些書信的作者。於是他們三人建立了終生不渝的友誼，魚雁往返不絕，還不斷相互造訪。同時代的作家瑪麗亞·艾基渥斯（Maria Edgeworth），在她迷人的日記中說：「他們一起尋找眞理，並且在發現眞理時歡呼雀躍，毫不在乎是誰先發現的。」[註18]

這位艾基渥斯値得一提。身爲經濟學家之女，她或許是第一位對經濟運作表達意見的女性。〔86〕起初，它們以講給孩子聽的道德故事型態出現。但是她於一八〇〇年，出版了小說《拉克倫特堡》（*Castle Rackrent*），講述一個大致上不關心佃農的需要，而得以揮霍其財富的地主家族。此後「拉克倫特」一詞就被大家用來指涉這種行徑。瑪麗亞或許因而更有興趣與李嘉圖定期通信，並敦促他到愛爾蘭來，親自觀察他從高高在上的位置撰寫之地租問題的現實面。他並沒有接受邀請。附帶提一句，要到一百年後，才出現許多重要的女經濟學家。

編註

9 James Mill（1773-1836），蘇格蘭歷史暨經濟學家，李嘉圖的追隨者，其子John Stuart Mill爲集古典經濟學派之大成者。

他們也是人，不會一直從事嚴肅的討論。不論馬爾薩斯是爲了遵從自己的理論，還是出於其他原因，他很晚才結婚。但他很喜歡社交活動。在他過世後，有個認識他的人回想他在東印度學院（East India College）的生活情況時說：「那個年輕人表面上很恭敬，心裡卻在竊笑，偶爾還會起來造反；年輕女士的射箭活動；那位波斯教授奇特的禮數……以及夏夜宴會有些過時的禮儀，如今都已遠去。」[註19]

一些小冊子作者將馬爾薩斯與撒但相提並論，但他其實是個高大英俊而且性情溫和的男士。他的學生在背後叫他「阿爸」。他有一個從遠祖那裡遺傳下來的缺陷——顎裂——他的話有時會使人難以聽懂，特別是無法正確地念出「l」這個字母。某次他曾對著一位耳聾的著名女士的助聽器說：「您不喜歡看一看啓拉尼的湖泊嗎？」（Would not you like to have a look at the lakes of Killarney?）[註20]這件事成爲一樁笑談。他的某個熟人將這個毛病，以及他的名字與人口過剩牢不可破地連結在一起：

> 哲學家馬爾薩斯上週在此。我爲他安排了一場未婚人士的歡宴……他的本性善良，只要沒有討論到生育問題的跡象，他會對每位女士都彬彬有禮……馬爾薩斯是位眞正的道德哲學家，假使能讓我的思維舉止像他一樣明智，我幾乎願意讓自己像他一樣說話口齒不清。

李嘉圖在家裡也喜歡招待客人，他的早餐是有名的，他似乎很愛好猜謎之類的遊戲。艾基渥〔87〕

斯小姐[註21]的《生活與信函》（*Life and Letters*）中談到了他生活的一個側面：

> **花花公子**斯密先生、李嘉圖先生、芬尼（Fanny）、哈里雅（Harriet）——和瑪麗亞聚在一起。這些人在**梳**頭髮。李嘉圖先生，獨自昂首闊步的**花花公子**，很可笑。[註22]

他深具經商的天賦。他的兄弟寫道：「他賺錢的才能並沒有受到多大重視。但其經商能力，或許最能顯示他超凡的才幹。他在業務上一切錯綜複雜的知識無所不備，計算速度快得驚人。無須特別努力，就能辦妥他所關切的鉅額交易。他的沉著與判斷力，使他遠遠超越在證券交易所的同儕。」[註23]約翰・寶靈爵士（Sir John Bowring）[編10]之後表示，李嘉圖之所以成功，是因爲他觀察到，人們通常會誇大事件的重要性。「因此若要像他那樣操作股票，就會在有小利多時買進，因爲他確信非理性的上漲會讓他獲利。他在股票正在下滑時賣出，因爲他相信情況即使沒有很糟，擔憂和恐慌情緒也會造成下跌。」[註24]

這是個奇怪的顛倒安排——一個重理論的證券經紀人與一個重實際的神學家。特別奇怪的是，這位理論家對金錢世界很內行，而那位注重事實與數據的人，對此卻全無頭緒。

在拿破崙戰爭期間，李嘉圖在一個財團中承銷財政部發行的政府債券，將其提供予公眾認

編註

10 Sir John Bowring（1792-1872），英國政治經濟學家，功利主義創立者邊沁（Jeremy Bentham, 1748-1832）的追隨者。

購。李嘉圖常常幫助馬爾薩斯，讓他買一小批債券，使這位牧師能賺點利潤。到了滑鐵盧戰爭前夕，馬爾薩斯發現他的證券有些許獲利，而他難以承受這股沉重的壓力。他寫信給李嘉圖，催他將證券賣出：「除非這樣不對或不便……還是趁早兌現您好心答應讓我在證券上獲得的小利。」〔88〕[註25]李嘉圖照做了。但這位定力更強的專業投機商全力做多。威靈頓（Wellington）[編11]獲勝了，李嘉圖大殺四方，而可憐的馬爾薩斯則否。李嘉圖曾若無其事地寫信給這位牧師：「這次上漲的獲利之豐，正如我所預期或希望的。此次借款讓我大賺一筆……現在來談一下我們的老話題。」於是他繼續討論物價上漲的理論意涵。

他們透過信函與互訪無止盡地辯論，直到一八二三年。李嘉圖給馬爾薩斯的最後一封信裡說：「親愛的馬爾薩斯，此刻我的話已說盡。像別的爭論者一樣，我們在多次討論後仍各持己見。然而這些討論從未影響我們的友誼。即使您同意我的意見，我對您的喜愛也不會更進一步。」[註26]他突然於該年死去，享年五十一歲。馬爾薩斯則一直活到一八三四年。他對李嘉圖的看法是：「除了自己的家人外，我從未這樣愛過任何人。」[註27]

雖然馬爾薩斯和李嘉圖幾乎在每件事上都有爭執，他們都同意馬爾薩斯對人口的看法。因爲馬爾薩斯似乎在他一七九八年著名的《人口論》中，徹底闡明了問題，而且還釐清了困擾英國社會可怕而持久的貧困現象。其他人也曾模糊地感受到，人口與貧窮之間有某種關聯。當時有一則廣爲流傳，但或許是虛構的故事，說某位叫璜．費南德茲（Juan Fernandez）的人，把兩隻山羊運到智利外海的一個島上，希望將來有肉可吃。重回該島時，他發現山羊的數目意想不到地猛增。於是他又帶去兩隻狗。狗的數量也大幅增加，而山羊的增長則被削減。作者詹姆斯・湯森（James Townshend）牧師寫道：「這樣就恢復了一種新的平衡。兩個物種之中，較弱的先償還積欠大自然的債務，而最有活力、最壯健的則能活下去。」對此，他還補充地說：「人類的數量 〔89〕
受制於食物的數量。」註28

這個範例雖然認識到，自然必會強制達成平衡，但它仍未得出隱含在此問題之內，最後的驚人結論。這被留給馬爾薩斯來完成。

他從著迷於**倍數**概念中的數值可能性開始。他對生殖方面驚人的倍數成長能力評估，得到其他後進學者的充分支持。一位生物學家曾計算，一對動物每年增殖十對，在二十年後將有700,000,000,000,000,000,000個後代。哈夫洛克・艾理斯（Havelock Ellis）提到，若一個微小的有機物不受阻礙地分裂，將從一個小不點變成比太陽還大一百萬倍——在三十天之內。

但是對我們而言，自然快速增產能力的例子並無意義。關鍵問題是，人類的正常生殖力有多大？馬爾薩斯假設，人類傾向於二十五年內數量倍增。在他那個時代，這算是相對審慎的假設。它要求每戶平均六人，其中兩人活不到結婚年齡。馬爾薩斯指出，在先前一百五十年，美洲人口

編註

11 Arthur Wellesley（1769-1852），首位威靈頓公爵（Duke of Wellington），與普魯士聯軍於一八一五年滑鐵盧戰役中擊敗拿破崙。一八二八至三〇年間擔任英國首相。

事實上每隔二十五年便增加一倍。在某些生活更自由、更健康的邊遠地區，人口每十五年就增加一倍！

馬爾薩斯指出一項殘酷的事實：土地無法像人口一樣地快速增長。這與人口倍增的傾向相對，而和人口加倍的時間究竟是二十五年或五十年無關。努力工作可以開墾荒地，但是進度緩慢。土地不像人口一樣可以**繁殖**。因此，當人口以幾何級數成長時，可耕地僅以算數級數成長。

於是邏輯上無可避免的結論，當然就是人口成長遲早會受到食物數量的限制。馬爾薩斯在〔90〕《人口論》裡寫道：「假設世上有十億……依1、2、4、8、16、32、64、128、256、512這樣的比率增加，而維生物資依1、2、3、4、5、6、7、8、9、10的方式增加。在兩百二十五年內，人口與維生物資的比例爲五百一十二比十；在三百年內變成四千〇九十六比十三。兩千年後，其差距將無法計算。」[註29]

對未來的這樣一個可怕觀點，足以使任何人感到沮喪。馬爾薩斯說：「這個觀點具有憂鬱色彩。」[註30]這位爲難的教士不得不斷言，這種人口與糧食間根深柢固而又不可調和的歧異，只會讓大部分人永遠陷於某種苦難之中。這個巨大而且還會持續加寬的鴻溝，必須透過某種方式彌縫：畢竟人要靠食物過活。因此原始社會有殺嬰的習俗；從而有戰爭、疾病，以及最重要的貧困。

如果這還不夠，「饑荒似乎是大自然最後，也是最可怕的手段。人口的力量超過地球提供維生物資的力量如此之多……人類必然會遇到某種形式的夭折。人類的惡行能夠有效減少人口……

若這還不夠，那麼易致疾病的時令與各種疾疫會接踵而至，橫掃成千上萬的人口。若這還不夠，其後還有無可避免的大饑荒，給予人類重重一擊，以恢復人口與世上食糧間的平衡」。註31

難怪可憐的哥德文抱怨馬爾薩斯把進步的友人變成了反動派，因爲此說的確讓人絕望。除了脆弱的「道德約束」，沒有——**沒有**任何事物能讓人類免於自行向下沉淪的持續威脅。然而道德約束怎能對抗強大的性慾？

∞

馬爾薩斯的觀點是正確的嗎？

直到一九七〇年代初，至少在世上發展程度較低的地區，人口成長的前景似乎與他所預見的一致。當時人口統計學家談到，若不抑制人口成長之勢，五十年後世界人口可能變爲兩百億——一九七〇年人口的**五倍**。

如今，鐘擺又有點往回擺盪。事實上，關於人口問題的想法總是在兩種極端意見間擺盪：引人注目的是，馬爾薩斯自己在其著名論述出版後短短五年，便於二版中變得遠較樂觀，希望勞工階級學會自願晚婚。

當代審慎的樂觀主義則是基於大幅的技術創新，尤其是所謂的綠色革命。在印度這樣的國家中，綠色革命已戲劇性地提高了糧產。今日的印度糧產充足，可供出口。所以，雖然農學家在每年收成前仍屛息以待，人們已不再認爲馬爾薩斯從供需面算出的全球饑荒恐怖前景會成眞。在一九八〇年代，電視機前的觀眾爲衣索比亞和漠南非洲骨瘦如柴的人們畫面所驚懼。但這並不意味著馬爾薩斯的預言成眞，而是諸如乾旱與缺乏適當運輸網絡等地方性條件的結果。

但是糧食增產仍不足以驅散馬爾薩斯的幽靈。專家們提出警告：即使全球饑荒似乎不再迫在眉睫，人口壓力仍非常巨大。在一九八一年，一場關於人口問題的諾貝爾研討會中，人口統計學家談到一個浮現的威脅：低度開發國家中出現大約十五個超過兩千萬人的巨型城市。一位觀察家表示：「這些擁擠的居住區域粗野地成長，勢必構成對世界最大的政治挑戰。」「如何防止這些都會群眾變得冷漠無情，或變得混亂失序？」註32

或許更重要的是，我們不能忘記，馬爾薩斯正確地主張，人口指數性的成長**能夠**凌駕農業生產力的增長。因此，除了供給面之外，需求面也仍須控制。必須像增產糧食那樣努力地節育。

可能從事世界性的人口控制嗎？令人驚訝的是，答案似乎是肯定的。這個答案之所以令人驚訝，是因爲人口統計學家長期以來都懷疑，人口「疾病」爲患最烈的國家能否克服諸如農民無知、有組織的宗教反抗，以及政治冷漠等阻礙。如今前景較爲樂觀。在過去數年內，像墨西哥和中國這樣不同的國家，對節育的態度都從漠不關心或充滿敵意，轉而爲熱烈的支持。即使在印度這個長期讓人口統計學家感到絕望的國家，也決心採用家庭計畫，有時甚至到了冷酷無情的地步。

此一努力開始得到回報。註33儘管陰暗情緒在一九七〇至一九七五年間盛行，人口增長率卻

史上第一次趨緩。無論如何，人口成長還未停止——聯合國專家預測，現今世界大約五十億的人口，會成長至九十到一百億之間才停止。但至少成長率終於在減緩，而且可能比十年前所能想到的時間更早達成平衡。麻煩的是，不是每個地區都同樣成功。比方說，扣除移民因素的歐洲，已接近人口零成長（zero population growth, ZPG）。如今美國約有兩億七千五百萬人，五十年後將超過三億九千萬，其中包括八十萬移民。這樣的數目必然使得城市更爲擁擠，但不太可能使我們感到資源不足。

但在世上最窮困、糧食最匱乏的地區，前景就沒那麼樂觀。雖然出生率也在緩慢降低，但比 〔93〕
西方世界慢得多，而且原本的出生率就很高。在很長一段時間內，馬爾薩斯的幽靈都不會消散。

奇怪的是，馬爾薩斯本人並沒有將矛頭指向當世問題最嚴重的地區。他關心的是英格蘭和西方世界，不是東方和南方的大陸。幸運的是，馬爾薩斯關於西方的預測徹底錯誤。在一八六〇年的大不列顛，大約百分之六十的夫妻，擁有四個以上的家人。到了一九二五年之際，只有五分之一的夫妻如此。反之，在同一時期僅有一兩個小孩的家庭數，卻從百分之十增加到超過百分之五十。

什麼因素使得西方的人口，不像馬爾薩斯所預測的那樣迅速成長呢？節育無疑扮演著核心角色。這原本被稱爲新馬爾薩斯主義（Neo-Malthusianism）。這個名稱會讓馬爾薩斯退避，因爲他反對這種作法。實際上，有史以來上層階級似乎一直在節育。這是爲何富人愈多金而窮人愈多子的原因之一。英國與西方漸趨富裕，而窮人不僅僅提升吃穿的水準，也學會了較富裕的階級限制生育的作法。

大規模的都市化，是使得馬爾薩斯的預言在西方落空同樣重要的原因。孩子在農村可以做爲資產，在城市則是負債。於是經濟考量加上對於節育作法的知識漸增，防止了可怕的人口爆炸。

所以該預測的最壞結果並未發生在英格蘭。馬爾薩斯計算的恐怖邏輯，被侷限在世上較貧窮落後的地區。當然，在馬爾薩斯的時代完全料不到這一點。儘管有著嚴重的軍事獨裁前奏的疑慮，不列顛還是在一八〇一年實施了第一次人口普查。身爲政府文官和統計學者的約翰．瑞奇曼（John Richman）算出，英國人口在三十年內已增加了百分之二十五。這遠稱不上加倍增長，但〔94〕群眾若非困於疾病和貧窮，人口成長無疑將一發不可收拾。沒人預見未來出生率會下降。反之，由於人類大量繁殖以及食物供應不足，不列顛似乎將永遠面對難以控制的貧困問題。貧困似乎不再是意外或上帝所造成的，甚至也不是人們漠不關心的結果。人類好像被某種邪惡的命運所詛咒，注定永遠不得翻身，而大自然的吝嗇也使得人類所有自我改善的努力，都顯得滑稽可笑。

這一切都十分令人喪氣。培力這位曾敦促讓增加人口「凌駕於其他任何政治目的之上」的神學家，現在也不得不改投到馬爾薩斯旗下；註34 皮特這位曾想以更多孩童來增進國家財富的首相，現在也遵從這位牧師的意見，撤回他提高貧民救濟金的法案。柯爾瑞基（Coleridge）編12 對這憂鬱的前景加以總結：「最後，看看這個強大的國家，其統治者和聰慧之士聽命於培力和馬爾薩斯！可悲！可悲！眞是可悲！」註35

假如馬爾薩斯還不夠令人沮喪，那就來看李嘉圖。

乍看之下，李嘉圖的世界並不特別可怕——至少在看過馬爾薩斯的世界之後是如此。李嘉圖於一八一七年的《政治經濟學原理》中所提出的世界，既枯燥貧乏而又簡單扼要。其中沒有活力，也沒有亞當．斯密栩栩如生的細節。這裡有的只是原理，由一位將注意力集中在比日常生活的流變更爲恆久穩定處的智者，所詳細述說的抽象原理。就和歐幾里得的一樣基礎、空洞、樸素而又結構嚴謹。但這一體系與一套純幾何命題的不同之處，在於它的人性寓意：這是個**悲劇性**體系。

爲了瞭解那齣悲劇，我們得花些時間介紹劇中的主要角色。如前所述，這些角色並不是**人物**，而是原型。這些原型也不像日常用語所言般**活著**，而是依循著「行爲法則」。亞當．斯密世〔95〕界中的喧囂，在那裡並不存在。我們看到的只是一齣傀儡戲，真實世界中的一切都被抽絲剝繭，剩下的只有經濟動機。

我們會遇上誰呢？首先是工人，是經濟活力一致的單位，其唯一有人性的層面在於無可救藥地耽於「家庭之樂」（這是委婉的說法）。此一強烈興趣，使得人口與工資同步上揚。正如巴林所言，工人能夠得到足以維生的食物以傳宗接代。但長期來看，他們受制於自身的弱點，因此僅能餬口。李嘉圖和馬爾薩斯一樣，認爲「自制」是勞動群眾唯一的出路。雖然他希望工人的處境

編註

12 Samuel Taylor Coleridge（1772-1834），英國浪漫派詩人及文學評論家。

能得到改善，卻對其自制力沒有多大信心。

然後是資本家。他們不是亞當．斯密筆下被縱容的商人，而是灰暗且始終如一的一群人，在世上的目的全然在於積累——把利潤省下來再投資，雇用更多人爲他們工作。他們就這樣一成不變地做下去。但是資本家們可不輕鬆。某個幸運者可能因爲發明一種新程序，或發現某個不尋常的獲利管道，而得到過高的利潤。然而資本家之間的競爭，很快就會使這過高的利潤化爲烏有。另外，其利潤大致上取決於他們要支付的工資。我們將看到，這會把它們引入重大的困局中。

但是到目前爲止，這個世界與亞當．斯密的差不多，只是它缺少現實細節的部分而已。當李嘉圖論及地主時，才有所不同。

李嘉圖將地主視爲社會組織中唯一的受益者。工人工作，從而得到工資；資本家經營，因此得到利潤。但地主的利益來自於地力，而其收入——地租——卻不是出於競爭或人力。事實上，他是損人利己。

我們得停下來理解一下，李嘉圖如何得到這個結論，因爲他對社會的陰暗看法繫於其地租的 〔96〕
定義。利息是使用資本的代價，而工資則是勞工的價格。但對李嘉圖而言，地租不僅僅是使用土地的代價，而是源自土地生產力顯而易見的差異產生之非常特殊的報酬。

李嘉圖說，假設有兩個相鄰近的地主。一個土地肥沃，由一百個人使用定量的設備耕作，可以生產穀物一千五百蒲式耳。另一個土地較不肥沃，同樣的人力和設備只能生產一千蒲式耳。這只是自然事實，卻有經濟後果：那個幸運地主的土地所生產的穀物，每蒲式耳的價格將較低。顯然地，由於兩位地主支付的工資與資本支出相同，多收穫五百蒲式耳的人將比其競爭對手有利。

根據李嘉圖的說法，此一成本**差異**就是地租的泉源。如果需求高到值得在那生產力較低的農地耕作，當然在生產力更高的農地種植穀物，將非常有利可圖。兩塊農地的差異愈大，則依差別而定的地租差異當然也愈大。舉例而言，若在一塊瘠土按每蒲式耳二美元的成本種植穀物仍有微利，那麼能以每蒲式耳〇點五美元成本生產穀物的幸運地主，當然能獲得大筆地租。由於雙方穀物的市場售價相同（比如說二點一美元），擁有較好土地者因此能將雙方生產成本差距的一點五美元納入囊中。

這一切似乎無傷大雅。但將其套用在李嘉圖設想的世界，則其不利後果便非常顯著。

對李嘉圖而言，經濟世界不斷趨於擴張。資本家在積累時，建立了新商店和工廠。因此，對 〔97〕
勞工的需求會增加。這會提高工資，但只是一時的現象。因爲較好的待遇很快就會誘使不可救藥的工人階級耽溺於家庭之樂。這樣會生產出更多湧入市場的工人，損及其自身利益。但這就是李嘉圖的世界，與亞當・斯密充滿希望的前景截然不同之處。李嘉圖說，隨著人口的增長，**便有必要進一步開墾土地**。人口愈多則所需穀物愈多，所需穀物愈多則所需田地愈多。新耕地的生產力自然不如原有的耕地，因爲農人不會笨到讓最好的土地閒置。

因此，增長的人口使得愈來愈多的土地被開發，而穀物的生產成本將上升。當然，穀物的售價也將上升，而坐擁沃土的地主其地租也跟著上升。工資也會跟著上升，因爲工人必須支付較高的價格，才能買到足以維生的食物。

現在來看這齣悲劇。負責推動社會進步的資本家被兩面夾攻。第一，糧食漲價使他必須支付更高的工資。第二，由於愈來愈差的土地陸續投入生產，良田的地租在提高，使得地主的處境比從前好得多。地主於社會成果中的所得比例增加，而讓出位子的只能是資本家。

這個結論和亞當．斯密所描繪的進步壯盛場面天差地遠。在亞當．斯密的世界，隨著分工的進展，社會日益富裕，每個人都會漸漸過得更好。如今我們發現，亞當．斯密沒意識到土地是進步的瓶頸。這是癥結的所在。在亞當．斯密的願景中，沃土並未短缺，因此人口成長不會提高地租。

與此相反，在李嘉圖的世界裡**唯有**地主獲利。每次工資上漲都會讓工人生一堆孩子，將其大 〔98〕
部分的收益耗盡，因此工人永遠只能餬口。工作、儲蓄而又投資的資本家發現他白忙一場；其薪資成本變高，利潤卻變小。至於收租的地主則不勞而獲，收入日益增長。

難怪李嘉圖反對《穀物法》，還以將廉價穀物引進不列顛，證明自由貿易的好處。也難怪地主要傾全力奮鬥三十年，把廉價穀物擋在國外。新興工業家階級自然從李嘉圖的闡述中看出，其理論正合他們所需。低工資該由他們負責嗎？不，這是工人自己短視輕生所致。他們對社會有貢獻嗎？是的。那他們投注心力，存下利潤並進一步冒險擴產，究竟得到了什麼？他們努力換來的只是眼看著地租和貨幣工資上揚，而他們自己的利潤卻縮水。驅動經濟機器的是他們，而地主只是懶洋洋地坐享其成。明智的資本家當然會自問，這樣做是否值得。

這時挺身而出，說李嘉圖對地主不公的，正是馬爾薩斯牧師！

不要忘記，馬爾薩斯不只是人口問題專家，更是第一流的重要經濟學家。其實他在李嘉圖開始研究地租理論並使之精煉前，就已提出了「李嘉圖式」的理論。但馬爾薩斯得出的結論，和他朋友的不同。在李嘉圖出書後三年，馬爾薩斯在他的《政治經濟學原理》中說：「地租是現時勇氣和智慧以及過往氣力和技巧的報酬。土地往往連同勤勉與天賦的果實一同被買入。」馬爾薩斯還在一個註腳中補充：「事實上，李嘉圖本身就是地主，是我所言的一個好榜樣。」註36

這不是個十分令人信服的反駁。李嘉圖並沒有把地主描繪成圖謀不軌的惡魔。他很明白，地〔99〕主經常改善其田地的生產力，雖然他指出地主這樣做，其實是履行資本家的功能。但是他用無可反駁的邏輯證明，土地**所有者**即使忽視其土地，仍能享有高穀價之利。純然是經濟成長的力量讓利益流入地主囊中，無須任何人有意爲之。

我們不能停在這裡去追溯他們反覆辯難的細節。重要的是，李嘉圖對地租所設想的那些可怕**意涵**從未實現。工業家終於擊潰了地主的力量，輸入廉價糧食。在李嘉圖時代，不祥地蔓延到山坡上的麥田，在短短幾十年內就變回牧場。同樣重要的是，人口增長並沒有快到將國家資源吞噬殆盡。因爲根據李嘉圖的理論，地租起於優劣土地間的不平等。如能控制人口問題，則兩者間的差距顯然不會發展到使地租收入引起社會驚慌的程度。但是，假設英國今天被迫純以國內作物養活一億人，而原本的《穀物法》也沒有被廢止。李嘉圖所描繪之由地主控制的社會，將成爲令人恐懼的現實。這還有人會懷疑嗎？在現代西方世界，地租問題幾乎已成爲學界的枝節議題。但這不是因爲李嘉圖的分析有誤。我們免於陷入李嘉圖所述的困境，純粹是因爲迅速發展的工業生活，將我們從馬爾薩斯的困境中拯救出來：工業化不僅能減緩出生率，還大幅提升了我們所控制的土地糧食生產力。

同時，馬爾薩斯還擔心另一件事，他稱之爲「普遍過剩」——商品充斥而乏人問津。我們對這種觀念並不陌生。但對李嘉圖來說，這愚不可及。英國遭遇過商業風波，但它們都〔100〕好像能追溯到某些特定原因——銀行破產、無擔保的投機泡沫破裂，或是戰爭。更重要的是，對李嘉圖的數學頭腦而言，普遍「過剩」的概念在**邏輯上是不可能的**，因此絕不會發生。

年輕的法國人尚—巴替斯特．薩伊（Jean-Baptiste Say）[編13]曾發現了李嘉圖的證據。他有兩個很單純的命題。首先，他相信對商品的**欲求**是無限的。亞當．斯密曾說，對食物的欲求可能受到一個人胃容量的限制，但是對服裝、傢俱、奢侈品和裝飾品的欲求似乎大得無法計算。薩伊說，不僅需求無限大，而且購買**能力**也肯定沒問題。因爲每件貨品都有其生產成本，而每項成本都是某人的收入。不論該成本是工資、地租或利潤，其售價自會增加**某人的**收入。如此怎會有普遍過剩？有對貨品的**需求**，也有**收入**來購買這些貨品。唯有短暫的誤判，才會讓市場找不到出清存貨所需的買主。

從表面看來，李嘉圖接受了此一觀點，但馬爾薩斯則否。此論證在邏輯上似乎無懈可擊，很難找出破綻。然而馬爾薩斯看透了商品與收入交換的過程，並提出一個奇特的觀念：難道**儲蓄**不會讓貨品供過於求嗎？

在今天看來，這似乎又是一個極有成效的研究方向。但李嘉圖表示這毫無意義。他在一處指責性的註記中說：「馬爾薩斯先生似乎忘了，儲蓄就是花費，跟他專門稱之為開銷的花費一樣確定。」註37他的意思是說，無法想像一個人不厭其煩地把他的利潤存起來，而不是用它來買更多勞力與設備，以賺取更多利潤。

這讓馬爾薩斯陷入困境。他和李嘉圖一樣，相信儲蓄就是為了花費——當然是用在產業上。〔101〕但他的論證中似乎仍有**某些事物**——只要他能夠將其指明。他沒做到這點。例如，他要證明積累並不如李嘉圖所想的那樣必要，於是寫道：

> 雖然在賺錢期間，或許每年都增加在奢侈品、娛樂以及布施方面的開支，許多商人還是賺了大錢。註38

李嘉圖對此用鉛筆寫下了毀滅性的評論：

> 對，但一個同業商人取得相同利潤，卻沒有增加在奢侈品、娛樂和布施方面的開支，財富會增加得更快。註39

編註

13 Jean-Baptiste Say（1767-1832），法國經濟學家，宣揚斯密自由放任的經濟思想，知名的古典學派薩伊法則（Say's Law）即以其名命之。

可憐的馬爾薩斯！他在辯難中從未居於上風。或許他知道自己的論證混亂。他曾經寫道：「當我仍未被李嘉圖先生的推論說服時，有時幾乎被他的權威動搖了，因爲我對他身爲政治經濟學家的天賦評價極高，並深信他對眞理的誠意與熱愛。」註40 對後人而言很可惜的是，馬爾薩斯未能讓他自己的推論使人信服或使人徹底瞭解。因爲他偶然發現了一個日後吸引經濟學家主要注意力的現象——繁榮與蕭條的問題。反之，李嘉圖卻全力處理分配這個全然不同的問題。對馬爾薩斯而言，至關重要的議題是「有多少？」對李嘉圖而言，最具爆炸性的議題是「誰得到什麼？」他們談論的話題不同，難怪永遠沒有共識。

最後一個有待檢驗的問題是，如何解釋馬爾薩斯與李嘉圖這兩人，與亞當・斯密在願景與分析方面的改變？這個答案，不僅限於將認知到的原始材料，化約爲思想結構的過程而已。儘管這 〔102〕
兩方的分析——預測與建議——大相逕庭，但是基本上馬爾薩斯與李嘉圖，和亞當・斯密的願景並無差別。

這個基本願景是什麼？就是將「社會」看作一個受到牟利的需要所驅動、受到無所不在的競爭所約束的偉大社會機制，同時也謹愼地給予政府運作的領域，並將政府限縮在該領域內。既然如此，他們的結論爲何大不相同？無庸置疑，個性的差異總有影響。但還有一個更實在的解釋：亞當・斯密觀察到的社會運作情形，與馬爾薩斯和李嘉圖所見不同。他們對利潤動機、市場角色與政府地位的看法一致，差別來自於科技的影響。

對亞當・斯密而言，分工代表著科技的影響。我們還記得，雖然亞當・斯密對這種改變的社會影響有些疑慮，但對其能夠爲別針之類的物品生產帶來好處大加讚揚。但是我們也想起，在亞當．斯密的評價中，對於分工一旦替生產某特定產品創造奇蹟後，將會擴散到新產品（紡織、製鐵等）一事，並未提及。科技方面的原因，會使一個已經獲得「全數財富」的國家陷入停滯甚至衰退。

對於半個世紀後的馬爾薩斯與李嘉圖而言，新興工業科技沒有這種限制。多軸紡織機、蒸汽機、煉鐵術等，早已迅速被視爲經濟成長的新途徑。於是亞當．斯密擴張有其極限的觀點壽終正寢，但新問題也隨之而來。經濟擴張沒有限度，使得人口成長也不再受其限制，從而成爲嚴重得多的威脅。另一方面，工業經濟成長的前景更爲寬廣，意味著地主獲得的好處更多。所以，科技〔103〕進步造成了願景的改變，這似乎可以解釋爲什麼馬爾薩斯與李嘉圖的經濟學中充斥著難題。

本章的兩位主角，在某些層面非常相似，在其他層面卻又極爲不同。該如何總結他們的貢獻呢？

李嘉圖給世人的禮物很明顯。他剝除世界的表相，露出本質讓大家檢查，讓大家看見這部機器的內部運作情形。正是在這個非現實的世界中，可以使它的力量顯示出來，因爲大幅簡化而無所遮蔽的社會結構，不僅可以顯示地租的法則，還可以闡明對外貿易、貨幣、賦稅和經濟政策等極其重要的問題。李嘉圖通過建造一個模型世界，賦與經濟學一個有力的抽象工具，如果要洞察日常生活的底蘊、瞭解它的潛在機制，這個工具必不可少。正如與李嘉圖同代的一些觀察家所說，抽象工具也能用來撇開棘手的事實與不總是合乎「理性」的行爲。這種作法被稱爲李嘉圖惡習（Ricardian Vice）。然而正是由於李嘉圖的簡化，經濟學才被視爲一門科學。或許也正是由於這個過度簡化的強烈傾向，使這門科學有些瑕疵。

馬爾薩斯從未如此成功地建造一個抽象世界，所以在學術上長久性的貢獻較小。但他點出了駭人的人口問題，但憑這點就足以揚名後世。而且，他雖未能加以解釋，卻意識到了他出書一百年後才占據經濟學家心思的普遍蕭條問題。

然而回想起來，他們兩位的主要貢獻也許在他們的技術成就之外。馬爾薩斯和李嘉圖無意間做出了一件驚人之舉，把當時的樂觀看法轉爲悲觀。此後再也不可能把人類世界看成一個社會的自然力量，必然會使大家的生活逐步改進的場域了。相反地，那些一度認爲似乎帶有目的論意義〔104〕的企圖、要使世界享受協調與和平的自然力量，現在看來，似乎變成不懷好意和含有威脅性的力量。人類即使沒有陷於大量飢餓人群的呻吟痛楚中，似乎也將遭受到商品氾濫成災而乏人問津之禍。不論處於哪一情況，爲爭取進步的長期鬥爭，其前景都是陰暗的，結果工人只能勉強餬口，資本家的心血被騙走，地主則幸災樂禍。

亞當．斯密、馬爾薩斯和李嘉圖，都接受被我們稱爲資本主義經濟的結構。除此之外，他們的願景中還有一個共通點，就是具有消極本質的勞動階級。他們都沒有暗示，貧窮的工人是否可能想到要去改變體系，甚至建立一個他們自己的新體系。我們將在下一章中，看到一個這樣的新願景，指引俗世哲學的道路。

第五章　烏托邦社會主義者的夢想

「烏托邦」不僅是一個空想的目標，也是手段的關鍵。這些改革者和共產主義者截然不同，希望說服上層階級，社會改革符合他們自己的最終利益。共產主義者為了達成目標而訴諸群眾，並主張在必要時使用暴力；社會主義者為了實現計畫而呼籲自己的同類——知識分子、小資產階級、抱持自由思想的中產階級，或理智上已獲解放的貴族。

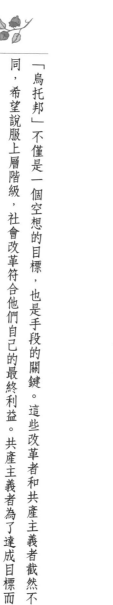

馬爾薩斯與李嘉圖，將世界設想得如此陰暗，其實不難理解。一八二〇年代的英國，就是個〔105〕陰暗而不易謀生的地方。它在歐洲大陸的長期鬥爭中取得勝利，如今似乎卻受困於本土更爲險峻的鬥爭中。迅速發展的工廠體系，正在製造嚴重的社會問題。對任何留心到這一點的人來說，這些問題顯然有一天會爆發。

的確，那時工廠工人的慘況，會讓現代讀者毛骨悚然。當時立場激進的雜誌《獅子》（*The Lion*），於一八二八年刊載了一篇關於羅伯特．畢林柯（Robert Blincoe）的駭人故事。八十位窮孩子被送到在洛達姆（Lowdham）[編1]的工廠，而畢林柯是其中之一。這些十歲左右的男孩和女孩每天早晚都被鞭打。這不僅是因爲他們犯了什麼小錯，而且也是爲了激起他們消沉的工作情緒。後來畢林柯被送到利頓（Litton）的工廠。和那裡相較，洛達姆的環境還算比較人道的。在利頓，孩子們和豬隻在同一個水槽中，爭奪稀薄的湯汁；他們被拳打腳踢，還被性虐待。他們的雇主艾利斯．尼丹（Ellice Needham）有一種讓人恐懼的怪癖：他會擰小孩的耳朵，直到指甲穿過耳肉爲止。該廠領班甚至更惡毒。他把畢林柯的手腕綁在一台機器上，將他吊起來，使他雙膝〔106〕彎曲，然後又在他的肩膀上堆放很多重物。這個孩子和他的同僚們，在寒冷的冬天衣不蔽體，而且（似乎純粹只是爲了凸顯殘酷的程度）連他們的牙齒都被用銼刀銼下來。

這種可怖的殘暴情形，無疑只是特例。其實我們還有點懷疑，改革者們的熱誠可能導致他們加油添醋。不過，即使將誇大不實之處排除，這則故事仍足以說明，冷酷無情的非人道措施，在當時被視爲天經地義；更重要的是，沒人關心這種事。工人們早上六點拖著沉重的腳步上工，直到晚上十點才蹣跚回家，一天工作十六小時並不稀奇。最侮辱人的是，許多工廠經營者不准工人配戴自己的鐘表。工廠裡唯一的鐘卻很奇怪，會在短暫的用餐時間走得特別快。最富裕和最有遠見的工業家，可能不同意這種過分行徑，但他們的工廠經理，或感受到強大壓力的競爭者，似乎對此視若無睹。

工作環境的恐怖並非造成動盪的唯一原因。機器正在大行其道，而這意味著運用從不叫苦的鋼鐵來取代勞工。早在一七七九年，就有八千名暴亂的勞工，把一座工廠燒成平地。這是對機器冷酷無情的效率所做的非理性反抗。[註1]到了一八一一年，這種反科技抗議橫掃整個英國。鄉村地區到處都是被摧毀的工廠，上面還有「內德．盧德到此一遊」（Ned Ludd had passed.）的字樣。謠傳有某位盧德王或盧德將軍，指揮暴民行動。當然，這並非事實。這些被稱爲盧德分子的人，將工廠視爲監獄，而且更爲鄙視領薪水的工作。他們對工廠的仇恨之火，純然是自發性的。

然而這些動亂的確讓國人憂慮。在所有知名人物中，幾乎只有李嘉圖一人，承認機器也許並不總是與工人的切身利益相符。人們還認爲向來聰敏的李嘉圖，在這個議題上犯了錯誤。大多數〔107〕觀察者都沒想這麼多，只認爲下層階級正失去控制，應嚴加處置。對上層階級來說，目前情勢意味著充滿暴力與恐怖的末日將至。詩人蘇賽（Southey）[編2]寫道：「此刻唯有軍隊，能在一場窮

編註

1 英格蘭諾丁罕郡（Nottinghamshire）一村鎮。

2 Robert Southey（1774-1843），英國浪漫派詩人。

人反抗富人之最可怕的大災難中保護我們。我簡直不敢自問，到底能依賴軍隊多久。」史考特則悲嘆：「……我們的腳下埋著地雷。」

但在這晦暗不安的時期，不列顛的某處卻像暴風雨中的燈塔一樣閃耀光芒。在蘇格蘭的陰鬱山區，距離格拉斯哥一日路程之處，有一個原始鄉村。那裡把守關卡的人連金幣都沒見過，所以一開始曾拒絕接受金幣。那邊有個叫作新拉納克（New Lanark）[編3]的小社區，孤伶伶地聳立著幾座七層樓的磚造廠房。沿著山路，從格拉斯哥來的訪客川流不息。從一八一五年到一八二五年，在新拉納克訪客登記簿上簽名的就有兩萬人。其中還有尼可拉斯大公（Grand Duke Nicholas），也就是後來的俄國沙皇尼可拉斯一世（Tsar Nicholas I）[編4]，以及奧地利親王約翰和馬克西米利安（Maximilian）[編5]等顯貴，還有成群結隊的地方代表、作家、改革者、多愁善感的仕女，與抱持著懷疑眼光的商人。

他們來到這裡所看見的，是活生生的證據，顯示出工業生活的骯髒與墮落，並非無可避免的社會現象。在新拉納克，工人的家宅整齊排列，每戶都有**兩個**房間。待處理的垃圾整齊地堆放在路邊，而非髒亂地散落各處。對訪客來說，工廠裡的獨特景象更讓他們眼睛爲之一亮。每位雇工都掛著一個小小的木方塊。方塊的每一面都塗有顏色：黑、藍、黃、白。由淺到深的顏色代表不同程度的表現：白色是傑出，黃色是良好，藍色是普通，黑色是不佳。工廠經理一眼就能看出工〔108〕人的表現。大多數人的方塊都是黃色或白色。

另一件讓人驚訝的事，就是工廠裡沒有童工（至少沒有十或十一歲以下的）。他們也僅需辛苦工作十小時又四十五分鐘。而且，他們也絕不會被處罰，唯有少數有長期酗酒等惡習，而且屢勸不聽的成年勞工會被開除。紀律之所以能發揮影響力，似乎是因爲其寬大溫和，而不是讓人恐懼。工廠經理的大門敞開，任何人都能對任何規範表達反對意見。事實上也眞有人這樣做。工人擁有什麼顏色的方塊，是由其工作績效而定。人人都可以檢閱其工作績效的詳細報告。假如覺得對他評分不公，還可以申訴。

最值得注意的是小孩子們。訪客們發現，孩子們並沒有在街上橫衝直撞，反而認眞地在一所大校舍裡做功課與玩遊戲。最小的孩子們，在學習他們見到的岩石與樹木的名稱。稍微大一點的孩子，則透過建築物上的雕刻裝飾來學習文法：「名詞將軍」與「形容詞上校」和「副詞下士」展開競賽。做功課似乎讓人感覺愉快，但也有課餘時間。孩子們經常在年輕仕女的指導下，集合起來唱歌跳舞。這些仕女們被告知，一定要回答孩子們的問題、小孩不會無緣無故使壞、絕不能虐待小孩，而且若要讓小孩們學得更快，則言教不如身教。

這眞是美妙而又能激勵人心的景象。那些具有生意頭腦的紳士，不像心軟的仕女那樣容易被

編註

3 蘇格蘭南拉納克郡（South Lanarkshire）一村鎮。

4 一八二五年至一八五五年擔任俄國沙皇，獨裁專制。

5 Maximilian I of Mexico（1832-1867），原爲奧地利哈布斯堡（Habsburg）王朝成員，一八六四年受法皇拿破崙三世慫恿，接受了墨西哥王位，後因顛覆墨西哥之罪名而遭槍決。

快樂兒童的景象所打動。然而新拉納克能夠獲利，而且是不可思議地獲利。這是無可否認的事實。該企業的經營者不僅是位聖人，也十分務實。

負責新拉納克事業的，不僅是位務實的聖人，還是個不可多得的人物。就和許多十九世紀〔109〕早期的改革者（我們現在稱之爲「烏托邦社會主義者」）一樣，羅伯特．歐文（Robert Owen）——「新拉納克仁慈的歐文先生」，是務實與天眞、大起與大落、常識與愚蠢的奇妙組合。他主張用鏟子代替犁，從一文不名變成大資本家，又從大資本家變成強烈反對私有財產的人。他擁護慈善事業，因爲慈善事業可以獲利；然後他又極力主張廢除貨幣。

很難相信一個人的一生會發生這麼多轉折。起初是個白手起家的故事，就像霍拉修．阿爾及爾（Horatio Alger）[編6]的小說一樣，一七七一年，雙親都很貧困的歐文出生於威爾斯。他九歲時離開學校，成爲一名亞麻布商的學徒。這位布商的名字很古怪，叫作麥克古福格（McGuffog）。他原本可以成爲一名亞麻布商，得見那家店的名字被改爲「麥克古福格和歐文」。但是他就像其他在商界事業有成的人物一樣，前往曼徹斯特（Manchester）。十八歲時，他在那裡憑著向哥哥借來的一百鎊，自立爲一名生產紡織機的小小資本家。但是最好的事發生在後頭。某天早晨，擁有一家大紡織企業的俊克瓦特先生（Mr. Drinkwater），發現他缺少一名廠務經理，於是便在地方報紙上刊登招聘廣告。歐文對紡織廠一無所知，卻得到了這個職位。他成功的方式，可以用來測試那些曾撰寫關於「勇氣和運氣」之好處的無數作家。歐文在半個世紀之後寫道：「我戴上帽子，直接走向俊克瓦特先生的帳房。『你多大年紀了？』『今年五月就二十了。』這就是我的答覆。『你一個星期喝醉幾次？』……對這個出乎意料的問題感到尷尬而臉紅的我說：『我這輩子從沒喝醉過。』『你要求多少薪水？』『一年三百鎊。』這就是我的答覆。『什麼？』俊克瓦特先生有點驚訝地重複這些字眼：『一年三百鎊！今天早上不知道有多少人來應徵這份工作，但他們要求的薪水加起來也沒有你要的多。』我說：『其他人的要求管不著我。而且我不接受更低的數目。』」註2

這就是歐文特有的姿態，而它成功了。他在二十歲時，就成了紡織界的少年奇才。這位有魅〔110〕力的年輕人，長長的面龐上有著頗爲挺拔的鼻梁，以及坦誠的大眼睛。在六個月內，俊克瓦特先生給了他該企業四分之一的股權。但這只不過是一場傳奇人生的序幕而已。幾年後，歐文聽說有一批在新拉納克窮鄉僻壤中的工廠待售。巧的是他剛好愛上了廠主的女兒。不論是要得到工廠或是廠主的女兒，看來都不大可能。廠主達爾先生（Mr. Dale）是個熱情的長老派編7教徒，他絕不會認可歐文激進的自由思想觀念。而且如何籌措資金以購買這些工廠也是問題。不畏艱難的歐文走向達爾先生，就像從前走向俊克瓦特先生一樣。結果不可能的事被辦妥了：他在協議中借到錢、買到廠，還贏得了廠主的女兒。

編註

6 Horatio Alger Jr.（1832-1899），美國作家，以描寫貧童出人頭地的小說聞名。

7 長老派（Presbyterianism），根據喀爾文教義生成之基督教派別，極力主張上帝的主權，並以聖經爲最高權威。

事情至此，大可以告一段落。一年之內，歐文改變了新拉納克；五年內它徹底改頭換面；十年後，它已舉世聞名。對大多數人而言，這樣的成就已經足夠了。除了在歐洲贏得有遠見和善心的聲譽之外，歐文自己至少賺得了六萬鎊的財富。

但是事情還不只於此。雖然歐文迅速發跡，他卻自認爲是一位有理想的人，而不是只會採取行動而已。對他來說，新拉納克從來就不是一個慈善事業，而是一個機會，以測試其爲了人類整體進步所發展出的理論。歐文相信人類受環境制約。若能改變環境，就可能實現人間天堂。他可以在新拉納克的實驗室中測試自己的想法，並且大爲成功。似乎沒有理由不將之推行到全世界。

他的機會很快就出現了。拿破崙戰爭結束後，困難隨之出現。一連串會被馬爾薩斯稱爲「普〔111〕遍過剩」的問題，對國家造成嚴重傷害。從一八一六到一八二〇年間，生意都非常難做，只有一年例外。惡劣情勢一觸即發：出現了高喊「麵包與鮮血」的暴亂，整個國家陷入某種歇斯底里的狀態。約克（York）公爵、肯特（Kent）公爵等顯貴組成一個委員會，以調查這場危難的起因。他們理所當然地邀請了慈善家歐文先生，來發表他的看法。

結果委員會得到出乎意料之外的答覆。由於歐文先生縮短工時與廢除童工的主張，早已廣爲人知，所以委員會自然預期收到關於工廠改革的請求。然而這些顯貴們看到的，卻是全面重組社會的藍圖。

歐文所建議的是貧困問題的解決方案：讓窮人變得有生產力。爲此，他主張組織「合作村」（Villages of Cooperation），其中包含八百到一千兩百人，一起在農場與工廠工作，以形成一個自給自足的單位。家人們則群居在平行四邊形的宅邸（parallelograms）——這個字眼立刻引起大眾的注目——其中每戶人家都有自己的房間，但是共用客廳、書房和廚房。三歲以上的孩童被隔開來單獨膳宿，以利接受最能陶冶他們未來人格的教育。學校的四周有花園，由稍微大一點的孩子照料。花園外面則是種植作物的田地——不用說，要用鏟子而不是犁來耕種。遠離居住區之外的是工廠單位。實際上，這將是個計畫性的花園城市，一個基布茲（kibbutz）[編8]，一個公社。

委員會諸公大吃一驚。在不受限制的自由放任時代，他們完全不打算採用有計畫的社會團體制度。歐文先生被謝絕，他的想法被審慎地擱置。但是歐文不肯甘休，堅決要求審查他的計畫是否適用，這時解釋他觀點的一些小冊子大批如潮水般地湧入議會。他的決心再次贏得勝利。〔112〕一八一九年組織了一個特別委員會（成員包括李嘉圖），其目的在試行募集所需的九萬六千鎊，來建立一個完備的、試驗性的合作村。

李嘉圖對這個計畫感到懷疑，卻願意讓它試一試；[註3]國人對它則是連懷疑都沒有，只對這個想法表示厭惡。一位社論撰寫者說，「羅伯特．歐文先生是個慈善的紗廠主……認爲世上所有的人都是失根幾千年的植物，需要被重新栽種。因此他決定挖些新潮的方洞，將他們埋進去。」[註4]

因爲思想激進而流亡到美國的威廉．科貝特（William Cobbett）[編9]，出言尤其不遜。他說：

編註

8 源自希伯來語（Hebrew），指聚集之意。

9 英國作家與記者，篤信改革國會與廢除腐敗選區（rotten boroughs）能夠終結農工階層的貧窮問題，並強烈抨擊《穀物法》。

「這位先生主張建立一個貧民**公社**！結果得到的是令人驚奇的和平、幸福和國家利益。讓這些黑眼睛、紅鼻子，拉扯帽子的人被**安置**的小事，要如何完成呢？我完全看不出來。怎麼說，歐文先生的方案都極為新奇，因為我相信沒人聽說過**貧民公社**這種東西……再會了，拉納克的歐文先生。」註5

歐文當然沒有什麼貧民公社的幻想。正好相反，他相信貧民若有工作機會，就能變成財富的生產者；在正派環境的影響下，他們那些可悲的惡習也很容易被改正。因此獲益的不只是貧民而已。合作村顯然遠勝於工業化的騷亂生活。其他社群自然會學習這種榜樣。

但是顯然只有歐文這樣想。心態嚴肅的人從歐文的計畫中看到，它對固有的社會秩序是個擾亂因素；思想激進的人只把它看成一場鬧劇。結果，這個試點村從未籌得所需的資金，但是這位不屈不撓的資本家不肯甘休。他曾是個人道主義者，現在成了一位專業慈善家。他曾賺了一大筆錢，如今要用它來實現理想。他賣掉在新拉納克的股權，於一八二四年建立他自己的未來社區。〔113〕他很自然地選擇到美國發展。有什麼地方比人們已經熟悉政治自由五十年的美國，更適合建立一個烏托邦呢？

他從被稱為拉比特斯（Rappites）編10的日耳曼教派手中買得三萬英畝之廣的土地，位在印第安納（Indiana）波西郡（Posey County）的瓦巴什河（Wabash）畔。一八二六年七月四日舉行落成典禮，並發表了一篇「精神獨立宣言」，獨立於「私有財產」、「非理性宗教」和「婚姻」之外。在將該地取了「新和諧」（New Harmony）這個充滿希望的可愛名稱之後，便讓它自行運作。

它不可能成功，事實上也沒有成功。歐文所設想的是將一個烏托邦原封不動地帶到現世，卻沒有準備將它與舊社會的不完美環境隔絕。他沒做好計畫。八百位移民在數週內倉促湧入。甚至也沒有最起碼的反詐騙措施。歐文的一位夥伴在該地設立威士忌釀造廠，讓歐文背了黑鍋。歐文不在當地，於是與之競爭的社群開始繁衍。威廉・麥克路（William McClure）設立了「麥克路尼亞」（Macluria），而其他持不同意見者也設立了別的社區。光靠理想無法對付強大的壞習慣。事後回想起來，該社區能夠存在那麼久，才是令人驚訝之事。

到一八二八年之際，此一事業的失敗已很明顯。歐文把地產賣掉（在此一冒險中，他損失了全部財產的五分之四），先後向傑克遜總統（President Jackson）和墨西哥的聖安納（Santa Anna）[編11]談他的計畫。但這兩位紳士最多只是在禮貌上敷衍一下而已。

如今歐文回到英國。或許稍微受了點打擊，他仍是那位仁慈的歐文先生，而其生涯即將出現

編註

10 和諧社會（The Harmony Society，由Johann Georg Rapp〔1757-1847〕創立，原位於德國，因遭受路德教派的迫害，而於一八〇三年遷至美國）的成員。

11 Antonio de Padua María Severino López de Santa Anna y Pérez de Lebrón（1794-1876），墨西哥軍事及政治領袖，墨西哥獨立、德州革命的主要人物。

最後一次意外的轉折。大多數人都嘲笑其合作村的觀念，但社會中卻有一個階層深受其教誨的影響，那就是勞工階級。這正是第一個工會出現的時代，而紡紗工、製陶工與建築工的領袖們都認爲歐文可以替他們的利益發言，甚至當他們的領袖。和歐文的同儕不同，這些工人認眞看待歐文〔114〕的教誨——當權貴的委員會仍在討論合作村時，基於其理念而組成，規模較爲適中的眞正勞工合作社，已經散布全國。其中有生產合作社、消費合作社，甚至還有少數依照歐文先生觀念的字面意義，而放棄貨幣的不幸嘗試。

這些生產合作社全部失敗，而不用錢幣的交易所最後也一文不名地破產。但合作運動卻有一個方面奠定了根基。二十八位自稱爲「落赤達先驅」（Rochdale Pioneers）[編12]的熱心人士，開創了**消費者**合作運動。對歐文而言，這不過是一時的興趣，但後來它卻發展成大不列顛工黨重要的力量泉源之一。奇怪的是，這樁他最不在意的運動，卻能持續得比那些他盡心盡力推行的計畫更久。

歐文沒時間顧慮合作社，因爲當他從美國回來時，想出了一個巨大的道德運動，並以其一貫的精力全心投入。他一度是個窮孩子，一度是個資本家，一度是個社會建築師，現在則把勞工運動的領袖們招到身邊。他爲他的計畫取了一個讓人印象深刻的名字：「生產與有用階級全國道德聯盟」（Grand National Moral Union of the Productive and Useful Classes）。此一名稱很快就簡化爲「全國團結工會」（Grand National Consolidated Trades Union）。這個名稱還是太拗口，最後再簡稱爲「全國工會」（Grand National）。工會諸領導人團結在此旗幟下，於一八三三年正式發起了英國勞工階級運動。

它是個全國性的聯盟，是今日產業工會的前身。其會員達五十萬，在當時是個龐大的數字。實際上，全英國所有重要的工會都被含括在內。但它和現代工會不同，其目標並不以工時、工資甚至管理權爲限。全國工會是一個改善社會，甚至推動深刻社會變革的手段。因此其綱領在要求改善工資與工作條件外，還繼續詳述了合作村、廢除貨幣，以及歐文著作中許多其他觀念的大雜〔115〕燴。

歐文爲了他最終的目標向全國進行遊說，結果徹底失敗。美國無法接受地方性的天堂，英國也無法接受全國性的工會。地方工會無法控制其會員，而地方性的罷工又削弱了全國性的組織。歐文和他的助理們發生了爭執；後者指控他不敬神，而他則指責他們煽動階級仇恨。於是政府介入，盡全力以武力報復，瓦解了這個成長中的運動。雇主階級在全國工會聽到了私有財產的喪鐘聲，要求徹底執行反工會法。沒有一個新興運動受得了這樣的打擊。這個偉大的工會在兩年內便滅亡，而六十四歲的歐文最後的歷史性角色也告終。

這位偉大的勞工老兵，在其後的二十年間仍在極力主張其合作觀念、對鏟子的偏好，以及他對貨幣天真的懷疑。儘管有一群稱爲「和平抑制不信神者協會」（Society for Peaceably

編註

12出自The Rochdale Society of Equitable Pioneers，創立於一八四四年，爲早期的消費合作公社。

Repressing Infidelity）的好人抗議，歐文仍於一八三九年獲維多利亞女王（Queen Victoria）的接見。但是他已然完了。他在最後的歲月裡，於唯靈論[編13]、無數相同的宣傳短文，以及他非常精彩的《自傳》（*Autobiography*）中求得慰藉。已八十七歲但仍滿懷希望的他，於一八五八年過世。

多麼浪漫而又了不起的故事！回想起來，他的故事比他的觀念更有趣。歐文絕不是眞正有創見的思想家，也絕非懂得變通的思想家。一個與他同時的作家挖苦地說：「歐文不是一個讀書之後能有己見的人。」[註6]一聽到他的聲音就要逃走的麥考萊（Macaulay）[編14]稱他爲「溫和的討厭鬼」。

無論怎麼牽強附會，都不能說他是個經濟學家。但是他有甚於此，是個經濟改革者，重塑了經濟學家必須處理的原始資料。和一切烏托邦社會主義者一樣，歐文要改變世界，但是別人只是有力或無力地寫作，而他卻勇往直前，實際嘗試推動改革。

再想一想，或許他身後的確遺留了一個偉大的觀念。在他兒子羅伯特．達爾．歐文（Robert〔116〕Dale Owen）的自傳中很生動地闡述了這則軼事：

他的父親（羅伯特．歐文）說：「我親愛的卡羅琳（Caroline），當孩子發脾氣而哭鬧時，就把他放在育兒室的地板中間。除非停止哭鬧，否則絕不把他抱起來。」「但是親愛的，他會哭上一小時的。」「那就讓他哭。」「這可能傷到他的小肺臟，或許還會引起痙攣。」「我想不會的。無論如何，這總比使他變成一個無法管教的男孩好些。人是環境的產物。」[註7]

「人是環境的產物。」但是，除了人自己之外，還有誰來製造環境呢？世界並非必然好或不好，要看我們努力到什麼程度而定。歐文身後留下了這個希望的哲學，要比他關於鏟子和犁、貨幣，或者合作村的空想更為有力。

在十九世紀反對原始資本主義的一群人中，歐文肯定最為浪漫，但絕不是最獨特的。純以性格乖僻而論，首推聖西門伯爵（Count Henri de Rouvroy de Saint-Simon），若說到觀念之反常，則夏爾·傅立葉（Charles Fourier）絕對無與倫比。

聖西門，單看他一長串的名字就知道是個貴族，號稱系出查理曼（Charlemagne）。他出生於一七六〇年，從小受的教育就使他意識到祖先的高貴，以及保持其家族榮耀的重要。在青少年時期，他的僕人每天早上喚醒他時總要大喊：「起來吧，伯爵先生，今天您有大事要辦。」註8知道自己身負歷史使命這件事，會對人造成奇怪的影響。聖西門便藉此為其過分的任性找到藉口。他在小時候就分不清堅守原則與冥頑不靈有何不同。據說，某次一輛路過的馬車妨礙孩子們的遊戲時，他躺到路上，固執地不肯離開——誰敢把小伯爵扔到溝裡去呢？後來他父親叫他去領聖餐，他同樣頑固抗命——但他父親或許更瞭解兒子頑固的個性，而且當然不像別人一樣怕這〔117〕

編註

13 spiritualism，認為靈魂為存於身體之內的獨立實體，人類各種情意表現均是靈魂作用的結果。

14 Thomas Babington Macaulay（1800-1859），英國詩人、歷史學家與政治家。

個，於是立刻把他關起來。

他的任性可能使他投身到最放縱的政治團體——路易十六的宮廷。幸而這位年輕伯爵熱愛民主——與宮廷差距最遠的觀念——而於一七七八年到美國，在革命戰爭中打響了名號。他參與了五次戰役，獲得了辛辛納特斯勳章（Order of Cincinnatus）[編15]，最重要的是，他成了自由與平等新觀念的熱情信徒。

但這還稱不上大事。戰後他留在路易斯安納（Louisiana），再到墨西哥敦促總督造一條運河。這條比巴拿馬運河更早的運河可能以他的名字為名，但這想法落空了。當然，其中空想的成分占十分之九，計畫的成分只占十分之一。於是這位年輕的革命貴族回到了法國。

他剛好趕上法國大革命，並滿懷熱情地投入革命。他的故鄉佩隆（Peronne）法爾維（Falvy）的市民請他擔任市長，他拒絕了，說選一個舊貴族當市長將開啓惡例。後來市民執意選他參與國民議會，他便提議放棄頭銜，自稱為普通公民邦諾摩（Citoyen Bonhomme）[編16]。他對民主的偏愛並非出於僞裝；聖西門對他的同胞有眞摯的感情。在大革命前的某一天，當他正體面地前往凡爾賽（Versailles）時，碰見一位農夫的貨車陷在泥濘裡。他於是下車，將他優美的披肩墊在車輪下。後來他又發現這位農夫的話很有意思，就遣走自己的座車，和這位新結交的農民朋友一起乘車到奧爾良（Orléans）。

革命對他的影響很奇怪。一方面他機敏地從事教會地產投機買賣而賺了一筆；另一方面他忙於一個龐大的教育計畫，使他與外國人接觸而為人所忌，結果讓他受到保護管束。他逃脫了。但是當他發現旅館老闆被不公平地指控爲共犯時，他又出於浪漫和眞正高貴的精神而自首。

〔118〕

這次他進了監獄。但在某種意義上，他一生所期待的天啓就出現在囚房中。聖西門對這場夢有如下描述：

「革命最殘酷的時期，我被關在盧森堡的某晚，查理曼突然現身說：『自從世界開始以來，從沒有一個家族有榮幸既孕育出第一流的英雄，又孕育出第一流的哲學家。這份榮耀被留給我的家系。我的孩子，你做爲一個哲學家所取得的成就，將和我做爲一個戰士和政治家所取得的成就相等。』」註9

聖西門別無所求，獲釋後就把積累的錢財傾注在驚人的知識追求活動上。他眞的想知道應該知道的一切，便邀請了科學家、經濟學家、哲學家、政治學家等全法國的學者專家到家裡，提供研究經費，並不停地向他們請教，以吸納世上所有的知識領域。這種努力很不尋常。有一次從事社會研究時，因爲缺乏對家庭生活的直接瞭解，他結婚了——期約三年。結果一年就受夠了：他的妻子話太多，他的客人吃太多，而聖西門斷定，婚姻做爲一種教育制度，有其侷限。他又轉而追求歐洲最出色的女子德斯塔厄夫人（Mem. de Staël）編17。他宣稱她是唯一能瞭解其計畫的女

編註

15 由Society of the Cincinnati（一七八三年成立）所發授，用以表揚革命戰爭時期的有功人士。

16 citizen guy之意。

17 Anne Louise Germaine de Staël-Holstein（1766-1817），瑞士籍法語作家，引介並評論浪漫主義作品的標的人物。

子。他們的會面讓人大失所望：她認爲他充滿活力，但絕非世上最偉大的哲學家。於是他的熱情也煙消雲散。

追求百科全書式的知識固然刺激，卻是財務上的災難。他的開支毫無節制，婚姻也出乎意料地昂貴。他發現自己先變成小康，然後淪於眞正的貧困。他被迫從事文書工作，然後要仰賴一位老僕好心提供膳宿。同時他在寫作，憤怒地寫出一連串短文，包括對社會的觀察、勸誡與調查。〔119〕他把作品送給當時主要的贊助人士，並附上一張可憐兮兮的便條：

> 先生：
>
> 請救救我，我快餓死了……十五天來只靠麵包和水過活……爲了支付印書費用，我把衣服以外的東西全賣了。出於對知識和公共福祉的熱情，渴望找到解決占據全歐洲社會可怕危機的和平手段，讓我陷入了這樣的困境……註10

沒人捐錢給他。儘管家族給了他一點津貼，他還是於一八二三年在絕望中舉槍自殺。但他總是事與願違，只弄瞎了一隻眼睛。他又活了兩年，貧病交加卻仍專注而自豪。臨終時，他召來少數幾個門徒到身邊說：「記住，要做大事就得有熱情！」註11

他究竟做了些什麼，足以合理化這場戲劇性的結局呢？

一件怪事：他創立了一個產業宗教。這不是透過他卷帙浩繁但乏人問津的著作、他的演說，或所謂的做「大事」而達成的。不知怎的，此人激發了一小群追隨者，形成一個教派，並提供社會關於未來的一個新形象。

這是個怪異、有點神祕而缺乏組織的宗教。這點並不奇怪，因爲它建立在一個未完成且不平衡的觀念大廈上。它甚至不是有意要成爲這樣的宗教——儘管聖西門死後眞的出現了聖西門教會，在法蘭西有六個分會，在日耳曼和英格蘭也都有支部。也許比較適合將其和兄弟會相比，他的門徒都穿藍色服裝，彼此間依「父與子」的關係排序。它的創立者曾主張一種服裝，頗具象徵意義。他們穿著這種特別的背心，不論在穿上或脫下時，都必須靠旁人幫忙，以此強調人人都要〔120〕
依靠其兄弟。但此教會很快便退化成幾近迷信，因爲近代的聖西門分子設計出他們自己的道德規範。在某些案例中，這只不過是將邪惡合法化而已。

聖西門鼓吹的福音不會讓現代人感到驚訝。它宣稱，人若要分享社會成果，「他就必須工作」。但和從這個前提導出的結論相比，歐文平行四邊形宅邸的社會本身就很清楚了。

聖西門寫道：「我們假設法國突然喪失了五十名最重要的物理學家、五十名最重要的化學家、五十名最重要的生理學家……數學家、機械專家」等等，直到三千名專家學者、藝術家和技工都計算在內（聖西門的文風並不以簡約著稱）。這樣會如何？一場讓法國失去靈魂的大災難。

聖西門說，現在假設法國喪失的不是這一小群人，而是在一擊之下損失了所有上層人士：國王的弟弟兼王位繼承人、貝利公爵（Duke de Berry）、某些公爵夫人、王室官員、國務大臣、法官，以及一萬名最富裕的地主——總計三萬人。結果呢？聖西門說，太可惜了，因爲他們全都是好人。但這雖然令人感傷，國家卻沒什麼損失。誰都可以取代這些可愛的裝飾品。註12

這個寓意很清楚。應當受到社會中最高報酬的是一切類型的勞動者——工業家，懶漢的所得應當最少。但是我們所看到的情況怎樣呢？由於奇特的不義安排，結果適得其反：那些做得最少的，得到的最多。

聖西門建議把金字塔擺正。其實社會組織就像一間大工廠，邏輯上應當遵循工廠原則。政府應當是經濟性的，不是政治性的；應當安排事物，而不是指揮人。報酬應按人對社會的貢獻比例〔121〕分配，應該給工廠的積極成員，而非懶惰的旁觀者。聖西門宣揚的不是革命，甚至也不是我們所理解的社會主義。它是對產業過程的一種讚頌，是對忙碌社會中，安逸之人反而獲得超乎比例財富一事的抗議。

對於如何實現此理想，聖西門未置一詞。後來的聖西門分子比創立者向前一步，主張廢除私有財產。但即使如此，也只不過是社會改革的模糊綱領。這是工作的宗教，但它缺乏適當的教義解說。它指出社會財富分配不公，但對那些要撥亂反正的人而言，它卻沒有指點迷津，令人失望。

或許正是由於缺乏綱領，使得一位與聖西門恰恰相反的人會成功。這位貴族出身的人由於對偉大觀念的熱情而得到激勵，而傅立葉則由於對瑣碎細節的熱情而被激勵。傅立葉和聖西門同樣相信，這個世界已絕望地陷於混亂。但他提出的對策明確地從最小的細節著手。

聖西門是生活的冒險家；傅立葉是想像的冒險家。他的傳記沒什麼內容：生於一七七二年，是貝桑松（Besançon）[編18]一個商人的兒子，大部分時間都是個不成功的商旅。就某種意義而言，他一事無成，甚至沒有結婚。他熱愛的是花和貓。唯有在人生的最後階段，他才展現魅力。在他最後的歲月中，他準時於公告時間坐在他的小房間裡，等候某位資助他重整世界計畫的大資本家來訪。畢竟，這個小售貨員曾寫道：「我一個人掃除了兩千年來的政治愚昧，而且現代和後世人們無窮幸福的起源也都仰仗我一人。」肩負如此重任的他，必須等候命定的救主與資本家，帶著錢包駕臨。可是沒人上門。[註13]

客氣地說，傅立葉是個怪人；準確地說，他大概是個瘋子。他的世界是空想的產物：他相信，地球已有八萬年的生命，前四萬年期間向上擺動，後四萬年向下擺動。在這兩個時期的中間（在算術上不必認眞計較），存在著八千年的「至福期」（Apogée du bonheur）[編19]。我們已經過了混沌期、蒙昧期、族長期和野蠻期，現在生活在八個上升階段中的第五階段。在我們前面的是保證期（這倒是不錯的洞見），然後上升到和諧期。然而在到達極樂世界後，這個蹺蹺板將傾覆，我們將回頭經歷先前的所有階段，直到起點。〔122〕

編註

18 位於法國東部，鄰近瑞士。

19 peak of happiness之意。

但是，當我們深入和諧期時，事物將紛然迸呈：北冕星座（Northern Crown）[編20]將迴繞北極，緩緩地流出露水；海水變成檸檬汁；六個新的月亮將取代原本孤獨的那顆衛星；更適合和諧期的新物種將出現：「反獅」，一種容易馴服而且最有用的動物；「反鯨」，可以被拴在船上；還有「反熊」、「反蟲」與「反鼠」。我們將能活到一百四十四歲，其中有一百二十年將用來無止盡地追求性愛。

所有這些，再加上他對外星居民的第一手描述，讓讀他書的人覺得他瘋了。也許是的。但是當他將其滿天星斗的願景轉到這個地球上，他看見了混亂與不幸，也看見了重組社會的方法。

他的處方十分精確。社會應該由一些排列整齊的大型旅館，有點像歐文合作村的「法郎吉」（phalanstères）[編21]組成。對旅館的描寫很詳盡：有一個大型核心建築（其各種各樣的房間及其尺寸都被仔細考慮到了），環繞其周圍的是田地和工業設施。可以依財力挑選一等、二等或三等的旅館房間。可以依個人意願保有隱私（包括在房內用餐），也可以適當地發揮文化影響力。〔123〕通過集中處理可以提高效率；傅立葉這個老單身漢，對於集中烹調的成就，描繪了一幅令人饞涎欲滴的圖畫。

每個人當然每天得工作幾小時。但沒有人會偷懶，因爲每個人做的都是他最喜歡的事。這樣，骯髒的工作可以叫**喜歡**做的人去做——當然是孩子們。於是孩子們會高高興興地走向屠宰場或是去修路，度過快樂的時光。少數不想從事骯髒工作的孩子，將去照料花草，或糾正他們父母的發音。工作者間展開友好的競賽，看看誰做得最好：有種梨比賽、種菠菜比賽，最後（等法郎吉原則廣及全球，建好所需的兩百九十八萬五千九百八十四個法郎吉時）還有煎蛋廚師大戰和香檳裝瓶師大戰。

這整件事極其有利，利潤將達百分之三十。但這是公共利潤，十二分之五屬於勞動，十二分之四屬於資本，十二分之三屬於「能力」。人人都會被勸告，既要當一個工作者，也要成爲部分所有權人。

傅立葉的觀念似乎荒誕不經，但即使在務實和以常識爲重的美國，它也小有成就。這個國家在一段時期內曾有四十個以上的法郎吉。如果把歐文式的公社和各種宗教機構合併計算，實際上至少有一百七十八個烏托邦團體，其人數從十五到九百不等。

它們種類繁多：某些虔誠，某些則否；某些守貞，某些放蕩；某些採資本主義，某些採無政府主義。俄亥俄（Ohio）有「楚倫布爾法郎吉」（Trumbull Phalanx）、長島有「摩登時代」、紐澤西（New Jersey）有「奧奈達」（Oneida）、「布魯克農場」（Brook Farm）、「新伊卡里亞」（New Icaria）與「北美法郎吉」（North American Phalanx）。其中北美法郎吉特別值得注意，從一八四三年持續到一八五五年，然後以半旅館、半公社的形式撐到一九三〇年代晚期。評〔124〕

編註

20 拉丁文原名爲Corona Borealis，北天星座之一，以其形似冠冕而名之。

21 一種烏托邦社會的建築形式，以方陣（phalanx）爲概念建造，可容納千人。

論家亞歷山大・伍爾克特（Alexander Woollcott）[編22]就出人意料地在那裡出生。

這些夢幻社群都沒有堅實的基礎。夢想世界很難和現實競爭。在所有的烏托邦計畫中，法郎吉最遠離現實，但也最令人著迷。誰不想住進法郎吉呢？傅立葉指出了他生活世界的不幸，這是毀滅性的事實。他想治好這個致命的疾病，但他的處方卻混入了太多來自天國的成分。

這些烏托邦主義者看來很荒謬？的確，他們都是夢想家；但正如阿拿透爾・弗朗斯（Anatole France）[編23]所言，如果沒有夢想家，人類至今還住在山洞裡。他們每個人都有點瘋狂。即使聖西門也曾嚴肅地想過，做爲最聰明之動物的海狸，有朝一日會否取代人類的地位。但值得注意的不是他們古怪的個性，或豐富而又動人的幻想，而是他們的勇氣。爲了對其勇氣做出正確評價，必須評估並理解他們所處的智識氛圍。

他們生存的世界不僅殘酷無情，而且還在經濟法則的包裝下，將其殘酷行爲合理化。法國財政家和政治家納克爾（Necker）[編24]在世紀交替時說：「假使能找到一種食物，不及麵包可口，但營養卻多一倍，那麼人們的食量就可以減少到兩天只吃一餐。」這種感嘆或許聽來刺耳，卻有某種道理。殘酷的是世界，不是世人。世界依經濟法則運行，而經濟法則不是人可以或應該加以操弄的。它們就是在**那裡**。若對其作用之不幸後果導致的不公加以抱怨，就跟爲了潮起潮落而悲嘆一樣愚蠢。

法則雖少，卻是決定性的。我們已看到亞當・斯密、馬爾薩斯和李嘉圖如何詳述經濟分配的〔125〕法則。這些法則似乎不僅解釋了社會產品傾向於如何分配，還論及**應該**如何分配。這些法則顯示出，競爭使得利潤均平化，並受到控制；工資總是受制於人口壓力；地租會隨著社會的擴展而流入地主之手。就是這樣。人們未必**喜歡**此結果，但此結果顯然是社會動力的自然結局，並未涉及**個人的**惡意或操縱。經濟法則就像重力法則一樣，對它進行挑戰似乎毫無意義。因此，一本初級經濟學原理課本寫道：「百年前只有專家才能探索它們（經濟法則），如今它們已童叟皆知。唯一眞正困難的是，它們太簡單了。」

難怪這些烏托邦人士如此極端。這些法則儼然不可侵犯，但它們造成的社會狀態卻無可容忍。於是他們勇敢地說，實際上必須改革整個體系。假如是資本主義容許將畢林柯綁在機器上，就換個什麼別的吧——合作村、道德準則，或擁有可愛休閒氣氛的法郎吉。烏托邦人士（還包括很多本章沒提到的人）的改革，憑藉的是心腸而非頭腦。

這是他們被稱爲**烏托邦**社會主義者的原因之一。「烏托邦」不僅是一個空想的目標，也是手段的關鍵。這些改革者和共產主義者截然不同，希望說服**上層**階級，社會改革符合他們自己的最終利益。共產主義者爲了達成目標而訴諸群眾，並主張在必要時使用暴力；社會主義者爲了實現計畫而呼籲自己的同類——知識分子、小資產階級、抱持自由思想的中產階級，或理智上已獲解

編註

22 Alexander Humphreys Woollcott（1887-1943），美國評論家，長期爲《紐約客》雜誌撰寫評論。
23 François-Anatole Thibault（1844-1924）的筆名，法國詩人及小說家。
24 Jacques Necker（1732-1804），路易十六時期的財政大臣。

放的貴族。即使歐文也希望得到和他一樣的工廠主人的理解。

但還要注意到他們是烏托邦**社會主義者**，這意味著他們是**經濟**改革者。從柏拉圖（Plato）開〔126〕始已有烏托邦的打造，但烏托邦人士所回應的是政治上的不義。

他們直到法國大革命才開始對經濟上的不義做出回應。既然他們對早期資本主義造成的恐怖情景反感，很自然地便會反對私有財產，也反對追求私人財富。他們之中很少有人想到體制**內**的改革。要記著，當時七折八扣的工廠法才剛剛出現，而且那些辛苦掙得的不情願的改革，還常常遭到破壞。烏托邦人士要的不只是改革，而是一個全新的社會，以某種方式落實「愛鄰如己」的理想，而非以鄰爲壑。可以藉由財產公有，找到人類進步的試金石。

他們都是很好的人。然而儘管擁有善意和最誠摯的理論，烏托邦人士卻未能贏得尊重。他們需要一位在感情上與他們一致，但地位更穩固之人的認可。意想不到的是，當時公認最偉大的經濟學家，最後卻轉向社會主義。他就是約翰·斯圖亞特·彌爾（John Stuart Mill）。[註14]

本章中的每個人都有某些讓人難以置信的性格，但彌爾也許是其中最卓越的。他的父親詹姆斯·彌爾是個歷史學家、哲學家、小冊子作家，是李嘉圖和傑瑞米·邊沁（Jeremy Bentham）[編25]的知交，十九世紀初期最主要的知識分子之一。詹姆斯·彌爾幾乎對任何事物都有明確的想法，尤其在教育方面。他的兒子約翰·斯圖亞特·彌爾就是他教育出來的非凡成果。

約翰·斯圖亞特·彌爾生於一八〇六年。他於一八〇九（不是一八一九）年開始學習希臘文，七歲時已讀了柏拉圖對話錄的大部分。次年開始學拉丁文，同時吸收希羅多德（Herodotus）、色諾芬（Xenophon）、第歐根尼．拉爾修（Diogenes Laërtius），以及路西安〔127〕（Lucian）的部分作品。在八歲到十二歲時，讀完了維吉爾（Virgil）、霍拉斯（Horace）、李維（Livy）、撒路斯特（Sallust）、奧維德（Ovid）、特倫斯（Terence）、盧克萊修（Lucretius）、亞里斯多德、索弗克勒斯（Sophocles）和阿里斯托芬（Aristophanes）；精通了幾何、代數和微分，寫了一部羅馬史、一部古代通史節略、一部荷蘭史，還有幾首詩。他在著名的《自傳》中說：「我從未用希臘文寫作，即使連詩也沒有。拉丁文作品也非常少。這不是因爲家父不重視這種練習的價值……實在是沒有時間。」[註15]

彌爾在成熟的十二歲時，開始研究邏輯和霍布斯的作品。十三歲時已對政治經濟學領域的一切，做了全面性研究。

這是種奇特的教養方式。依我們的標準而言，這令人生畏。沒有假期，「免得破壞了工作的習慣，養成偷懶的惡習」[註16]，沒有男性玩伴，甚至也沒有眞正意識到，他所受的教養方式很不正常。日後彌爾寫出了偉大作品並不令人驚訝，他的人格沒有全面崩潰才是奇蹟。他在二十幾歲時，的確精神衰弱，對曾滋養他的那個微妙而枯燥的理智工作世界，突然感到了無生氣，無法令人滿足。當其他年輕人必須去發現，理性活動中也可能存在的美妙之處時，可憐的彌爾必

編註

25 Jeremy Bentham（1748-1832），英國經濟學家、法學家與哲學家，倡議法制及社會改革不遺餘力，主張功利主義與動物權利。

須要在美妙的事物中找到美妙之處。他長期爲憂鬱所苦，然後他閱讀歌德（Goethe）、華滋華斯（Wordsworth）以及聖西門的作品。這些人在談論感情時，全都像他父親談論理性時一樣嚴肅。然後他遇上了哈莉特・泰勒（Harriet Taylor）。

不幸的泰勒先生被忽略了。哈莉特・泰勒與彌爾陷入愛河，在整整二十年間，魚雁往返，一起旅行，甚至住在一起，但是全然清白（假如他們的書信可靠的話）。泰勒先生過世後，障礙消失，兩人終於結成連理。

這是天作之合。哈莉特（以後還有她女兒海倫）填補了彌爾晚熟的情感空缺。這兩位女性一起讓他正視女權，以及更重要的人權。當他在哈莉特死後回想他的生平，憶及她們對他共同的影〔128〕響時寫道：「無論現在或以後，若有人想到我和我的作品時，要記得這不是出於一個人，而是三個人的理智和良心。」[註17]

我們已經看到，彌爾十三歲時就通曉了當時的政治經濟學。直到三十年後，他才撰寫了兩大冊出色的鉅著《政治經濟學原理》。好像他就是爲此而積累了三十年的知識。

這是一部全面性的概括論述，包括地租、工資、價格和賦稅，再次踏上亞當・斯密、馬爾薩斯和李嘉圖開創的路徑。但他不僅僅是將那些已被當作教條的理論刷新而已。彌爾自認爲在該書中提出了一個重大創見。它和許多其他的偉大洞見一樣，非常簡單，指出了經濟法則眞正的管轄領域，是在生產而非分配方面。

彌爾的意思很清楚：生產的經濟法則與自然有關。勞力用在何處的生產力較高，不能任意決定；土地生產力遞減這類現象，也不能隨意改變。自然界就是這樣地匱乏與無情，而教我們如何將勞動成果極大化的經濟行爲法則，就和氣體膨脹定律或化學物質的交互作用一樣客觀且絕對。

但是經濟法則與分配無關，這也許是經濟學中最重大的一條**但書**。當我們盡力生產出財貨後，就可以依我們的喜好處置。彌爾說：「物品一旦出現，人類便可個別或集體地對其爲所欲爲，以任何條件處置……即使一個人不靠他人幫助，辛辛苦苦地製造出一件物品，還是需要得到〔129〕社會同意，才能擁有它。社會……若未……付出人力財力保障人的財產，那麼不僅是社會，甚至連個人都可以，而且也將會取走他人的財物。因此財富分配依社會的法律和習俗而定。規則由社會統治階層的意見和感情決定，在不同時代、不同國家都有很大的差異。只要人們想要，差異還可以更大……」[註18]

對於將李嘉圖的客觀發現僵化成社會束縛的李嘉圖信徒而言，這是一記重擊，因爲彌爾說得很清楚。不用擔心社會會「自然」地壓低工資、均分利潤、提高地租等等。假如社會不喜歡其活動的「自然」後果，只要把它們改過來就行了。社會可以抽稅與補貼，可以徵收財物與重新分配。它可以把所有財富獻給君王，也可以經營一個龐大的慈善事業；它可以適當地留意誘因，也可以對其置之不理（風險自行承擔）。但無論如何，至少就經濟學而言，無所謂「正確的」分配。沒有任何「法則」能證明社會該如何分配其產物：只要人們覺得合適就好。

實際上，彌爾的發現並不像他所信的那樣千古不朽。保守派經濟學家很快地指出，當人們介入分配過程時，同時也介入了生產過程。例如，對利潤課徵百分之百的稅金，不僅和誰得到它有關，也會對這筆金額的大小造成巨大衝擊。馬克斯也從另一角度指出，分配和生產無法像彌爾所想的那樣清楚劃分，因爲社會的支付模式是其生產模式密不可分的部分。例如封建社會中沒有〔130〕「工資」，而資本主義社會中也沒有封建權益。

如此，左派和右派都批評到，社會調整其分配的自由有其**限度**，其幅度比彌爾所暗示的要狹窄得多。然而彌爾的洞見也不宜低估，因爲限制的存在就表示有調整空間，所以資本主義有可能被改革。美國的「新政」和斯堪地那維亞的福利資本主義，的確都直接展示出彌爾的願景：社會可以依其價值觀，試著扭轉其「自然」運作的後果。即使改變受到限制，誰又能說這沒有導向重要的社會改變呢？

彌爾的發現，當然是他那時代的清流。在自滿與僞善當道之日，彌爾的聲音在道德上非常清晰。例如在他的《原理》中將「生產」和「分配」加以區分後，他繼續檢視當時許多不同烏托邦改革者提出的「共產主義」方案（先不要急著將彌爾不熟悉的馬克思共產主義加進去）。

彌爾考慮了這些對「共產主義」方案的各種反對意見，並發現其中有許多可取之處。但是他隨後將其意見，總結在這個石破天驚的短評中：

> 如果……要在有風險的共產主義，以及帶來痛苦和不義的社會現狀之間做出選擇；如果私有財產制必然導致現今的產品分配，即所得幾乎總是與勞動成反比例——最大部分落入完

全不勞動之人手中，第二大部分落入只從事微不足道工作的勞動者之手，如此遞減，工作愈困苦，報酬愈少，最後，最勞累的體力勞動者連餬口都成問題，如果要在這種狀態與共產主〔131〕義之間做選擇，那麼無論推行共產主義的困難有多大，在對比的天平上都微不足道。

但彌爾繼續寫道，這並非眞正的選擇。因爲他相信，這對私有財產原則不公平。彌爾相信，落實他所寫出的原則即可展現出改革精神，而當時歐洲的法律與制度所反映的並非那種精神，而是昔日殘暴的封建制度。

因此他在最後並未主張眞正革命性的變革。這有兩個原因。其一，他發現日常生活的粗野鬥爭，是人類精力的必要宣洩管道。

他寫道：「有人認爲人類生活的正常狀態，就是要奮發向上；當前社會上互扯後腿，踩著別人肩膀往上爬的生活方式，最値得人們嚮往，或是工業進步面相的一種難堪癥狀。我承認，自己並沒有被這種生活典範所迷惑。」註19

但是對汲汲求利之心的厭惡，並沒有使得彌爾盲目否定其功用：「人類的精力必須用來奮力求財，就好像它們從前用於奮力求戰一樣，直到人類的心智能夠成功導引他人變得更好爲止，毫無疑問，與其讓人類的精力停滯腐朽，還不如任其追求財富。正因爲人類的心智是粗俗的，他們才需要粗俗的刺激，既然如此，讓它們去追求粗俗之物又有何妨。」註20

還有第二個也許更有力的理由。在對想像中的共產社會得失進行評估後，彌爾將其所見的困難表述如下：

> 問題在於個人特性是否仍能獨立存在；人民能否自由表達意見；個人對整體的絕對依賴，以及整體對個人的監視，會否將所有人的思想、感情與行動都磨成溫馴單調的樣〔132〕子……；會責備異常行徑的社會，絕對不健康。註21

這是做爲「政治學家」的彌爾的言論。後來他還寫了《論自由》（*On Liberty*）這本小書，這或許是他最偉大的作品。但我們感興趣的是做爲經濟學家的彌爾，因爲他的《原理》絕不只是在探索社會改革的可能性。它也是闡明資本主義體系發展軌道的大規模社會模型，就和從前亞當．斯密和李嘉圖的模型一樣。但彌爾模型的目標與前人不同。正如我們所見，彌爾最大的特色，便是他相信社會行爲有可能**改變**。對李嘉圖而言，人的本能使得勞動階級不可能有任何實質的改善。彌爾不再接受這個陰暗的主要機制，而認爲勞動階級可以被教導，從而瞭解他們面臨著馬爾薩斯所言的危險，於是便會自願控制人口成長。

當工資不再受制於人口壓力後，彌爾的模型便與亞當．斯密和李嘉圖的模型有別。如前所述，積累趨勢受限於上漲的工資，而現在不會再有大群孩童來幫忙抑制工資、維持利潤。因此工資會上漲，而資本積累終將停滯。從而彌爾的體系接近一個**停滯的**高原。若將殘酷的人口壓力排除，亞當．斯密的或李嘉圖的體系也會如此。

另外一點不同之處，在於彌爾不將停滯狀態視爲資本主義和經濟進步的終結，而將它視爲良性社會主義的第一階段，人類將把精力用在正義與自由的莊嚴問題上，而非只求經濟成長。在這個即將到來的停滯社會中，可以出現偉大的變革。政府將課徵遺產稅，也將禁止地主不勞而獲。工人協會將取代讓人隸屬於老闆的企業組織。工人合作社純憑其競爭優勢，將可大行其道。原本〔133〕的老闆會將企業賣給工人，自己領取退休年金，而資本主義也將隨之逐漸消失。

所有這些只是烏托邦的幻想嗎？回顧《原理》最後一版發行以來，經濟在一個世紀內大幅拓展。當我們瞭解到，彌爾相信英國（以及世界資本主義）距離停滯狀態只有一步之差時，只能報以微笑。然而眺望未來一兩代資本拓展將面臨的問題，並且重新思考荷蘭與斯堪地那維亞三國等資本主義國家，已將高度社會責任引進其經濟架構一事，我們就不能把彌爾的願景當成維多利亞時代一廂情願的想法而置之不理。也許正因爲他**是**維多利亞時代的人，即使其冷靜的論文頗具說服力，現代人還是不會爲其語調吸引。然而彌爾在退出第一線之後，仍有辦法從後門回來。

所以，讓我們恭敬地向他道別。這個受人尊敬到幾乎被崇拜的人，活到一八七三年。由於他的遠景充滿希望，且掃除了馬爾薩斯和李嘉圖的絕望氣氛，使其溫和的社會主義傾向得到諒解。畢竟他的主張並不駭人聽聞：開徵地租稅、遺產稅，組織工人合作社等，都能讓許多非社會主義者欣然接受。他對工會的可能性並沒有非常樂觀，但只要是好的意見，他都希望能夠成功。這在骨子裡就是正統英國式的主張：漸進主義、樂觀、務實而不激進。

《政治經濟學原理》一書非常成功。在他生前，昂貴的二卷本發行到第七版。而且像彌爾這種個性的人，又自費印行了一種廉價本，讓勞動階級買得起。在他過世前，五版廉價本皆銷售一空。彌爾成了那時的「大經濟學家」，當時被說成李嘉圖當然的繼承人，也不遜於亞當・斯密本〔134〕人。

他在經濟學以外的領域也深受敬重。除了《論自由》之外，彌爾也是《邏輯學體系》（*Logic*）、《論代議政府》（*Considerations on Representative Government*）和《功利主義》（*Utilitarianism*）的作者。這些都是該領域內的經典。他不只才華橫溢，而且人品幾乎超凡入聖。當他在哲學領域的勁敵赫伯特・斯賓塞（Herbert Spencer）[編26]發覺自己貧困到無法完成計畫中的一系列社會演化研究時，提供金援的就是彌爾。他寫信給他的對手說：「懇請您不要把它當作私人的恩惠。即使如此，仍希望您能接納。但它純粹是關於一項重大公共目標的合作提議。您為此付出勞力，也犧牲了健康。」[註22]

這就是彌爾。他只關心兩件事：他的妻子，熱愛的程度讓朋友認為已近乎盲目；對知識的追求，他始終堅定不移。他被選入國會後，替人權辯護，但由於超前時代太多而失敗。他對此毫不介意。他仍將所見的世界，用文字語言表述出來，唯有愛人哈莉特的看法會對他有所影響。

她去世後，女兒海倫變得同樣不可或缺。他在《自傳》裡感激地寫道：「肯定沒有人像我一樣，在遭受如此的損失後，還能在生命中抽中另一次大獎。」[註23]這位極其睿智而偉大的人，退休後和海倫一起在亞威農（**Avignon**）哈莉特的墳墓附近度過餘生。

最後有一件巧合。他那本提及進步訊息與和平改革機會的經濟學傑作，出版於一八四八年。

或許那並非開創時代之作，但絕對是代表時代之作。由於難以理解的命運撥弄，另一本篇幅小〔135〕得多的書——一本小冊子——在同一年出版了。書名被稱作《共產黨宣言》（*The Communist Manifesto*），用尖刻的言詞，在短短幾頁裡就毀滅了彌爾送給這個世界沉著而向上的理性。

編註

26 Herbert Spencer（1820-1903），英國哲學家與社會學家，因將進化論之最適者生存學說應用至社會學上，而受人尊爲社會達爾文主義（social Darwinism）之父。

第六章　馬克思的嚴酷體系

這是一位讀盡所有經濟學家著作的經濟學家，一位一絲不苟的日耳曼學究，一位會訴諸情感的批評家，會把資本寫成「渴求勞工鮮血的吸血鬼」，告訴我們資本問世後「從頭到腳，每一個毛孔中都溢出鮮血和汙垢」。

《共產黨宣言》一開頭的字句就很聳動：「一個幽靈，共產主義的幽靈，正籠罩著歐洲。教〔136〕皇和沙皇、梅特涅（Metternich）[編1]和基佐（Guizot）[編2]、法蘭西的激進派和日耳曼的警探等一切舊歐洲勢力，已組成神聖同盟來驅除此幽靈。」[註1]

這個幽靈確實存在。對歐洲大陸的舊秩序而言，一八四八年是恐怖的一年。[註2]空氣中瀰漫著革命的熱情，腳下迴盪著人民的怨氣。曾有一刻，就是那短短的一刻，舊秩序看來就要垮台。在法國，肥胖的中產階級國王路易・菲利浦（Louis Philippe）[編3]搖搖欲墜的政權，在一場危機之後瓦解；他退位後流亡到索立（Surrey）的別墅藏身，巴黎工人則在沒有協調的情形下蜂擁而起，在市政廳（Hôtel de Ville）上升起紅旗。在比利時，驚惶的國王自請退位。在柏林，設置了重重路障，子彈呼嘯而過；在義大利，群眾動亂；而在布拉格和維也納，人們仿照巴黎的範例起事，控制了整座城市。

該《宣言》大聲疾呼：「共產黨人不屑隱瞞自己的觀點和意圖。他們公開宣稱：只有強行推翻所有現存的社會關係，才能達到他們的目的。讓統治階級在一場共產主義革命中顫抖吧！除了他們的枷鎖之外，無產階級沒什麼好損失的。一整個世界等著他們去贏取。」[註3]

統治階級真的在顫抖，他們到處都看見共產主義的威脅，而其恐懼並非毫無根據。在法國的〔137〕鑄造廠裡，工人們唱著激進歌曲，伴隨著大錘敲擊的聲音。正在參訪這些工廠的日爾曼浪漫詩人海因利希・海涅（Heinrich Heine）[編4]記述：「我們這種真正過著紳士生活的人，對這些歌中惡魔般的口氣毫無概念。」[註4]

儘管該《宣言》的措詞擲地有聲，這惡魔般的口氣卻不是對共產主義革命的召喚，而是挫折與絕望的吶喊。此時整個歐洲大陸都在反動派的控制之下，只有英國的情形比較好。彌爾曾批評法國政府「絲毫沒有改革精神……幾乎全憑人類更卑劣、更自私的衝動來運作」。當然不只有法國如此惡名昭彰。日耳曼的情況更糟，到了十九世紀四〇年代，普魯士甚至沒有國會、沒有言論自由、沒有集會權利、沒有出版自由、沒有陪審制度，對於陳腐的國王神權統治這個概念，絲毫不得背離。義大利是一群過時諸侯國的大雜燴。統治俄國的尼可拉斯一世雖然一度參訪過歐文的新拉納克，該國仍被史學家德．托克維爾（de Tocqueville）[編5]稱作「歐洲專制的基石」。

若能對這股絕望之情加以管理和引導，那惡魔般的口氣也許會變成一場眞正的革命。但這些自發性的暴動既無紀律也無目標；在他們贏得初步勝利，猶疑下一步行動時，舊勢力便捲土重來，將其擊潰。革命的熱情消退了。在熱情持續之處，則被無情地鎮壓。在死傷一萬人後，巴黎群眾被國民衛隊制伏，路易．拿破崙（Louis Napoleon）接掌政權，很快地將第二共和改爲第二

編註

1 Klemens Wenzel von Metternich（1773-1859），奧地利外交家，保守主義的代表人物。

2 François Pierre Guillaume Guizot（1787-1874），法國歷史學家與政治家，於平民國王路易．菲利浦在位時位居要職，官至法國首相，保守派人士。

3 一八三〇至一八四八年擔任法國國王，二月革命時下台。

4 Christian Johann Heinrich Heine（1797-1856），十九世紀德國重要詩人與文評家。

5 Alexis-Charles-Henri Clérel de Tocqueville（1805-1859），法國歷史學家與政治思想家，知名著作包括《民主在美國》（*Democracy in America*）、《舊制度與大革命》（*The Old Regime and the Revolution*）等。

帝國。比利時決定最好還是請國王留下來。國王廢止了人民集會的權利，以答謝這份獻禮。維也〔138〕納和匈牙利的群眾被炮轟。在日耳曼，曾大膽討論共和政治問題的制憲會議，已陷入派系紛爭，還屈辱地將國家獻給普魯士的弗雷德里克．威廉四世（Frederick William IV）。更加屈辱的是，這位君王聲稱他不接受卑賤百姓所獻上的皇冠。

這場革命結束了。當時來勢凶猛，染滿鮮血，但是沒有成果。歐洲出現了幾個新面孔，但政策大致和以前一樣。

不過對剛組成共產主義聯盟（Communist League）[編6]的一小批勞動階級領袖而言，這並沒有讓他們深感絕望。誠然，他們曾寄予厚望的革命已然退潮，而歐洲各地的激進運動甚至受到比以往更殘酷的迫害。但他們對這一切皆泰然自若。根據他們對歷史的瞭解，一八四八年的暴動，不過是未來預定之大規模行動前的小型彩排，偉大的最後勝利必然會出現，毫無疑問。

這個聯盟才剛出版了它的目標聲明，稱之爲《共產黨宣言》。但是《宣言》裡所有的口號和犀利的措詞，不僅僅是要激發革命情緒，或是在一片喧譁聲中再增添另一種抗議之聲而已。《宣言》還蘊含了一種歷史哲學：共產主義革命不僅爲民心之所向，且爲大勢之所趨，**沛然莫之能禦**。烏托邦主義者也想建設理想社會，但共產主義者和他們不同，不訴諸人們的同情心，也不沉迷於建造空中樓閣。他們給人們一個機會，將命運繫於一顆星星之上，然後看著這顆星堅毅地穿越歷史的黃道帶。無須爭論哪一方會基於道德或情感的理由，或因爲認定現狀已惡劣至極，而獲得勝利。反之，冷靜的分析指出，只有一方**必然**會勝利，而那一方就是無產階級。他們的領袖只〔139〕

要等待，最後絕不會失敗。

《宣言》是爲了未來而撰寫的綱領。但有件事會使它的作者們感到驚訝。他們準備好等待，卻沒想到要等上七十年。他們審視歐洲以找尋可能性最高的革命溫床，卻從未朝俄國看一眼。

人人皆知《宣言》乃是那位憤怒的天才馬克思的智慧結晶。更準確地說，這是他和他的卓越夥伴、同胞、支持者和同事弗雷德里希·恩格斯（Friedrich Engels）合作的成果。

他們讓人很感興趣，當然也是極重要的人物。麻煩的是他們很快就變得不僅僅是個人，更是個形象。至少在蘇聯瓦解前，馬克思廣被視爲與基督或穆罕默德並列的宗教領袖，而恩格斯則像聖保羅或聖約翰。在莫斯科的馬克思—恩格斯研究所裡，學者們以在街尾反宗教博物館時嘲弄的偶像崇拜心態，鑽研他們的作品。雖然馬克思與恩格斯在史達林的俄國被當成聖徒，在毛澤東的中國受到的尊崇僅僅稍弱一點，但他們在世上其他的大部分地區，都被視爲惡魔的產物。

他們不該被這樣對待，因爲他們既非聖人也非惡魔。他們的作品既非聖典也非詛咒。它隸屬於一系列偉大的經濟觀點，相繼爲我們釐清、闡明、解釋了這個世界。就像書架上其他偉大的作品一樣，它也非完美無瑕。世人只把馬克思當成革命家，但世上即使沒有馬克思，也會有其他的社會主義者跟新社會的先知。馬克思和恩格斯對這世上眞正的和持久的影響，不是來自其革命活

編註

6 初創於一八三六年的巴黎，爾後成爲第一個國際性共產組織。

動。在他們有生之年，這些活動並無重大成果。資本主義必須在最後加以控制的，是馬克思這個「政治經濟學家」的願景。他在歷史上留下的最後印記，便是預言資本主義必將崩潰。共產主義〔140〕就是在這個預言的基礎上建立其大廈，而無視其自身的弱點。

讓我們來看看這兩個人。註5

他們外表大不相同。馬克思**看起來**就像革命家。他的孩子稱他爲「摩爾人」（The Moor）編7，因爲他黝黑、眼睛深陷而有神。他健壯結實，留著很有威嚴的鬍子。他不愛整潔，家裡散布著滿是塵埃的紙堆，而不修邊幅的馬克思就走在刺目的香菸霧氣中。另一方面，恩格斯看起來就像他所鄙視的資產階級。他高大俊美，喜歡擊劍與騎馬打獵，還曾一口氣在威悉河（Weser River）兩岸游了四趟。

他們不僅外表不同，連個性也極端不同。恩格斯爽朗而敏銳，心思靈巧流暢，據說粗通二十種語言。在生活中，他喜歡資產階級式的享樂，包括美酒在內。有趣的是，雖然他在無產階級中尋找情人，卻花了很多時間浪漫但枉然地試圖證明，他出身勞動階級的情婦瑪麗·柏恩斯（Mary Burns）以及她去世後取代其位置的妹妹莉希（Lizzie），其實是一位蘇格蘭詩人的後裔。

馬克思要沉悶得多。他是出類拔萃的日耳曼學者，乏味、嚴謹，費盡心思到幾近病態的完美主義者。恩格斯下筆如行雲流水，一氣呵成；馬克思卻總是斟酌再三，殫精竭慮。只有阿拉伯語中的四千個動詞字根才能難倒恩格斯；而馬克思在經過二十年的練習，卻仍說著生硬的條頓式英語。[編8]當他寫到讓他大感「震驚」（shock，馬克思誤拼爲chock）的事件時，我們幾乎可以聽到他的聲音。儘管馬克思比較遲鈍，但仍比恩格斯偉大。恩格斯具有廣度和衝勁，而馬克思卻有深度。

一八四四年，他們在巴黎二次會面，而其一生的合作也由此開始。恩格斯只是來拜訪馬克思〔141〕而已，他們卻相談甚歡，對話持續十天之久。此後，他們的作品幾乎都是合作編輯、重寫，至少也是與另一人辯論之後才定案，彼此間往來的書信足可成冊。

他們朝向巴黎會合的路途截然不同。恩格斯的父親是個過於虔誠的喀爾文教徒，心胸狹隘，在萊茵蘭（Rhineland）從事製造業。小恩格斯年輕時非常喜歡詩，他父親卡斯帕．恩格斯（Caspar Engels）把他送到不來梅（Bremen）去學習出口業務，與一位牧師住在一起：卡斯帕認爲宗教和賺錢可以糾正浪漫的心靈。恩格斯盡職地做生意，但他所見都蒙上一層反叛色彩，其隨遇而安的個性與他父親的嚴格標準並不相容。他在經商過程中下到碼頭，敏銳的眼光不只注意到「以鑲金桃花心木裝飾」的頭等艙，也注意到擁擠的統艙。[註6]他開始閱讀那時的激進著作，在二十二歲之際便轉而投入「共產主義」的理想。那時共產主義一詞並無明確定義，只是反對以私

編註

7主要由柏柏爾人（Berber）、北非阿拉伯人後裔與西非黑人組成，爲中世紀時伊比利半島（Iberian Peninsula）的居民，膚色較一般歐洲白人黝黑。

8指德式英語。條頓人（Teutonen）爲古日耳曼民族之一，後世常以此指稱德國人。

有財產做爲組織社會的經濟手段。

然後他去曼徹斯特，參與父親的紡織生意。對恩格斯而言，曼徹斯特就像不來梅的船一樣虛有其表。舒適的街道上商店林立，城市的郊區圍繞著舒適的別墅。但其背後隱藏著另一個曼徹斯特，工廠主人們在往返他們辦公室的途中絕不會看見。這裡住著一群發育不良的人，生活骯髒而絕望。他們尋求於酒與福音，並以鴉片來痲醉自己和子女，以度過無望而又嚴酷的生活。恩格斯在萊茵蘭家鄉的工業城鎮中，也曾看過類似景象，但如今他準備探索曼徹斯特，直到他對〔142〕每個貧民窟都一清二楚爲止。他打算將調查結果寫成《一八四四年英國工人階級的狀況》（*The Condition of the Working Class in England in 1844*）出版，以對工業化之下，貧民窟的世界做一個最恐怖的裁決。有次他和一位紳士朋友談到這地方的慘況，並強調他從未看過如此「敗壞的城市」。他的同伴靜靜地聽完之後說：「可是許多錢就是從這邊造出來的啊！再見，先生。」[註7]

他那時正在寫作，以證明那些偉大的英國經濟學家不過是現存秩序的辯護者而已。其中一篇文章，使得在巴黎編激進哲學雜誌的年輕人馬克思印象深刻。

與恩格斯不同，馬克思來自一個自由到有些激進的家庭，一八一八年生於日爾曼特里爾（Trier）[編9]的富裕猶太家庭，是海因利希．馬克思的次子，這個家庭不久後便改信基督教，讓律師海因利希執業時少受點限制。海因利希頗受尊敬，甚至曾被任命爲「司法顧問」（Justizrat）——這是只授予卓越律師的榮銜。但他曾參加非法聚會，舉杯敬賀共和制的德國，也常將伏爾泰、洛克和狄德羅（Diderot）[編10]的思想灌輸給他的小孩。

老馬克思希望兒子學法律。但在波昂和柏林大學裡，年輕的馬克思發覺自己沉迷於當時偉大的哲學辯論中。哲學家黑格爾（Hegel）提出了革命性的體系，而那些保守的日耳曼大學爲此公開地大幅決裂。黑格爾認爲，變動是生命的規律。一切的觀念、一切的力量，都無可避免地引起它的對立面，而後這兩者融合成一個「統一體」，接下來再引發自身的矛盾。黑格爾說，歷史只不過是此一觀念與力量之衝突和解決的流動表現。變動——辯證的變動——蘊含於人類事務中。唯有論及普魯士政府時，此規律才不再適用。黑格爾說，普魯士政府就像「人間的上帝一樣」。[註8]

這對年輕學者是有力的刺激。馬克思加入了以黑格爾辯證法討論諸如無神論、純理論性的〔143〕共產主義等大膽議題的知識分子團體——「青年黑格爾」[編11]，並決定成爲一位哲學家。要不是上帝一樣的政府加以阻撓，他可能會成功。馬克思最喜愛的教授布魯諾・包爾（Bruno Bauer）[編12]，熱心地替他在波昂謀職。但包爾因爲支持立憲和反對宗教的觀念（顯然這兩者一樣糟）而被

編註

9 德國歷史最悠久的城市，位於德境西南摩澤爾河（The Moselle）畔。

10 Denis Diderot（1713-1784），法國哲學家與作家，啓蒙時代重要人物，編纂發行當時之《百科全書》（*Encyclopédie*）。

11 或稱爲黑格爾左派（Left Hegelians），由普魯士知識分子組成，承繼並闡發黑格爾的學說，主張無神論及民主自由，馬克思和恩格斯都曾加入。

12 德國神學家與歷史學家。

解聘，年輕的馬克思博士的學術生涯也化爲烏有。

他轉而投身新聞業。他常投稿的小型中產階級自由派報紙《萊茵報》（*Rheinische Zeitung*）[編13]邀他擔任編輯。他接受了，而此工作整整維持了五個月。馬克思本來就是激進派，但是在哲學而非政治方面。當恩格斯慕名來訪時，馬克思對這個洋溢共產主義觀念的輕率年輕人不以爲然；當馬克思自己被指控爲共產主義者時，他的答覆曖昧：「我不懂共產主義，但不能輕率地譴責旨在保衛被壓迫者的社會哲學。」儘管他這樣否認，執政當局還是無法容忍他的評論。政府頒布法令，禁止農民在森林中採集枯枝，而這是他們自古以來就享有的權利。馬克思對此加以痛斥，因此被指責。他撰寫社論哀嘆住房情況，因此被警告。當他跨越界限，批評俄國沙皇時，《萊茵報》因此被查禁。

馬克思前往巴黎接掌另一激進刊物，但它幾乎和《萊茵報》一樣短命。但如今他的興趣轉向政治和經濟。普魯士政府毫不掩飾的自私態度、日爾曼資產階級全力反對減輕日爾曼勞動階級的痛苦、歐洲富裕和統治階級近乎可笑的反動態度——這一切在他心裡聯合起來，形成一種新歷史〔144〕哲學的一部分。當恩格斯造訪時，雙方一拍即合，此一歷史哲學便開始正式成形。

這一哲學常被稱爲「辯證唯物論」；稱其**辯證**是因爲它包含黑格爾的內在變動觀念，稱其**唯物論**乃是因爲它不立足於觀念世界，而是植基在社會和物質環境的領域。

恩格斯在多年後針對日爾曼教授尤金·杜林（Eugen Dühring）[編14]撰寫的著名文章〈反杜林

論〉（Anti-Dühring）[編15]中說：「歷史的唯物概念始於一個原則：生產和產品的交換是一切社會秩序的基礎。在歷史上出現的每個社會中，產品分配以及與之相關的社會階層劃分，由社會生產什麼、如何生產和產品如何交換所決定。根據這個概念，應該在生產與交換模式的改變中，而非人們的心智中，或人們對永恆眞理與正義愈來愈深刻的理解中，尋求所有社會變動和政治革命的最終原因；它們存在於當時的**經濟學**，而非**哲學**之中。」[註9]

這是一個有力的推論。馬克思說，每個社會都建立在一個經濟基礎上，此即人類必須爲自己安排食、衣、住等活動之無可置疑的事實。不同社會、不同時代的組織安排會有很大的差別，可以是田園式或狩獵式，可以分組爲手工藝單位或構成複雜的工業整體。但無論人們採取何種形式來解決他們的基本經濟問題，社會都需要一套非經濟性的活動和思想之「上層建築」——它需要以法律約束，由政府管理，受宗教和哲學激勵。

但是關於思想的上層建築無法任意選擇，而必須反映其基礎。沒有一個狩獵社群會發展出工業社會的法律架構，也不可能使用那種架構。同樣地，沒有一個工業社會能使用原始村落的法〔145〕律、秩序和政府概念。要注意的是，唯物論並未將觀念的催化作用和創造力棄之不顧。它只是主

編註

13 十九世紀德國自由派報紙，爲萊茵地區的工業家們所贊助，以對民主的訴求反抗普魯士政府的極權制度。

14 Eugen Karl Dühring（1833-1921），德國哲學家與經濟學家，雖爲社會主義者，卻強烈抨擊馬克思的思想。

15 原於報刊連載，批駁杜林的社會主義觀點，後以《歐根．杜林先生在科學中實行的變革》（*Herrn Eugen Dührings Umwälzung der Wissenschaft*）之名出版單行本。

張，即使思想和觀念的目標在於改變環境，它們仍是環境的**產物**。

唯物論本身會將觀念化約成僅是經濟活動的衍生物。但馬克思從未如此主張。這個新的理論不但是唯物的，也是**辯證**的。它所設想的是變動，恆久與內在的變動。在這無窮無盡的流動中，源自一個時代的觀念，將有助於形塑另一個觀念。馬克思在評論一八五二年路易．拿破崙政變時寫道：「人們創造自身的歷史，但並非隨心所欲地創造。他們不是在自己挑選的環境下創造，而只能在過去所建造、給予、留傳下來的環境中創造。」[註10]

但是此理論的辯證性（即內在變動性）並非僅僅依靠觀念和社會結構的互動。另外還有一個重要得多的因素在起作用：觀念結構所立足的經濟世界，本身也在變動。

比方說，中世紀的孤立市場，在海外探險和政治統一的衝擊下被淘汰，一個新的商業世界於焉誕生。在新發明的衝擊下，舊式手工作坊被蒸汽作坊取代，一種稱作工廠的新社會組織形式出現了。在這兩種案例中，經濟生活本身的決定性架構改變了自身的形式，從而迫使置身其中的社群採行新的社會調適措施。馬克思寫道：「手工作坊帶給社會的是封建領主，而蒸汽工廠帶來的則是工業資本家。」[註11]

這樣的變革一旦發生，就會帶來一連串後果。市場和工廠雖然起源於封建生活方式，卻與那種方式不相容。它需要新的文化和社會脈絡以資配合。他們藉由產生自己新的社會階級，來幫助〔146〕
他們從艱難的誕生過程中解套：市場創造新的商人階級，工廠則創造工業無產階級。

但社會的變動過程，並不僅僅是一個新發明壓迫舊制度的問題，而是產生了一個新階級取代舊階級。馬克思說，因爲社會是由階級構成，不論贊同與否，人們在現存的生產形式中，都因某種共同關係而結合。經濟變動對這一切都構成威脅。當生產的組織及技術力量改變，例如工廠摧毀了手工業，生產的社會關係也會改變；在上位者可能發現他們失去了立足點，而在下者的地位可能有所提高。在李嘉圖時代的英國，我們就曾看到社會階級相對地位翻轉的情況，那時資本家乘著工業革命的浪潮，威脅著要奪取鄉紳地主們由來已久的特權。

於是衝突隨之發生。地位受威脅的階級會與新興階級鬥爭：封建領主對抗新興商人，同業工會領袖對抗新興資本家。

但歷史進程無視人們的好惡。情況逐漸改變，而社會階級也會逐漸但確實地重組。在一片混亂和痛苦中，財富分配改變了。因此歷史就是階級間爲了瓜分社會財富，而不停鬥爭的一場大戲。只要社會在變遷，現有的財富分配必然會被挑戰。

對馬克思和恩格斯的時代而言，這個理論預示著什麼?它指向革命——無可避免的革命。因爲依此分析，資本主義必然也包含著「生產力」與「生產關係」——一個技術和組織的基礎，以及一個法律、政治權利和意識型態的結構。假如其技術基礎正在發展，其上層建築必然也會受到愈來愈大的壓力。

這正是馬克思和恩格斯在一八四八年之所見。資本主義的經濟基礎——其現實的支撐點——〔147〕乃是工業生產。其上層建築爲私有財產制，使得部分社會產出歸於擁有大型技術裝置的人。此基礎與上層建築不相容，於是產生衝突。

為什麼？因為工業生產的基礎，亦即商品的實際製造，是一種組織整合得更為緊密的**互賴**過程；而私有財產的上層建築則是社會體系中，最富**個人主義**色彩者。因此上層建築和其基礎發生衝突：工廠需要的是私有財產制所痛恨的社會計畫。**資本主義**已複雜到需要加以管理，但**資本家**堅持要求災難性的自由。

結果是雙重性的。其一，資本主義遲早會自毀。缺乏計畫的生產將使經濟活動陷入持續的混亂——危機、衰退與蕭條的社會混亂。這個體系太過複雜，經常不協調、步驟錯亂，對某一產品生產過剩，對另一產品生產不足。

其二，資本主義必然會不自覺地培育出後繼者。它在其龐大工廠內，不僅創造出社會主義的技術基礎——合理計畫的生產——還將創造出一個訓練有素且紀律嚴明的**階級**。這憤怒的無產階級將成為社會主義的代表。資本主義內部的動力會使它垮台，並在此過程中滋養自己的敵人。

對歷史來說，這是極重要的洞見。不僅由於它預示了未來，而且更開啟了對過去的全新觀點。我們對歷史的「經濟詮釋」已然熟悉，對於重新評估像新萌芽的十七世紀商人階級和重視土地與世系的貴族間的鬥爭歷史，可以平靜地接受。但是對馬克思和恩格斯來說，這不僅是在重新詮釋歷史而已。辯證法指向未來，而《共產黨宣言》所揭示的未來，指出資本主義正朝向革命的結〔148〕局前進。《宣言》陰鬱地聲明：「現代工業的發展……連根剷除了資產階級生產與占有產品的基礎。所以，最重要的是資產階級在自掘墳墓。它的垮台與無產階級的勝利，同樣無可避免。」註12

這份對歷史做出砲聲隆隆的嚴酷詮釋的《宣言》，不是在巴黎寫成的。馬克思在那個城市的生涯很短暫。他編輯一份諷刺性的激進雜誌，再次惹惱了普魯士政府，因此被逐出法國首都。

他於一八四三年，和青梅竹馬的燕妮·馮·威斯特法倫（Jenny von Westphalen）結婚。燕妮是一個普魯士貴族和樞密顧問官的女兒，但她父親威斯特法倫男爵卻是個人文主義者及自由派思想家。男爵曾跟年輕的馬克思談論過荷馬和莎士比亞，甚至談到聖西門的觀念，而不顧當地主教的異端宣告。燕妮則是鎮上的美女。她被很多人追求，可以輕易找到比隔壁的黝黑年輕人更「匹配」的丈夫。但她愛馬克思，兩家人也欣然同意。對馬克思家族來說，這場婚姻大大提高了他們的社會地位；對男爵來說，這也許是他人文主義觀念的愉悅證明。假如他預見女兒的遭遇，或許未必會同意這樁婚事。因為燕妮後來被迫在監獄裡跟妓女共用一張床，還向鄰居乞討錢財購買棺木，來埋葬她的一個孩子。在特里爾生活舒適，也享有社會聲望的她，即將在倫敦貧民區兩個陰暗的房間裡，和丈夫一起面對一個充滿敵意之世界的毀謗。

然而他們是一對恩愛夫妻。馬克思對外人並不友善，忌妒心強，多疑而又暴躁，但他卻是個快樂的父親和深情的丈夫。威斯特法倫家的女傭琳蘅（Lenchen）無償地和他們住在一起。當他〔149〕妻子生病的某段期間，馬克思投向琳蘅的懷抱，還有了一個私生子。即使這樁不貞的事件也不能破壞他們之間的深情。註13很久以後，當燕妮垂死時，馬克思也生了病，他的女兒目睹了這感人的場景：

我們親愛的母親躺在前面的大房間，而摩爾人則躺在毗連的小房間……我從來不曾忘記，他覺得有力氣可以走到母親房間去的早晨。當他們在一起時，好像恢復了青春——她是年輕的女孩，而他是深情的青年，正要一起面對人生，而不是疾病纏身的老先生和病危的老太太正要訣別。註14

馬克思一家於一八四九年遷居倫敦。自從四年前被逐出巴黎後，便搬到布魯塞爾，並在那裡寫《共產黨宣言》，待到一八四八年革命爆發爲止。然後，當比利時國王將搖搖欲墜的寶座穩住後，就開始逮捕首都內的激進領袖，於是馬克思匆匆搬到日耳曼。

同樣的模式再度上演。馬克思接管了一家報社的編輯職務，但政府沒多久又將該報社關閉。他將最後一版報紙用紅字印出，然後避居倫敦。

此際，馬克思經濟拮据。這時恩格斯在曼徹斯特過著奇異的雙重生活（他在曼徹斯特證券交易所裡頗受尊重），而他源源不絕地對馬克思一家提供財務援助。假如馬克思的開支有所節制，這個家庭可以過著體面的生活。但馬克思從不量入爲出。所以孩子們有錢學音樂，但家裡卻連取暖的錢也沒有。他們隨時都會破產，被財務問題壓得喘不過氣。

馬克思一家共有五人，還包括琳蘅。馬克思從不間斷地從每天早上十點到下午七點，待在大〔150〕
英博物館內，此外別無工作。他試圖爲《紐約論壇報》（*New York Tribune*）撰寫關於政治情勢的文章來賺點錢。這份報紙的編輯查爾斯·達納（Charles A. Dana）是傅立葉主義者，不反對抨擊歐洲政治。這幫助了他一陣子，雖然很多文章都是恩格斯代筆的。那時馬克思寫信建議恩格斯：「你必須在跟戰爭有關的文章中多加著墨。」註15 停止供稿後，馬克思曾應徵鐵路辦事員，但由於寫字過於潦草而被拒。之後，他典當了身邊所有的東西，至於家裡的一些銀器等比較值錢的物品早就賣掉了。有時爲了應急而把外套甚至鞋子也典當了，因此他不得不窩在家裡；有時沒錢買郵票，而無法把作品寄給出版者。更糟的是，他還染上了最痛苦的疔瘡。某次，他忍痛在博物館中寫作一整天，晚上回到家之後說：「我希望活著的資產階級將有理由想起我的疔瘡之苦。」註16 那時他剛剛寫好《資本論》（*Das Kapital*）中描寫「勞動節」那恐怖的一章。

只有恩格斯可以依靠。馬克思一直寫信給他，論及經濟、政治、數學、軍事戰術，以及太陽底下的一切事物，但以他自己的處境爲最。茲摘錄具代表性的一篇如下：

> 我太太病了。小燕妮也病了。琳蘅在發燒，而我沒有請醫生，因爲沒錢。將近有八到十天的時間，我們全家只靠麵包和馬鈴薯度日，以後能不能繼續得到這些食物都成問題……我沒幫達納寫東西，因爲身無分文，無法買報紙……我該怎麼擺脫這種窘境？最後也最可恨的是，在過去的八到十天裡，我向幾個日耳曼同胞討了一些零錢，否則就活不下去了……註17

只有到最後幾年才略有好轉。一個老朋友留給他一小筆遺產，讓他可以過得舒服點，甚至還〔151〕
能到外地療養。恩格斯最後也得到一筆遺產而退休，於一八六九年最後一次走進辦公室，然後大

老遠跑來見馬克思的女兒，「邊揮舞手杖邊唱歌，笑容滿面」。[註18]

燕妮於一八八一年過世。在她的五個子女中，有兩個先她而去，其中包括她的獨生子。她那時又老又疲憊。馬克思病得太重，無法參加葬禮。恩格斯去看他時，他說：「這個摩爾人也死了。」但他又苟延殘喘了兩年。他不喜歡他兩個女兒挑選的丈夫；對勞動階級運動的爭吵感到不耐，甚至做出一項使他的追隨者一直感到困惑的聲明（有一天他說，「我不是個馬克思主義者」），[註19]然後在三月的某個下午，悄然逝去。

他在長年的困苦生活中，完成了些什麼呢？

至少他締造了一個國際勞動階級運動。馬克思在年輕時就寫著：「到目前為止，哲學家們只是用各種不同的方式來詮釋這個世界，但重要的是如何改變它。」[註20]馬克思和恩格斯在其歷史詮釋中讚揚無產階級；他們現在要領導這些無產階級，讓他們在歷史上發揮最大的力量。

這並沒獲得太大成就。在《宣言》出版時，「共產主義聯盟」成立了，但這充其量不過是個名義上的組織；《宣言》做為這個組織的黨綱，甚至不曾公開出售。革命在一八四八年告終，這個聯盟也壽終正寢。

隨後於一八六四年，更具野心的「國際工人協會」（International Workingmen's Association）成立了。這個國際組織號稱有七百萬會員，所推動的罷工浪潮足以橫掃歐陸，因此更讓人敬畏。但它也注定短命。這個組織的組成分子，並不是一支堅毅且紀律嚴明的共產主義大軍，而是由一〔152〕

群歐文主義者、普魯東主義者（Proudhonist）[編16]、傅立葉主義者、不太熱心的社會主義者、偏激的民族主義者和工會人士拼湊而成，對任何革命理論都抱持著懷疑態度。馬克思很有技巧地把他的人馬團結在一起五年，後來還是四分五裂；一部分人追隨了真正具有革命背景且曾被流放到西伯利亞的巴枯寧（Bakunin）[編17]（據說他的演講非常感人，如果當眾要求聽眾割喉自殺，聽者也會照辦）。其他人則把注意力轉回國內的事務。這個國際組織的最後一次會議於一八七四年在紐約舉行。這是令人哀傷的失敗。

但遠比第一國際（First International）的締造更重要的是，馬克思在勞動階級事務中，灌輸了一種特有的語調。他最喜歡爭吵、毫無容忍心，而且打從一開始，就不相信任何不遵循其推理路線的人有可能是對的。做爲一個經濟學家，他言詞精確；做爲一個哲學家和歷史學家，他雄辯滔滔；做爲一個革命者時，他言詞粗鄙。他墮落到反猶太主義。[註21]他將對手稱爲「笨蛋」、「無賴」，甚至「臭蟲」。當他早年在布魯塞爾時，日耳曼裁縫魏特林（Weitling）[編18]曾來拜

編註

16 法國工人階級中的激進主義分子，得名自法國政治哲學家與社會主義者皮耶．普魯東（Pierre-Joseph Proudhon, 1809-1865），他自稱無政府主義者，並揚言「財產就是盜竊（Property is theft!）」。

17 Mikhail Alexandrovich Bakunin（1814-1876），俄國革命分子，出身貴族世家，言詞激進，倡議集體無政府主義（collectivist anarchism）。

18 Wilhelm Weitling（1808-1871），恩格斯稱其爲日耳曼共產主義的創始人，然而他與馬克思皆認爲魏特林的社會主義態度偏重理想而不近實際。

訪。魏特林致力於勞工運動，腿上有普魯士監獄中的鐐銬所留下的傷疤。他長期英勇無私地爲日耳曼工人而努力。他前來和馬克思談關於正義、兄弟道義和團結之類的問題，可是他發覺自己遭到關於社會主義「科學原則」的無情盤問。可憐的魏特林感到困惑，他的答覆不能讓馬克思滿意。坐在那裡好像主考官一樣的馬克思，開始在屋裡怒氣沖沖、大步地踱來踱去。他大喊：「無知幫不了任何人。」註22於是審問結束了。

維利希（Willich）編19是另一個被趕走的人。這名普魯士陸軍上尉在日耳曼革命中參加過戰鬥，後來在美國南北戰爭中，成爲北方同盟的傑出將領。但他堅持一種「非馬克思」的觀念，認爲「純粹意志」可以取代「實際情況」，成爲革命的動力。有一天，列寧（Lenin）會證明這個〔153〕想法並不會太離譜。但維利希也被逐出門外。

這些例子不勝枚舉。或許最氣人、最能預示一場運動有一天會墮落成追殺內部「異端」和「反革命分子」的單一事件，就是馬克思和皮耶．普魯東（Pierre Proudhon）之間長期的爭執。普魯東是法國木桶匠之子，自學成功的傑出社會主義者，著有《什麼是財產？》（*What Is Property?*）一書，震撼了法國知識分子。普魯東回答說，**財產就是盜竊**。他雖然不主張廢除一切私有財產，但呼籲終結龐大的私有財富。馬克思曾和他見面、會談與通信，然後又邀他與自己和恩格斯聯手。普魯東的回答是如此深切動人、如此富有先見之明，值得詳加引述：

如果您樂意，讓我們一起去尋求社會的規律、這些規律的運轉方式，以及發現它們的最好方法；但看在上帝分上，在我們推翻一切**先驗的**教條後，不要換成我們夢想著向人們灌輸信仰……我全心全意地贊成您關於尋求一切意見細微差別的想法；讓我們繼續著善意而忠誠的辯論，讓我們向世人展現出有教養、有遠見的度量，但是正因爲我們是一場運動的領袖，不要讓我們陷入新的偏執，不要擺出新宗教的使徒姿態，即使這是邏輯的宗教、理性的宗教也一樣。讓我們召集並鼓勵所有的不同意見，讓我們譴責一切排他主義、一切神祕主義，讓我們永遠不要停止對一個問題的討論，即使在最後一次辯論後，若有需要，仍可以再次開始——要雄辯與嘲諷皆可。如此，我將欣然加入。否則，免談！註23

馬克思的回答是：用《哲學的貧困》（*The Poverty of Philosophy*）一書，痛批普魯東所寫的《貧困的哲學》（*The Philosophy of Poverty*）。

這種不容異己的模式始終存在。接在第一國際之後的是溫和與善意的第二國際——包含蕭伯〔154〕納（Bernard Shaw）、拉姆齊·麥克唐納（Ramsay MacDonald）編20和畢蘇斯基（Pilsudski）編21（還有列寧與墨索里尼〔Mussolini〕！）等有才幹的社會主義者，然後就是在莫斯科羽翼下組織

編註

19 August Willich（1810-1878），日耳曼共產主義的初期擁護者。

20 James Ramsay MacDonald（1866-1937），第一位工黨出身的英國首相。

21 Józef Klemens Pilsudski（1867-1935），波蘭建國領袖，一九一八年帶領波蘭重返獨立。

起來，惡名昭彰的第三國際。然而這些偉大運動的影響力，或許還不如其狹隘性來得持久。共產主義這種讓人生氣，絕對不容異己的狹隘性，就是源於那位最偉大的創始人。

假如馬克思在他長期的放逐生涯中，除了發起勞工革命運動外別無所爲，在當世就不會如此重要。馬克思只是十幾個革命者之一，也絕不是最成功的；他只是諸多社會主義預言者之一，而且關於新社會的樣貌，他其實幾乎隻字未提。他決定性的貢獻不在這裡，而是在歷史的辯證唯物論，甚至更重要的是，他對資本主義經濟前景的悲觀分析。

我們在一九二九年被採用的〈共產國際綱領〉（Program of the Communist International）——《共產黨宣言》的某種近代重述——當中讀到：「資本主義的歷史，已經完全證實了馬克思關於資本主義社會及其矛盾發展規律的理論，整個資本主義體系正邁向毀滅。」[註24]這些規律是什麼？馬克思對其所知的體系有何預測？

答案就在那部鉅著《資本論》中。以馬克思極爲嚴謹的作風而言，完成這本書實在是難得的成就——在某種意義上，這部書從未完成。它總共花了十八年；一八五一年，在「五個星期內」就可完成；一八五九年，在「六個星期內」；一八六五年，「完成了」——其實只是一大堆難以辨認的手稿，花費兩年時間才編成第一卷。馬克思於一八八三年逝世時，還有三卷有待整理：恩格斯在一八八五年編成第二卷，一八九四年編成第三卷。最後的第四卷到一九一〇年才問世。

任何有足夠毅力讀完《資本論》的人，都要看兩千五百頁之多！有些部分處理最細微的技術 〔155〕

問題，而且過分地詳盡敘述到像數學問題一樣讓人筋疲力盡；有些部分則在激情與憤怒中打轉。這是一位讀盡**所有**經濟學家著作的經濟學家，一位一絲不苟的日耳曼學究，一位會訴諸情感的批評家，會把資本寫成「渴求勞工鮮血的吸血鬼」[註25]，告訴我們資本問世後「從頭到腳，每一個毛孔中都溢出鮮血和汙垢」。[註26]

然而我們不可就此認定，這只是一部痛罵缺德大亨的憤怒之書。它攻擊性的言詞，透露出作者與其論敵之間的牽連。但說來奇怪，這本書的偉大之處，就是它與所有道德考量徹底脫鉤。書中的敘述充滿怒火，其分析卻冷靜合理。因爲馬克思自己設定的目標，是要發掘資本主義體系本身的傾向，它的內在運動規律。僅對該體系的明顯缺點進行詳細敘述，是簡易但比較沒有說服力的作法。馬克思避開這種作法，而建立了一個所能想像到之最嚴密、最純粹的資本主義。在此一精粹的抽象體系中，所有現實生活中的明顯缺點都被移除。他在這個場域中展開探尋。若他能證明，即使是盡可能完善的資本主義也會走向災難，那就更容易推論出，現實的資本主義必然要走上同一條路，只是速度更快。

於是他布好了舞台。我們進入了一個完美的資本主義世界：沒有壟斷，沒有工會，也沒有人擁有特殊利益。每件商品都恰好依其適當價格出售。這個適當價格就是其**價值**——一個微妙的詞彙。馬克思（實質上追隨著李嘉圖）說，商品價值是它含有的勞動量。若製造帽子所需的勞動是製造鞋子的兩倍，那帽子的售價將是鞋子的兩倍。當然，勞動不必然是直接的體力勞動，也可能是散布於許多商品的間接勞動，或一度用來製造機器，如今讓機器慢慢地將它傳遞到其產品中的〔156〕

勞動。但不論其形式為何，這一切終可化約為勞動，而此完美體系中的一切商品，將依其所包含之直接或間接的勞動量定價。

在這場資本主義的戲劇中有兩大主角：工人和資本家——如今地主已然失勢。他們和先前我們在類似經濟場景所見的角色不盡相同。工人不再是生殖衝動的奴隸。他是一個自由的叫賣者，可以進入市場處理他所擁有的唯一商品——勞動力——如果其工資有所提高，不會笨到用大量繁衍子孫的方法把自己打敗。

資本家面對的是一個競技場。在離開前述抽象世界，深入調查一八六〇年英國的各章中，馬克思刻薄地描繪了資本家的貪財之心。但值得注意的是，資本家之所以渴求錢財，不僅僅是出於貪念。身為企業主，他要與同行從事無止盡的競賽。他**必須**努力累積資本，因為他是在競爭的環境中營運，不是自己累積，就是被別人所累積。

舞台已布好，演員也就位。但現在第一個難題出現。馬克思問道，這樣利潤從何而來呢？若一切事物都恰好按其價值出售，那麼誰能得到不勞而獲的增額呢？沒人敢把價格提高到競爭性的價格之上，即使一個賣家想欺騙一個買家，該買家能花在此經濟體內其他地方的錢就會變少——一人的利潤就是另一人的損失。若一切事物都按其應有的價值進行交換，**整個體系**又怎麼會有利潤呢？

這好像自相矛盾。若我們假定，壟斷者不受競爭影響，或承認資本家支付的工資低於適當價格，就很容易解釋利潤的由來。但馬克思不這麼做——將自掘墳墓的正是理想中的資本主義。

他在一個與眾不同的商品中，找到此難題的解答。這個商品就是勞動力。勞工和資本家一〔157〕樣，將產品依其所值的價格，也就是其價值出售。這個價值就和其他銷售品的價值一樣，相當於投入其中的勞動量。就勞動力而言，這就是指「製造」勞動力的勞動量。換句話說，一個工人的可售勞力價值，就是讓勞工在社會繼續工作所必須的勞動量。亞當・斯密和李嘉圖完全同意，一名工人的價值，就是他維生所需的錢財。這是他維生的工資。

到這裡還沒有問題，但利潤的關鍵在此出現。契約勞工只能要求他應得的工資。如我們所見，這工資取決於維持一個人生存所需的勞動時間量。若維持一個工人的生存，每天需要六小時社會勞動量，那麼（如果一小時工作定價一元）他的「價值」就是一天六元。僅此而已。

但勞動契約的每日工時不只六小時。那只夠養活他自己。相反地，他同意每天工作滿八小時，或是在馬克思的時代，一天十或十一小時。因此他生產了足足十或十一小時的價值，卻只領有六小時的價值。他的工資可以維生，那就是他眞正的「價值」，但他一整個工作天生產的價值都給了資本家。這就是體系中利潤的由來。

馬克思把沒有報酬的這部分勞動稱爲「剩餘價值」。這個詞彙與道德義憤無關。工人應得的就是其勞動力的**價值**，而他已完整得到。但是，此時資本家卻得到其工人整天工作的全部價值，而這低於資本家付給工人的價值。因此當資本家出售其產品時，可以按**它們的**眞正價值出售，卻仍有利潤。因爲他產品中的勞動時間，已經超過他必須支付的工資。

爲什麼會有這種事？因爲資本家壟斷了一件事物——生產工具。在私有財產法律制度下，只〔158〕

要資本家掌握男男女女工作所必須的機器設備，就「掌握」了工作。若不願意接受資本家要求的工時，就找不到工作。和這體系中的任何一分子一樣，一名工人無權要求比他自身的商品價值更多的東西。這體系完全「公平」，但所有工人都被騙，因爲他們被迫工作得比維生所需的時間更長。

聽起來很奇怪嗎？要記得，馬克思描述的是一個工時很長的時代——有時長得難以忍受。而且那時的工資總的說來也僅可餬口。在「血汗工廠」幾乎已然消逝的國家中，不容易理解剩餘價值的觀念。但在馬克思寫作時，它卻不僅僅是一理論概念而已。只要舉一個例子就夠了：一八六二年在曼徹斯特的一間工廠，以一個半月爲期，工人平均每週工作八十四小時！在那之前的十八個月期間，則是七十八又二分之一小時。

但這一切都還只是布局而已。我們有主角、有他們的動機，也在發現「剩餘價值」時得到情節的線索。現在好戲開演了。

所有的資本家都有利潤，但他們都在競爭，因此試圖犧牲其他競爭者而累積資本，擴大其產出規模。但擴大並不容易，需要增加勞工。爲此資本家必須彼此競爭。工資趨於上升，而剩餘價值反趨下降。看來馬克思描繪的資本家，將和亞當．斯密和李嘉圖時代所描繪的資本家一樣，讓利潤被上升中的工資所吞噬。

對亞當．斯密和李嘉圖而言，勞工傾向在工資上升後多生子嗣，而這就是此難題的解決之道。但馬克思像彌爾一樣，排除了這個可能性。馬克思對此並未爭論，只是將馬爾薩斯的學說稱為「對人類的誹謗」——畢竟，無產階級將成為統治階級，不會僅僅為了縱情肉慾而揮霍其收益。但他同樣地把資本家救出這個困境，因為他說，他們會將**節省勞力的機器**引進工廠，來因應工資上升的威脅。這會讓部分工人流落街頭，變成「產業後備軍」，而它與亞當·斯密和李嘉圖理論中的人口成長一樣，使工資回落到先前的「價值」——僅可維生的水準。〔159〕

現在重大轉折出現。看來好像資本家利用機器讓工人失業，讓自己解決了工資上升的難題。但沒這麼簡單。就在他正希望擺脫一個困境的同時，已陷入另一個困境。

因為用機器取代人力，也就是用無利可圖的生產方式，取代有利可圖的生產方式。要記得，在馬克思的理想資本主義世界模式中，沒人能只靠精明地議價就能獲利。不論一台機器對資本家值多少錢，他必須為其支付十足的價值。若一台機器在整個使用年限中，能生產出一萬元的價值，我們的資本家則在一開始就得付清這一萬元。他只能從現有勞工未獲報酬的剩餘工時中獲取利潤。因此，當他減少工人的數量或比例時，就是在殺雞取卵。

然而，資本家不是魔鬼，只是被迫扮演這個令人不快的角色。他只是遵循累積資本的衝動，並努力不要輸給競爭者。工資上漲時，他**必須**引進節省勞力的機器來削減成本，挽救利潤——即使他不這麼做，他的同行也會。但是，他必須以機器代替勞工，也就是必須縮小他利潤的基礎。這就像一種希臘戲劇：不管願不願意，人人都走向他們的結局，而且他們都在不知不覺的情況下，合力自取滅亡。

現在命運已定。在利潤縮水時，每一位資本家都會加倍努力，在其工廠中設置新穎省力、能〔160〕

降低成本的機器。只差一步就可以歡喜豐收了。但大家都在做一模一樣的事，現有勞工（以及剩餘價值）占總產量的比例將更進一步地縮減。利潤率將一降再降。如今末日就在眼前。利潤已經削減到使生產不再有利可圖的程度。以機器取代人力後，消費隨之下降，就業人數也無法配合生產量。工廠隨之倒閉。廠商開始拋售，而較小企業的處境更慘。一場資本主義危機即將到來。

危機並不意味著遊戲結束。正好相反。工人失去工作後，會被迫接受更低的工資。當機器也被拋售時，較強大的資本家就能以低於眞正價值的價格取得機器。過了一陣子，剩餘價值重新出現。前進的過程又重新開始。於是，每一次危機都有助於更新此體系的擴張能力。危機——在現代又稱爲商業衰退或蕭條——是這體系**運行**而非衰落的方式。

但這運行無疑非常奇特。每次更新都導向同樣結局：競相招募工人、提高工資、機器代替工人、剩餘價值的基礎縮小、更瘋狂的競爭；另一次危機——**比前一個更嚴重**。在每次危機期間，較大的企業會併吞較小者，而當工業巨獸終於倒台時，其殘骸遠比小企業的大得多。

最後終於落幕。馬克思對這毀滅的景象，描繪得淋漓盡致：

在轉變過程中，奪取與壟斷一切利益的資本巨頭不斷減少，而群眾所受的痛苦、壓迫、奴役、羞辱和剝削則在增加；但是數量日增、有紀律、團結一致，而且正是在資本主義生產〔161〕的作用過程本身機制下組織起來的勞動階級，其反抗也隨之增長……生產工具的集中化和勞動階級的社會化，終於到了與資本主義外殼無法相容的地步。這一外殼炸成碎片。資本主義

私有財產的喪鐘響起。剝削者要被剝削了。註27

這齣戲以馬克思憑辯證法所想出的順序收場。此一體系——**純粹**的體系——在運作過程中會把自身的能源（剩餘價值）榨乾，於是趨於崩潰。由於這個經濟體在本質上無計畫性，因此經常處於不穩定狀態，從而加速崩潰。雖然有些力量會延緩其結局的降臨，但最後必死無疑。

這與先前的觀點截然不同！對亞當．斯密而言，至少在可預見的未來，資本家會持續向上攀升。對李嘉圖而言，上升的運動受阻於缺乏足夠田地來因應人口壓力，而這既妨礙了進步，又讓幸運的地主大發橫財。對彌爾而言，由於他發現社會可以按照它認爲合宜的方式分配其產品，無須受制於「經濟法則」，因此對未來更具信心。但是對馬克思而言，根本無藥可救。因爲唯物史觀告訴他，國家只是經濟統治者的政治統治機關，不可能成爲其成員之間互相衝突之利益主張的仲裁者。辯證發展的邏輯無可避免，一個體系不僅會自毀，而且在這樣做的同時，也會孕育出它的後繼者。

至於那個後繼者可能像什麼樣子，馬克思幾乎沒提。當然，它將「沒有階級」。馬克思的意思是說，一旦社會擁有了生產商品的所有工具，以財產爲基礎的社會經濟劃分將被移除。至於社會將如何「擁有」這些財產；「社會」的含義是什麼；在管理者和被管理者之間，在政治領袖與〔162〕一般人之間，會不會尖銳地對立，馬克思都沒有討論。在「社會主義」的過渡時期，將有「無產階級專政」；然後，就是「純粹的」共產主義。

我們必須記住，馬克思不是現實社會主義的建築師。這個艱鉅任務要落到列寧的肩上。《資本論》只是資本主義的「末日定罪書」，至於審判日以後的世界會長什麼樣子，在馬克思所有的著述中幾乎都沒提。

我們要怎麼瞭解他啓示錄般的論證呢？

有一個整理這一切的簡單方法。記得這個體系建築在價值——勞動價值——之上，而體系終結的關鍵就在被稱爲剩餘價值的特殊現象。但構成現實世界的不是「價值」，而是實際有形的價格。馬克思必須證明，他所創造的抽象世界，在某種程度上能反映出這個以幾元幾分錢所構成的現實世界。但從一個價值世界轉換到一個價格世界時，他陷入最可怕的數學混亂。事實上他犯了一個錯。

它並非無可補救。在與數學進行一場更慘烈的混戰後，可以把馬克思的方程式改「正」。但指出此錯誤的評論家，沒興趣加以修正，而最終論定馬克思「錯了」。當此方程式最後被改正時，沒有引起多大注意。因爲馬克思的模型中，還有很多數學純粹性以外的問題。我們眞的能夠在壟斷的世界或科學技術的背景下運用剩餘價值概念嗎？馬克思眞的解決了用「勞動」來度量價值的困難了嗎？

諸如此類的問題持續使馬克思主義學者們坐立不安，並已讓大部分非馬克思主義經濟學家認爲這整個結構笨拙而又缺乏彈性。然而這樣做卻忽視了馬克思分析的兩個非凡特性。

首先，它不僅僅是另一種經濟學「模型」。其實馬克思賦予社會研究一種新任務，即**經濟學**〔163〕

自身的批判。《資本論》中有很大一部分，用來表述早期的經濟學家不瞭解對他們所從事之研究的眞正挑戰。例如，亞當．斯密和李嘉圖都思考過價值問題。雖然成功的程度不一，他們都試圖表明價格如何反映——或不能反映——不同商品中所體現的工時量。

但馬克思指出，這不是眞正使人困惑的問題。使人困惑的問題是，實際的男女勞動有那麼大的差別，怎能把「勞動」稱爲價值的公約數呢？李嘉圖曾用抓一條鮭魚和殺死一頭鹿所耗費的勞動時間，來建立其交換比率，也就是它們的價格。然而，沒有鹿死在魚竿之下，鮭魚也不會在森林裡被獵人抓到。那麼人們怎能用「勞動」做爲決定交換比例的公約數呢？

馬克思說，答案在於資本主義社會創造了一種特殊的勞動——抽象勞動，一種撇開了前資本主義社會特殊個人屬性的勞動，一種能像小麥和煤炭那樣買賣的勞動。因此，「勞動價值論」的眞諦不像亞當．斯密和李嘉圖想的那樣，在於決定價格，**而在確認勞動力成為商品的一種社會體系**。這個社會是資本主義社會，在那裡，歷史的力量（如圈地運動）已創造了一個工人無產階級，除了自身的勞力外，別無一物可賣。

因此，馬克思發明了一種使經濟學煥然一新的「社會分析」。除了這個非凡貢獻外，馬克思關於資本主義世界的模型雖然粗陋，但似乎也顯出一種驚人的活力。依其基本預設——角色在舞台上的調度、他們的動機和他們的環境——它展現出形勢的**變化**，而且是以一種可預測的方式變化。我們已看出這些變化：利潤如何下降、資本家如何尋求新機器、每一次景氣如何以崩盤收〔164〕場、小企業如何在每次崩潰中被較大的企業吞併。馬克思稱這些趨勢爲資本主義體系的「運動規律」——資本主義將踏上的道路。令人驚訝的是，有這麼多預言已然應驗。

資本主義經濟中的利潤**確實**趨於下降。這不是馬克思發現的，利潤下降的原因也不僅限於他所提出的理由。但正如亞當．斯密、李嘉圖或彌爾所曾指出，且任何商人都會同意的——競爭壓力和工資上漲，確實會削減利潤。除了少數不可動搖的壟斷企業外，利潤既是資本主義的標誌，也是其罩門，因爲沒有企業可以使其利潤**永遠**保持在成本之上。只有一種情況可以使利潤永久存在，那就是商業——或整個經濟——不斷成長。

但是對成長的需要就牽涉到馬克思模式的第二項預測：不斷尋求新技術。工業資本主義始於工業革命，這並非意外。馬克思已清楚表明，技術進步不僅伴隨著資本主義而來，而且是它不可或缺的成分。企業要生存，就**必須**創新、發明與實驗；在這富有進取心的世界中，企業不能僅憑過去的成就而長久生存。近來一家大型化學公司宣稱，它大約有四分之三的收入，來自十年前還不知道的產品；雖然這是特別善於創造的產業，但工業發明與利潤率間的關係，大致皆是如此。

此模型還料中了資本主義的另外三種趨勢。我們幾乎無須舉證說明，近百年來，商業危機的存在或大企業的出現。但我們可以談談，馬克思預測時的膽識。儘管後來的事件確實證明了馬克思的預言，那時其他經濟學家皆未認出資本主義的內在危機傾向——我們稱之爲**景氣循環**。而且當《資本論》問世時，商界的大企業很少，仍然以小企業爲主。在一八六七年，宣稱大企業將支〔165〕配商業舞台，就如同在今天宣稱，五十年後，美國的小業主將取代大公司一樣驚人。

最後，馬克思相信，那些小獨立工匠與自雇工人，將無法抵抗大量生產的壓力，於是更多人得在市場上出賣其勞動力——就是變成「無產階級」。這點實現了嗎?在十九世紀的前二十五年中，大約四分之三的美國人在自有的農場或小店鋪工作。如今只有大約十分之一的勞動力是自雇者。我們不把辦公室職員、巴士司機和銀行出納等當成無產階級，但在馬克思的詞彙中，這些都是必須將勞力提供給資本家的工人，而與擁有自己生產工具的農場主或補鞋匠不同。

總之，此模型展示出非凡的預測能力。要曉得，只是檢視馬克思那時的世界，可能還無法揭露這些廣大而驚人的變動。因爲在馬克思的願景中，並沒有一位代表人物——沒有具遠見的勞工領袖、沒有即將到來的革命英雄。當然有核心角色，尤其是自取滅亡的資本家與終將獲勝的工人，但這兩者在戲裡都是被擺布的卒子，其中一個最後走向失敗，而另一個則走向勝利。在馬克思的劇本中，具有代表性的不是一個人，而是一個過程。事物的辯證力量是其願景的核心。

他的說法當然不可能精確無誤。馬克思認爲利潤不僅會在景氣循環之中下降，還會呈現長期的下降趨勢。前者被說對了，後者卻沒發生。但是，儘管我們將看見此模型絕非完美無瑕，而有其缺點，但馬克思關於資本主義如何運作的模型仍然極富預測能力。

迄今所提到馬克思的預言還完全無害。但讀者要記得，該模式最後的預測，就是馬克思「純〔166〕粹資本主義」的**崩潰**。

在開頭時就曾說過，這一預言不能輕易抹煞。在俄國和東歐，資本主義曾被社會主義取代；德國和義大利曾逐漸陷入法西斯主義。雖然戰爭、蠻橫的政治力量、命運的撥弄、革命者的堅決努力，都起了一些作用，這些變化發生的原因，大致正如馬克思所預測的：資本主義崩潰了。這是無情的事實。

爲什麼它崩潰了？部分是由於它發展出馬克思會預言的不穩定性。一連串惡化的商業危機再加上戰禍，使體系的中下階級喪失信心。但這不是完整答案。歐洲資本主義失敗的**社會**原因比經濟原因更重要——這點馬克思也料中了！

因爲馬克思承認，體系的經濟困難並非不可克服。雖然那時還沒有反壟斷法或反景氣循環政策，但這類活動並非不可想像：在馬克思的願景中，**物質**意義上沒什麼不能避免的。馬克思對衰敗的預測奠基於一個資本主義的概念上：要政府來糾正體系的錯誤，在**政治上**是不可能的；在意識型態上，甚至在感情上也是不可能的。要消除資本主義的缺點，就得有一個超越單一階級利益的政府——這就得假定，人們能夠不受他們當前經濟利益的束縛。馬克思的分析質疑這一點。

至少到二次世界大戰之後，由於缺少社會彈性而短視近利，都是歐洲的資本主義被削弱的原因。馬克思堅決主張資本主義國家會走上敗亡之路，而有這麼多國家眞如他所言，走上這條死路。對讀過馬克思著作的人而言，想到這無情的判決就會不寒而慄。這些政府好像在不知不覺中，爲了要證明馬克思的預言正確，而頑強地做著他說它們會做的那些事。在沙皇統治下的俄〔167〕
國，一切民主工會主義都被殘酷鎮壓；在英國和德國，獨佔和聯合壟斷都受到官方鼓勵；馬克思的辯證法不幸言中。在十九世紀末和二十世紀初，人們檢視貧富懸殊現象，並發現富者對貧者毫不關心時，便會不安地感到，馬克思爲其歷史劇所選定的心理原型栩栩如生。

美國在這段期間的情況不同。它也有自己的反動派和革命者。美國經濟史上的剝削和醜惡行爲罄竹難書。但這裡的資本主義，在不受貴族世系和古老階級觀念汙染的土地上發展。在某種程度上，美國的社會風氣比歐洲的更嚴酷，因爲在個人已完全無望地被大規模工業主義環境壓倒之後很長一段時間，美國人仍堅持「嚴格的個人主義」信條。但在歐洲，傳統貴族與公開的階級劃分並存。在美國的背景中出現了對待公、私權力的某種實用主義，以及對民主觀念的普遍贊成，因此引領這個政治體安然渡過令許多其他國家翻覆的礁石。

這些改變的能力，正是馬克思分析的答案所在。實在地說，我們愈是深入檢視資本主義史，特別是近幾十年的部分，就愈加尊重他思想的洞察力，也愈加體認到其侷限性。他診斷出的資本主義**問題**，有許多依然存在，尤其是經濟不穩定與財富和權力的集中傾向。但我們在不同國家發現差別很大的因應之道。因此，儘管許多歐洲國家的失業率比美國的更高，它們卻提供免費的普及教育（包括大專院校）、保健與退休津貼，以及一定程度的失業救濟等令美國羞愧的措施。結〔168〕果，美國貧困人口的比例是他們的三到四倍！註28

衡量馬克思有力的願景以及隨之而來的分析重點，他的失敗在於忽略了社會政治文化的角色。對於資本的優點、市場的向心性，以及所有資本主義國家公私部門各自的角色，有一系列的觀點跟價值，體現了這些明確的信念。必須在這一系列的制度、行爲與態度中，尋找馬克思願景的後繼者。

但是，撇開注定滅亡的弦外之音不談，馬克思的分析仍不可輕忽。它仍是資本主義體系所曾遭遇過最嚴肅、最敏銳的檢視。馬克思主義的革命家，沿著道德路線搖頭抨擊利潤動機的不義；

但馬克思主義的經濟學家則不然。對其熱情可以加以冷靜評估。同理，其嚴峻的發現也依然中肯。

最後，我們必須記住，馬克思不只是一個大經濟學家。恩格斯在他的葬禮悼詞中說：「就像達爾文發現了生物世界的演化律一樣，馬克思也發現了人類歷史的演化律。」[註29]這當然過於溢美，但恩格斯卻正確地強調了馬克思階級鬥爭史觀願景的非凡重要性。馬克思教我們，不要只是觀察歷史，而要看穿歷史，就像佛洛伊德（Freud）教我們看**穿**人的外表，直抵我們內心的歷程，或像柏拉圖教我們看穿未經檢驗的觀念簾幕，直抵隱藏的哲學問題一樣。

這就是馬克思的名字像佛洛伊德與柏拉圖一樣歷久彌新的原因。馬克思肯定不像把他當偶像崇拜的人所說的那樣絕對無誤。最好把他當成一位**不可迴避**的偉大探險者，其足跡已不可磨滅地留在他所發現的社會思想大陸上。所有希望對此進一步探索的人，不論是否同意馬克思的發現，〔169〕
都必須尊重這位人類的先驅。

第七章　維多利亞世界與經濟學的地下世界

他們看到了資本主義的全新動向。事實上，他們把帝國主義視為資本主義本質變化的信號。更重要的是，他們在這新的不斷擴張的過程中，預測到了資本主義前所未見的最危險趨勢——朝向戰爭的趨勢。

馬克思在一八四八年的《共產黨宣言》中，就宣判了資本主義的死刑。這個體系被斷定罹患〔170〕不治之症。儘管確切死期還不確定，但應該已爲時不遠。它的近親——共產主義者——正在熱切地傾聽資本主義嚥下最後一口氣的聲音，而這便意味著權力將移轉到共產黨人之手。甚至在《資本論》於一八六七年問世前，就已開始準備守靈。每逢病情發作，或遭遇產業蕭條的襲擊，那些希望資本主義斷氣的人，就會更靠近病床，並且告知彼此，「最終革命」的時刻已觸手可及。

但資本主義體系並未死亡。許多馬克思主義的運動規律，確實已被情勢發展所驗證：大企業的確愈來愈大；一再發生的蕭條和失業使社會備受折磨。儘管這些事件讓人更相信，體系終將滅亡，但馬克思主義者所描述的另一個非常重要的病徵卻沒出現：無產階級並未「日益痛苦」。

實際上在馬克思主義者之間，對於馬克思的措詞究竟指涉什麼內容，也有著長期的爭論。倘若他只是說，愈來愈多的工人階級，將體驗到變成無產階級（受薪工人）的「痛苦」，那麼正如我們所見，他是對的。但他若是意指，他們身體上的痛苦將更形惡化，那他就錯了。〔171〕

實在地說，爲了調查一八八六年的不景氣而被召集的一個皇家委員會，對工人階級的處境表示特別地滿意。這並非替資產階級辯護的虛言。工人的處境明顯且大幅地改善了。羅伯特．季芬爵士（Sir Robert Giffen）[編1]從一八八〇年代回顧時寫道：「我們必須考慮的是，五十年前，工人的薪水平均只有現在的一半，或略多一點，經常得對抗麵包價格的波動，而麵包漲價就意味著饑荒。其實在五十年前，國內的勞動大眾不時要面對饑荒。」[註1]但在季芬寫作的時代，物價雖比從前高，工資的增長速度卻更快。英國工人**第一次**能賺到足以餬口的薪資，即將苦盡甘來。

除了工資上揚外，剩餘價值的特定來源也已縮減：工時大幅減少。比方說，在賈羅造船廠（Jarrow Shipyards）以及紐卡索化工廠（New Castle Chemical Works），一週工時由六十一小時下降到五十四小時。即使在操勞的紡織廠，工時也減到只有五十七小時。工廠主人確實抱怨，工資成本的漲幅已超過百分之二十。然而，儘管這些進展價格不菲，卻有很多無形的好處。隨著生活條件的改善，一八四八年那種不滿的聲浪便銷聲匿跡。一位史坦福郡（Staffordshire）的廠商，在說明其勞工態度時表示：「只要他們都能好好地上班，就不會討論政治。」註2

甚至馬克思與恩格斯也得承認此趨勢。恩格斯在給馬克思的一封信裡悲哀地說：「英國的無產階級竟然愈來愈像資產階級，因此這個最資產階級化的國家，似乎終將向資產階級靠攏，被資產階級貴族與資產階級化的無產階級掌握。」註3

顯然，馬克思對資本主義毀滅已迫在眉睫的預期，過於倉促。對忠實信徒而言，情況的轉折〔172〕雖出乎意料，但「無可避免」之事當然仍是無可避免。至於要經過一代還是兩代的時間才會發生，這在漫漫的歷史洪流中沒什麼差別。但是非馬克思主義的研究者，對維多利亞時代的繁榮昌盛，卻有不同看法。世界前途似乎愈來愈樂觀，而馬克思那種異議分子的不祥預言，就像是不滿

編註

1 蘇格蘭統計學家與經濟學家。他發現當時英國麵包的價格因進口麥價增高而上漲，但低收入的工人階級卻增加對麵包的消費，而有價格愈高，需求反而愈增的看法。馬歇爾（Alfred Marshall）在其著作《經濟學原理》（*Principles of Economics*）中便以季芬財（Giffen goods）的名稱表示有上述情形之商品。

的激進派在胡言亂語。因此，馬克思替學術界準備的震撼彈，幾乎不聲不響地報銷了。馬克思並未遭到激烈辱罵，而是更令人難受的徹底忽視。

當經濟學時而是哲學家、時而是金融掮客、時而是革命家的世界觀停止擴散時，它似乎照亮了整個社會的行進方向。相較於這些早期經濟學家廣泛的烽火，專業人士的研究只投射出微細的光線，而經濟學已成爲這些教授們的專業領域。

這是因爲維多利亞時代的英國，已如我們所見，搭上了十九世紀進步與樂觀主義的順風。四周洋溢著改進的氣氛，自然沒什麼理由提出航行的本質這種惱人問題。因此，維多利亞時代的繁榮，導致一群闡釋者的興起。他們很細緻地考察體系的運作，卻不質疑其根本價值，也不對其最終命運提出惱人的預言。一個新的專業領域成爲經濟思想的主要支柱，其貢獻往往很重要，但並非不可或缺。在阿爾弗雷德·馬歇爾（Alfred Marshall）、史坦利·傑文斯（Stanley Jevons）[編2]、約翰·貝茨·克拉克（John Bates Clark）[編3]以及其周圍許多大學教員的心中，經濟世界裡已經不再有狼，因此也沒什麼攸關生死的活動來讓經濟理論闡述。世人全都是和善的綿羊。

一八八一年（就是馬克思過世前兩年）出版的一本小書《數理心理學》（*Mathematical Psychics*），對這些綿羊描繪得最爲清晰。在學者群中，該書作者並不是最偉大的，但或許是 〔173〕
最具啓發性的。這位古怪而害羞的教授名叫法蘭西斯·伊西德羅·艾基渥斯（Francis Ysidro Edgeworth）。他是那位曾和李嘉圖玩猜字遊戲的瑪麗亞·艾基渥斯的侄子。

艾基渥斯無疑是個優秀的學者。他在牛津的期末考試被問到一個特別深奧的問題時，他問主

考人：「我該簡答還是詳答？」然後滔滔不絕地講了半小時，還不時轉而使用希臘語，讓主考人目瞪口呆。註4

但是艾基渥斯並不是因爲經濟學可以爲這個世界加以辯護、解釋或譴責，也不是因爲它指出了光明或陰暗的未來，才會迷上這門學問。這個怪人之所以被經濟學迷住，是因爲它處理的是**數量問題**，而任何數量問題都可以轉譯爲**數學**！在轉譯過程中，要放棄早期經濟學者那個充滿張力的世界。但是它可以換得一個嚴整精確的世界，似乎足以補償其所失。

要打造這樣一個現實數學模型，顯然得將世界簡化。艾基渥斯簡化的方法是，假設**人人都是追求愉悅的機器**。邊沁在十九世紀初便想出這個概念，並取了個有趣的名稱——「幸福微積分」。這種哲學觀，將人類視爲許多活生生的損益計算器，而每個人都忙著安排他的生活，以將其心靈上的計算器愉悅值，拓展到最大限度。如今艾基渥斯爲這個通用哲學，添加了數學精確性，以創造出「所有可能的世界中最理想的那一個」。

艾基渥斯實在不像是有這種社會觀的人。他可能是造得最差的愉悅機器，極度害羞，傾向離群索居。大部分人都因擁有財產而感到愉悅，而他卻對物質負擔感到不悅。他家徒四壁，要到公

編註

2 William Stanley Jevons（1835-1882），英國經濟學家與邏輯學家，應用數學方法至經濟學上，詳細述說了價值的邊際效用理論。

3 John Bates Clark（1847-1938），美國新古典主義經濟學家，美國邊際學派的代表人物。

共圖書館看書，沒有餐具、文具，甚至連郵票也付之闕如。或許他最大的樂趣來源，就是建構他〔174〕想像中可愛的經濟天堂。

但不論他的動機爲何，艾基渥斯對愉悅機器的假設，已經產生了美妙的知識成果。若將經濟學定義爲對於人類這種愉悅機械，競逐社會中所擁有愉悅總量之比例的學問，那麼它便能憑藉無可辯駁的微分，顯示出在完全競爭的世界中，每一部愉悅機器都能得到在社會所能分到最大量的愉悅。

換言之，假如這個世界還不是所有可能的世界中最好的那一個，它也可能成爲那樣的世界。不幸的是，這並不是完全競爭的世界。人們往往很愚昧，漠視堅持追尋己利所能產生的良好結果，而可悲地拉幫結派。比方說，工會就與人各爲己的原則直接牴觸，而財富與地位無可否認地不平等，使競爭的出發點有所偏頗。

但艾基渥斯說，不用擔心，大自然也已安排好了。工會的聯合行動也許在短期內有所得，但長遠而言必然失敗。這只是事物理想結構中曇花一現的瑕疵。如果出身高貴和家財萬貫，似乎在一開始就造成經濟競賽的偏頗，那數理心理學也能加以協調。因爲大家雖然都是追逐愉悅的機器，卻有**好壞之分**。比方說，男性比女性更善於管理其心靈銀行的帳戶，而「擁有專門技術與天賦的貴族」具有雅緻的鑑賞力，比起天真的勞工階級更能感受到良好生活的愉悅。因此，人類數學的計算仍能有利地運作。它甚至明確地證明了，現實世界中性別與地位分工的正當性。

但數理心理學不只能將保守主義信條合理化而已。艾基渥斯確信，他對人類活動的代數性洞〔175〕

察，能幫助有血有肉的世界。他的分析包含了像這樣的用語：

$$\frac{d_2y}{dx^2}=\left(\frac{d\varpi}{dx}\right)^2\left(\frac{d_2\varpi}{dy_2}\right)-2\frac{d\varpi}{dx}\cdot\frac{d\varpi}{dy}\left(\frac{d_2\varpi}{dxdy}\right)+\ldots$$

艾基渥斯寫道：「考慮得如此抽象，而不正眼瞧一下如同滿潮一樣的實際政治事務，當然很荒謬。但每一個行動路線都源自感情的涓涓細流，以及動機的祕密水泉。當我們溯溪而上時，未必不能找到實際政治事務的所在。」[註5]

「感情的涓涓細流」，的確如此！亞當．斯密對於他事業心旺盛的商人、貪婪的雇工，以及數量愈來愈多的勞工階級，被轉化成各種各樣靈敏的愉悅追求者，會做何感想？事實上，與艾基渥斯同時代的彌爾信徒亨利．西季威克（Henry Sidgwick）[編4]曾憤怒地聲稱，他吃東西是因爲肚子餓，不是因爲他計算過這樣可以讓他得到多大的滿足。但是抗議沒用。數理心理學系統是如此美妙、如此迷人，消除了人類惱人的固執，並且快樂地清除了人類鬥爭與社會衝突的動機，因而立刻成功。

艾基渥斯並非唯一一個試圖將政治經濟學非人化的人。甚至當馬克思在世時，一個完整的數

編註

4 Henry Sidgwick（1838-1900），英國功利主義哲學家，追隨邊沁與彌爾。

理經濟學派便已成熟。日耳曼經濟學家馮．屠能（von Thünen）編5想出了一個公式，他聲稱能據以算出精確合理的工資：

$$\sqrt{a \cdot p}$$

屠能很喜歡它，因而將其刻在自己的墓碑上。註6我們不知道工人對此有何想法。在法國，著名經濟學者里昂．瓦拉（Léon Walras）編6證明，可以用數學方法算出恰好能結清市場的精確價格。當然，對市場上的每一個經濟商品，都得有一條方程式，然後要有能力解開這個擁有〔176〕數十萬，甚至百萬方程式的問題，才能做到這點。但不用把這些困難放在心上。理論上此問題可以解決。曼徹斯特大學教授傑文斯寫了一部政治經濟學專著，將生存競爭化約爲「苦樂微積分」。傑文斯寫道：「我的經濟學理論……純然是數學性的。」註7任何無法化約到他所設計的精密拼圖中的經濟生活面向，都不受重視。或許更值得注意的是，他計畫寫一本《經濟學原理》（*Principles of Economics*）（然而天不假年，他並未履行此計畫）。重要之處在於，政治經濟學如今被改稱爲經濟學，這個用法被教科書接受。

儘管這種作法大多很愚蠢，但也不盡然。經濟學畢竟關切人們整體的行動，而人類集合體就像原子集合體一樣，確實傾向顯示出統計規律性與機率法則。於是當這些專家轉而探討**均衡**觀念時，確實闡明了某些社會整體的傾向。（均衡是指一種狀態。趨向均衡時，市場會傾向當人人都追求自身效用極大化時，隨機碰撞的結果。）瓦拉的方程式仍被用來描繪靜態社會體系的特質。

問題是，一個「靜態」體系眞能描繪出社會整體實況——基本的實況嗎？從亞當．斯密到彌爾，當然還有馬克思等較早期的經濟學家，心裡都清楚地認定社會的本質是**擴張性的**。其擴張的確會遭遇阻礙、氣力用盡，或碰上經濟衰退，但經濟世界的核心力量，仍與成長的政治與心理傾向密不可分。

在把均衡當作體系中最有趣、最具啓發性的面向這個新焦點中，所欠缺的就是此基本概念。〔177〕突然間，資本主義不再被視爲一種持續緊綳的歷史性社會工具，而變成一種靜態，確切地說是非歷史性的組織模式。曾讓早期研究者著迷的體系驅力，如今被輕視、忽略、遺忘。不論新看法點明了資本主義體系中的何種面向，其歷史的使命都不包括在內。

對這個蒼白的方程式世界的反動，使得經濟學地下世界繁榮昌盛。這樣一個經濟學異端邪說的奇異邊陲領地一直存在，但其學說未能登上大雅之堂。其中有一個壓抑不住的伯納德．曼德維爾，巧妙地證明了美德是惡上加惡，而震驚了十八世紀。他不過是指出，當罪孽深重的富人恣意揮霍時會使窮人獲得工作，而嚴守儉德、一毛不拔的人卻不會起這樣的作用。因此他說，個人

編註

5 Johann Heinrich von Thünen（1783-1850），經濟地理學的開創者，其著作《孤立國》（*Der Isolierte Staat*）分析了農業土地利用的影響因素，產生出屠能圈（或稱作「邱念圈」）的設想。

6 Marie-Esprit-Léon Walras（1834-1910），法國經濟學家，一般均衡理論（general equilibrium theory）的創立者。

的不道德有助於公共福利，而個人的正直也許是社會的負擔。他在《蜜蜂的寓言》（*Fable of the Bees*）中那種複雜的訓誡，無法在十八世紀被接受。結果，密德瑟斯（Middlesex）大陪審團於一七二三年判定他的書對社會有害，而他本人也被亞當・斯密等人痛斥。

雖然較早期提出古怪主張、不懂裝懂的人，大多爲亞當・斯密或李嘉圖這類健全的思想家所逐斥，如今這個地下世界卻由於另一個原因而加入了新血。正統經濟學界不再容得下那些想探討人類行爲整體的人。若有人對社會的診斷可能產生道德疑慮，或似乎意味著需要激進改革，都難以見容於令人窒息的維多利亞世界。

於是地下世界重獲新生。馬克思屬於此陣營，因爲其學說不爲人所喜。馬爾薩斯屬於此陣營，因爲其「普遍過剩」的觀念在算數上是荒謬的，而且他質疑儲蓄的好處，和維多利亞時代的〔178〕尚儉之風格格不入。烏托邦人士屬於此陣營，因爲其言論毫無意義，而且根本不是「經濟學」。最後，凡是學說與學院派人士在課堂上所建立的優美世界不一致，而且被認定爲圈外人者，都屬於此陣營。

這個地下世界，比其上那個祥和的領域有趣得多。地下世界裡充滿精彩人物，從而萌生出光怪陸離而又豐富多樣的觀念大雜燴。例如這位在經濟觀念發展過程中，幾乎已被遺忘的法國怪人弗雷德里克・巴斯夏（Frédéric Bastiat, 1801-1850）。在其短促的一生中（其中寫作生涯更只有短短六年），給了經濟學一項最具毀滅性的武器：嘲諷。巴斯夏說，看看這個瘋狂的世界。它努力在山底下開出一條隧道，以連接兩個國家。然後呢？辛辛苦苦地想要促進貨物流通，卻在山的

兩側設下關卡，盡一切力量阻止商品通過隧道！註8

巴斯夏擅長指出事務的荒謬之處。他的小書《經濟學詭辯》（*Economic Sophisms*），是經濟學中最幽默的作品。比方說，當法國國會在討論巴黎—馬德里鐵路問題時，有個叫西米奧（M. Simiot）的人主張，在波爾多（Bordeaux）設個缺口，以利大幅增加當地腳伕、保全、旅館老闆、船運業者等人的收入。而讓波爾多的財富增加，也能增加法國的財富。巴斯夏抓住這個貪念說道，好，但不要只在波爾多設缺口。「假如波爾多有權藉由設一個缺口而獲利……那麼安古拉母（Angoulême）、波瓦提（Poitiers）、土爾（Tours）、奧爾良（Orélans）……也該爲了全體的利益要求設缺口……如此，我們就會有一條由一連串缺口組成的鐵路。與其稱之爲路，不如說是**有路不通**。」註9

巴斯夏在經濟學界以風趣著稱，但他的人生卻很悲慘。出生在貝雲（Bayonne）的他，很早〔179〕就成爲孤兒。更糟的是，還染上結核病。他曾在一所大學念書，然後試著經商，但他並沒有商業頭腦。轉而務農也同樣不成。就像托爾斯泰（Tolstoi）筆下那位好心的伯爵一樣，對自家產業經營的干預愈多，情況愈糟。他曾懷抱英雄夢想，但其軍事冒險卻像唐吉訶德（Don Quixote）的鬧劇：在一八三〇年，波旁家族被逐出法國時，巴斯夏率領他募集的六百青年，不計代價地猛攻一座王家堡壘。結果這座要塞竟毫無抵抗地把旗子降下來，還邀請所有人進去吃了一頓大餐。註10可憐的巴斯夏！

他似乎注定要失敗。但被迫失業卻使其興趣轉向經濟學，並開始閱讀與討論時事。一位鄰近的鄉紳勸他投稿，於是他寫了一篇關於自由貿易的文章，並寄給一家巴黎的刊物。他的想法新穎、文風犀利。文章刊出後，這位小鄉下學者一夕成名。

他來到巴黎。德．莫里那里先生（M. de Molinari）[編7]寫道：「他沒空請巴黎的帽商與裁縫幫忙。他的長髮、小帽、寬鬆的大衣和家裡帶來的雨傘，會讓人誤以為他是第一次到城裡來觀光的鄉巴佬。」[註11]

但這位鄉下學者筆鋒銳利。他每天在巴黎的報刊上，讀到法國議員和大臣們為了他們自私而又盲目的利益辯護後，便加以嘲諷，使得笑聲傳遍巴黎。例如眾議院於一八四〇年代，對所有外國貨品課徵更高額的稅金以利法國產業時，巴斯夏寫出了這篇經濟諷刺的傑作：

蠟燭、油燈、燭台、路燈、燭花剪、熄燭器製造商，以及油品、獸脂、松香、酒精，還有一切和照明有關之事物生產商，致眾議院請願書 〔180〕

諸公：

……外敵的競爭，使我們受到無法忍受的傷害。其照明能力遠勝我們的產品，以其離譜的低價**湧入**我們的**國內市場**……這個敵手……不是別人，正是太陽。

我們懇求諸位通過法律，勒令關上所有窗戶、天窗、屋頂窗、屋內屋外的百葉窗、帷幔、窗簾、小圓窗；一言以蔽之，就是一切孔洞和縫隙。

……若諸位盡可能地阻絕自然光，創造出對人工照明的需求，我們法國的製造商中，有

> 誰不會因而獲利呢？
>
> ……若獸脂消費增加，就會有更多牛羊……若油品消費增加，我們將多種罌粟、橄欖……荒地上將滿布多脂的樹木。
>
> 做出決定，但要合邏輯。諸公現在依價格低廉的程度，將鐵、穀物、外國紡織品排除在外，那麼對整個白天都**一文不值**的陽光卻不加禁止，是多麼矛盾！[註12]

這是對自由貿易最富戲劇性的辯護文。然而巴斯夏不僅反對保護關稅，還會嘲笑所有的經濟矛盾。當社會黨人於一八四八年，更加仰賴激情而非可行性，開始提出拯救社會的觀念時，巴斯夏就用他打擊**舊政權**的武器，轉而對付社會黨人。他寫道：「想靠國家過活的人們，忘了國家是〔181〕靠人們過活。」[註13]

但他最痛恨的就是假藉「國家利益」之名以遂私欲的保護關稅。他是多麼喜愛去駁倒那些僞裝成自由經濟思想，而主張貿易障礙的詭辯啊！當法國政府提議，對進口織物增稅以「保護」法國工人時，巴斯夏答以這篇巧妙的悖論：

（在給商務部長的信中，巴斯夏寫道）「請爲此通過一項法律，爾後只准使用短柄鈍斧做出的樑椽，其他一律禁止……目前要砍一百斧才能完成的工作，要改爲三百斧。目前需要一小時完

編註

7 Gustave de Molinari（1819-1912），比利時裔法國經濟學家，長居巴黎，與自由放任學派經濟學家交好，包括巴斯夏。

成的工作，將變爲三小時才能完成。這對勞工是多大的鼓舞！……爾後有人想要一處棲身，就得照我們的規矩來，正如現在有人想要一衣蔽體，就得照你們的規矩一樣。」[註14]

儘管他以犀利的嘲諷提出批評，實際成就卻很有限。他去英國會晤當地自由貿易運動的領袖們，返國後在巴黎組織了一個自由貿易社團。他不擅此道，而該社團只維持了十八個月。

就在一八四八年之際，巴斯夏獲選爲國民議會議員。那時人們過於關注體系的缺失，而盲目地選擇社會主義取而代之。對巴斯夏而言，這似乎是來自另一個極端的危險。他開始寫《和諧經濟論》（*Economic Harmonies*），指出目前世界只是表面失序，其下有上千個不同追逐私利的動力，在市場中被轉化爲更高的社會利益。但他的健康狀況已非常差，幾乎不能呼吸，因爲疾病的折磨而臉色蒼白。他移居到比薩（Pisa），並在那裡讀到他的訃聞，其上通常寫著哀悼一位「偉〔182〕大的經濟學家」、「著名作家」之過世。他在寫給某位朋友的信中說：「感謝上帝，我還沒死。我向你保證，假如我能確定，留給愛我的朋友們的不是刻骨的哀痛，而是溫柔深情，帶點憂鬱的回憶，那我將含笑九泉。」[註15]他拚命想完成其著作，但時不我與。一八五〇年闔眼之際，他曾喃喃低語。在一旁傾聽的教士猜想，他說的是：「眞理、眞理……」[註16]

他在經濟學界的地位微不足道。他非常保守，但即使在保守派中，也沒什麼影響力。他的功能似乎是在戳破當時的浮誇之詞。但是在機智逗趣的表象下，卻有著令人不安的問題：體系是否永遠合理？公私利益會否衝突？政治結構也是在追逐私利的前提下建立，卻毫無自動調節機制可言。當私利的自動調節機制一再被政治結構扭曲時，我們能信任這種機制嗎？

在地上世界的天堂樂土中，這些問題從未被正視。正統經濟學界無視於小丑提出的悖論，而只在追求愉悅的世界中，安詳地發展量化的精確性。巴斯夏提出的問題仍未被解答。數理心理學當然不能解答有路不通或短柄鈍斧的難題。和艾基渥斯一同將經濟學變成「科學」的傑文斯承認：「坦白說，我不懂政治。」註17不幸的是，不懂政治的不只他一個。

於是地下世界持續興旺。一位留著鬍子、心地和善而剛愎自用的美國人，於一八七九年加入了這個陣營。他說：「政治經濟學……照現在的教法是毫無希望的。但這是因爲它已經墮落而且被束縛。眞相被錯置、和諧被忽視。要說的話塞在嘴裡，對壞事的抗議變成了對不義的背書。」〔183〕註18這還不是全部。這位異端人士還斷言，經濟學對近在眼前的貧窮問題視而不見，而解決之道就像一整個新世界般呼之欲出：「這想法非筆墨所能形容！它是詩人所歌詠、先知曾暗示的黃金時代！……是基督教的最高境界——以碧玉爲牆、珍珠爲門的上帝之城！」註19

這位新成員是亨利．喬治（Henry George）。從他早年的生涯來看，顯然他對於遁世護持眞理人士的嚴肅思考毫無準備，難怪他屬於地下世界。亨利．喬治的一生中，從事過各種各樣的工作：冒險家、淘金者、工人、水手、排字員、記者、政府官員與講師。註20他沒上過大學，十三歲就離開學校，到前往澳洲和加爾各答的五百八十六噸重船隻「印度號」（*Hindoo*）上，當前桅小弟。在和他同齡的孩子學拉丁文時，他已經買了一隻寵物猴、看過一個人從索具上掉下來。他成爲一個瘦削、熱情、獨立而又喜歡四處遊歷的男孩。從東方回來後，他試著在家鄉費城

（Philadelphia）一間印刷行上班。十九歲時再次出海，懷著黃金夢航向加州。

出發前，他爲自己列了一張骨相表：

桃花運……………高
子孫命……………中
忠實性……………高
定居性……………高
專注性……………低

等等，「營養均衡程度」獲得「滿分」、「利欲心」「低」、「自尊心」「高」，而「樂天性」「低」。他的「戒愼心」「大」，但是在一八五八年抵達舊金山時，卻不顧已簽署的一年合約，〔184〕
急忙上岸，前往維多利亞淘金。儘管如此，就某些方面而言，他的骨相評估還不賴。黃金夢破滅後，他決定終究還是得過討海生活。不過他變成一位舊金山的排字工（專注性低）、碾米廠的過磅員，然後（用他自己的話來說）變成「流浪漢」。再次淘金也一無所獲，他潦倒地回到舊金山。

他遇到了安妮·福克斯（Annie Fox），並和她私奔。她是十七歲的天眞少女，而他則是有著比爾·科迪（Bill Cody）[編8]那種扎人鬍鬚的英俊少年。輕易相信別人的福克斯小姐，在她祕密婚姻的旅途中帶著一個沉重的包包。年輕的冒險家以爲那些是珠寶，後來才發現只是通俗詩集之類的書。

接下來的幾年窮困至極。亨利．喬治偶爾做做印刷工。工作機會很少，而且報酬甚低。在安妮有了第二個孩子時，亨利．喬治寫道：「我沿街走著，決心向第一個貌似會施捨的人要錢。我攔下一人——一個陌生人——並對他說，我要五塊錢。他問我要錢做什麼。我告訴他，我太太分娩了，我卻沒東西給她吃。他把錢交給了我。假如他沒這麼做，我想我會鋌而走險，把他殺了。」註21

如今他二十六歲，開始寫作。他在舊金山《時報》的排字房裡弄到一份工作，並交了一篇報導給樓上的編輯諾亞．布魯克斯（Noah Brooks）。布魯克斯懷疑這孩子抄別人的文章，但是過了幾天，其他報紙上都沒有類似的文章，他便將其刊登，然後下樓去找喬治。他發現這個瘦小的青年正站在一塊木板上，以讓自己搆到排字盒。於是喬治成了記者。

幾年後他離開《時報》，加入支持社會運動的舊金山《郵報》。他開始寫些不尋常的事件：關於中國苦力及其契約、建築鐵路時對土地的霸占，以及地方托辣斯的陰謀。他針對移民問題，〔185〕寫了一封長信給在法國的彌爾，並蒙受後者長篇的覆信肯定。就在他對政治發生興趣之際，還有

編註

8 William Federick "Buffalo" Bill Cody（1846-1917），人稱水牛比爾，美國陸軍，留有一對翹鬍子，是美西拓荒時期最具傳奇色彩的人物之一。

時間從事傳統上新聞工作者最棒的冒險：當日出號（*Sunrise*）進入這個港市時，隱瞞了船長與大副不斷騷擾船員，導致兩名船員跳海而死的案件。喬治和《郵報》查明此案，使得犯人被繩之以法。

這家報紙被賣掉後，喬治巧妙地謀取了瓦斯查表員這個公家閒差。他並不是追求安逸的生活，而是要開始閱讀大經濟學家的作品。如今他的主要興趣已清楚成型，而且已成爲地方上的權威。他需要時間研讀、寫作，並對勞動階級宣講偉大彌爾的觀念。

當加州大學設立了一個政治經濟學教席時，他被公認爲適當的人選。但是他必須對師生發表一場演說。喬治魯莽地表達了這樣的意見：「政治經濟學之名，一直被濫用來抵制勞動階級加薪的一切努力。」更讓人震驚的是，他還說：「研究政治經濟學無須特別的知識、大量的藏書或昂貴的研究室。甚至連教科書或老師也不需要，只要會替自己設想即可。」註22

這既是他學術生涯的開始，也是結束。這個職位由更合適的人取得，而喬治則回去寫小冊子並做研究。突然「在白晝的市街上，湧現了一個想法、一個願景、一種感召，怎麼說都好……它激勵我撰寫《進步與貧窮》（*Progress and Poverty*），並在我想放棄時支持著我。我在最寂靜的深夜裡完成了最後一頁，那時完全是獨自一人。我突然跪倒在地，哭得像個孩子一樣」。註23

可想而知，這是發自內心的著作，是抗議與希望交織的吶喊。但也不難預料，它失之感情用事，且缺乏專業的慎重。這與時下乏味的課本恰恰相反，難怪經濟學的護衛者們不能嚴肅考慮這〔186〕種風格的論證：

就以……某個冷靜的商人來說，他沒有理論，卻知道如何賺錢。告訴他：「這是一個小村，十年內會變成大城——十年內鐵路將取代馬車、電燈將取代蠟燭，擁有大量讓勞動效力猛增的機器與改進設施。十年內，利率會上揚嗎？」

他會告訴你：「不會！」

「一般勞工的薪資會上揚嗎……？」

他會告訴你：「不，一般勞工的薪資不會上揚……」

「那麼，什麼東西會上揚呢？」

「地租，也就是土地的價值。去替自己買塊地，好好留著。」

在這種情況下，你若接受他的勸告，就不用再做別的事了。你可以坐著抽雪茄、像那不勒斯或墨西哥的遊民那樣閒晃、搭著熱氣球上天、深入地下洞穴。無須任何努力，也不用為社會增加絲毫財富，就能在十年內致富！你可以在這所新城市中擁有一棟豪宅，但是在該城的公共建築中，也將有一棟貧民救濟院。註24

無須詳述這整個熱情洋溢，可能引起激烈反應的論證，關鍵就在這個段落。有些人的收入（有時大得驚人）並不是來自於對社群的服務，而只是由於幸運地擁有位置適宜的土地。亨利·喬治對此深感義憤。

當然，李嘉圖早在他之前就已看到這一切。但李嘉圖至多只是認爲，由於社會發展的趨勢，〔187〕使土地持有者發財致富，會增加資本家的不幸。對亨利・喬治而言，這只是一個開端。地租這不義的收入，不僅會奪去資本家的正當利潤，而且會加重工人的負擔。然而更糟的是，他發現這會引起他所謂的工業「爆發」，不時地撼動社會根基。

他並未很清楚地描述這個論點。它主要是依靠此一事實：既然地租從一開始就被假定爲一種社會勒索，它自然代表著犧牲工人和實業家，不公平地將產出分配給地主。至於爆發——嗯，喬治深信，地租必然會導致土地價值的瘋狂投機（正如美國西岸曾發生過的現象），而它最後必然崩盤，從而使價格結構的其他部分也垮掉。

在找出貧窮的眞正原因和進步的根本障礙後，對喬治而言，要提出的藥方很簡單——開徵一種鉅額單一稅。這將是吸收一切地租的土地稅。在社會毒瘤去除後，黃金時代就會降臨。此單一稅不僅可以免除一切其他賦稅，而且取消地租還能「提高工資、增加資本收益、根除貧困、讓想找有償工作的人都能如願、使人力有自由發揮的餘地、淨化政府、將文明變得更高尙」。[註25]只能將它稱爲終極萬靈丹。

當我們試圖評價此說時，覺得它難以理解。這當然很天眞，而且只有像喬治那樣以救世主自居的人，才會把地租與罪惡畫上等號。同樣地，把工業蕭條歸咎於土地投機，也過於誇大了後者的影響。土地投機可能造成困擾，但嚴重蕭條卻發生在土地價值根本沒上升的國家。

所以我們無須多言。但當我們接觸問題的核心時，必須停下來想一想。因爲喬治機械式的診〔188〕

斷固然膚淺而有缺點，然而他對社會的批評基本上是道義性而非機械式的。亨利．喬治問道，地租為何存在？為何一個人對社會毫無貢獻，只是由於所有權這一事實，就可以換得利益？一個實業家的利潤，可以被說成遠見和智巧的回報。但一個人的祖父擁有一塊牧場，經過兩代之後，社會認為適合在此蓋摩天大樓。此人的遠見在哪裡呢？

這是個刺激的問題，但不能這麼輕易地譴責地租制度，因為地主不是社會成長過程中唯一的消極受益者。股東隨著公司擴張而獲利、工人因為技術進步而提高生產力、消費者由於國家繁榮而增加實質所得，他們也全都是共同發展的受益者。我們所有人也都以不同方式，享有地位良好之地主所不勞而獲的那種利益。這不只是地租問題，而是一切不勞而獲的問題。它當然很嚴重，卻不能只從土地所有權的角度處理。

地租問題也不如亨利．喬治所見的那般嚴重。一股小而穩定的地租，流入農場主、房主與中等收入的百姓之手。即使在地租收入的壟斷區域內——大城市的房地產經營——市場也在流動。地租已經不再是僵固的古封建型態，而會經常買賣轉手，一再重新估價。美國的地租收入占國民收入的比重，已從一九二九年的百分之六縮小到今天的不足百分之二。指出這點就夠了。

但不論其論點是否合邏輯，或道德譴責是否合理，《進步與貧窮》引起轟動，成為暢銷作品，而亨利．喬治也在一夕間成了全國知名人士。舊金山《亞哥水手》（*Argonaut*）的評論者說：「我認為《進步與貧窮》是這半個世紀的代表作。」[註26]紐約的《論壇報》認為這是「自〔189〕亞當．斯密的《國富論》出版以來最好的作品」。甚至像《審查家》（*Examiner*）和《記事》

（*Chronicle*）這樣的刊物，稱它爲「長久以來最邪惡的政治經濟學出版品」，反而提高了它的聲望。

喬治去英國演講旅行，返國時已成爲國際知名人士。他被徵召參選紐約市長，在三人競選中擊敗了提奧多．羅斯福（Theodore Roosevelt），僅僅小輸坦慕尼協會（Tammany）[編9]的候選人。

如今單一稅成了他的宗教。他組織了土地與勞工俱樂部，向本國和大不列顛的熱情聽眾發表演說。有位朋友問他：「這是否意味著戰爭？除非對方都是泥塑的，否則怎能希望不經一戰就奪走他們的土地？」喬治說：「我不認爲要動刀動槍。但若有必要，就開戰吧。沒有比這更神聖的開戰原因。絕沒有比這更神聖的開戰原因！」[註27]

他的朋友詹姆斯．羅素．泰勒（James Russell Taylor）說：「他是最溫和、最善良的人，不會因爲怒火而動武。但他寧可掀起全面戰爭，也要讓他的福音被接受。這種勇氣……當仁不讓。」

體面人士當然很厭惡這整套學說。一位曾在市長選戰中支持喬治的天主教教士被暫時逐出教會。教皇親自頒布關於土地問題的通諭，而且不理會喬治精心印刷裝訂的覆函。美國第一流的專業經濟學家法蘭西斯．A．華克將軍（General Francis A. Walker）說：「我不會討論這麼邪惡的方案，讓我的讀者蒙羞。」[註28]儘管檯面上的人對其書感到震驚或不屑，他卻能深入讀者的心坎。《進步與貧窮》的銷售量，超過美國以前所有經濟學書刊銷量的總和。在英國，他的名字已家喻戶曉。不僅如此，他的觀念（雖然通常是在灌水的形式下）已成爲伍德羅．威爾遜〔190〕（Woodrow Wilson）、約翰．杜威（John Deway）、路易．布蘭迪斯（Louis Brandeis）[編10]等人物所傳承的一部分。直到今天，亨利．喬治的忠貞信徒仍然活躍。

一八九七年，老邁但仍不屈不撓的他，明知自己衰弱的心臟無法負荷緊張的選戰，還是接受徵召再次參選市長。他被稱作「強盜」、「他人權利的攘奪者」、「混亂與毀滅的使徒」，並且在選舉前夕過世。參加葬禮者數以千計。他篤信宗教，希望他的靈魂直升天堂。至於他的名聲，當然直接落入經濟學的地下世界；直到今天，他仍以近乎救世主的姿態，有點癲狂地對我們的經濟制度，提出惱人的問題。

但在地下世界中，還有比亨利．喬治對地租的嚴詞譴責與奠基在單一稅之上的上帝之城迷人願景更重要的事物。一種嶄新而充滿活力的精神，正橫掃英國、歐陸甚至美國。「盎格魯薩克遜民族必將主宰世界歷史與文明」之類四處流傳的口號，顯露出這種精神。[註29]在英吉利海峽對岸，維克多．雨果（Victor Hugo）宣稱「人類需要法國」；[註30]俄國專制主義代言人康斯坦丁．

編註

9 一七八九年成立，美國民主黨位在紐約市的有力政治組織。

10 Louis Dembitz Brandeis（1856-1941），美國法學家，一九一六年獲威爾遜總統提名爲最高法院大法官。

11 Konstantin Petrovich Pobyedonostsev（1827-1907），俄國法學家，歷經三任沙皇顧問，反動派代表人物。

蒲伯多諾斯催夫（Konstantin Pobyedonostsev）[編11]表示，俄國未受西方的墮落所汙染，因此能榮登東方的領導地位。[註31]德國皇帝正在解釋，爲什麼天神站在他們那邊；新世界的提奧多．羅斯福則使他自己成爲類似哲學在美國的代言人。

帝國主義時代開始了，地圖繪製者們忙著更改標示在黑暗大陸所有權的顏色。在一八七〇與一八九八年間，英帝國增加了四百萬方英里土地與八千八百萬人；法國也幾乎得到一樣大的領土以及四千萬人；德國贏得一百萬方英里和一千六百萬殖民地居民；比利時取得九十萬方英里和〔191〕三千萬人；甚至葡萄牙也加入競賽，得到新土地八十萬方英里，居民九百萬。

實際上，在三個世代期間，地球的面貌就變了。更有甚者，西方對此變化過程的態度，也有了同樣重大的改變。記得在亞當．斯密的時代，這位蘇格蘭哲學家對商人想扮演國王這個角色的嘗試表示輕蔑，並主張讓美洲殖民地獨立。很多人也像亞當．斯密一樣輕視殖民地。約翰．斯圖亞特．彌爾的父親詹姆斯．彌爾，把殖民地稱作「上層階級龐大的戶外休閒場」，[註32]甚至迪斯雷利（Disraeli）[編12]也在一八五二年公開表示，他相信「這些可憐的殖民地是掛在我們脖子上的重擔」。[註33]

但如今這一切都變了。人們常說，不列顛在不經意中就取得其帝國霸業。然而隨著帝國主義步伐的加速，「不經意」變成了「一心一意」。羅斯伯里爵士（Lord Rosebery）[編13]把英帝國稱爲「現世空前絕後的最大力量」，這反映出那時的觀點。馬克．吐溫（Mark Twain）在觀看自豪展示英國屬地之壯麗的維多利亞女王即位六十週年大典時說：「是的，英國人正如《聖經》所言

——『溫柔的人有福了！因爲他們必承受地土。』」[註34]

大多數人贊成競相擴大帝國。英國桂冠詩人吉卜林（Kipling）在音樂廳裡的詩歌，道出了人民的情感：

> 我們不要打仗，但必要時不惜一戰，
> 我們有船，我們有人，我們也有財！

基於另外一種理由贊成帝國主義的人，會同意查爾斯・克羅斯韋特爵士（Sir Charles Crossthwaite）[編14]的說法，認爲英國與暹羅之間的眞正問題是「誰能和他們做生意，以及我們如何從中獲取最大利益，以便爲我們的貨物找到新市場，並爲我們過剩的勞工找到工作」。[註35] 〔192〕

還有，帝國建立者會在帝國建立的過程中繁榮昌盛。處於蕭條中的委員會對勞動階級的舒適環境如此滿意，[編15]這其中有很大部分是海外勞工的血汗成果：殖民地如今成了無產階級的無產階級。難怪帝國主義政策廣受支持。

編註

12 Benjamin Disraeli（1804-1881），英國保守黨黨魁，於一八六八年以及一八七四至一八八〇年間兩度擔任英國首相。

13 指Archibald Philip Primrose（1847-1929），英國自由黨黨魁，一八九四至一八九五年出任英國首相，帝國主義的擁護者。

14 Sir Charles Haukes Todd Crossthwaite（1835-1915），一八八七至一八九〇年間擔任緬甸英屬直轄殖民地主委。

15 此處的蕭條指一八七三年至一八七九年的長蕭條（Long Depression），影響西歐（特別是英國）及北美顯著。

檯面上的經濟學，從頭到尾在一旁平靜地看著帝國的成長過程，頂多只評論新屬地對貿易路線的影響。聚焦此歷史新現象的批評者，又是來自地下世界。他們觀看世界各地支配權的競爭時，所見的不只是令人激動的政治衝突或掌權人士的莫名想法而已。

他們看到了資本主義的全新動向。事實上，他們把帝國主義視爲資本主義本質變化的信號。更重要的是，他們在這新的不斷擴張的過程中，預測到了資本主義前所未見的最危險趨勢——朝向戰爭的趨勢。

首先做出此一指控的是位態度溫和的異端人士。他把自己描述成「英格蘭中部一個中等大小城鎮的中產階級的中間階層」。[註36]約翰．A．霍布森（John A. Hobson）虛弱矮小，非常擔心自己的健康，並且因爲口吃而在演講時緊張不安。他生於一八五八年，準備在牛津從事學術工作。這個害羞靦腆的人，成功地保持低調，因此我們對他所知不多。但就我們所知的背景與個性而言，他注定要在英國學界過著無名的隱居生活。

有兩件事改變了此一命運。他讀了英國批評家與隨筆作家魯斯金（Ruskin）[編16]的作品。此人嘲笑抱持維多利亞時代金錢價值教條的資產階級，以及鼓吹「財富就是生命！」的人。霍布森從魯斯金那裡得到一個觀念：經濟學是人文學科，而不是非人化的科學。他從正統信條的精細改 〔193〕
進，轉而宣揚世界的德性。在這個世界中，合作的工人行會比工資和利潤的粗糙世界，更富人性價值。霍布森堅決認爲他的系統「跟歐幾里得的命題一樣確鑿」。

他可能成爲受尊敬的烏托邦主義者，因爲英國人喜歡怪人。但他是異端，踐踏傳統道德，於是被經濟學界排斥。他因緣際會地結識了A・F・馬默里（A. F. Mummery）的夥伴。馬默里是位獨立思想家、成功的商人，以及勇敢的登山者（他在一八九五年於南加帕巴特峰〔Nanga Parbat〕[編17]喪生）。霍布森寫道：「不用說，我與他的交往並非在爬山的物質層面。他在心智層面也力求上進……」[註37]早在十八世紀初，商界就開始憂心週期性的衰退。馬默里對它的起因有所猜測。正如霍布森所述，學界認爲馬默里的觀念「就跟試圖證明地球是平的一樣不合理」。[註38]因爲馬默里就好像從前的馬爾薩斯，認爲蕭條的起因在於超額**儲蓄**的事實，在於商業體系一直分配不到足夠的購買力，以買回自身的產品。

霍布森起先與之爭論，後來相信馬默里是對的。他們兩人合寫了《產業生理學》（*The Physiology of Industry*），提出儲蓄可能有礙繁榮的異端見解。檯面上的世界對此無法接受。自亞當・斯密以來的所有大經濟學家，不都強調儲蓄就是積累的一面嗎？儲蓄行動不都會自動增加資本量，從而使更多的人得到工作嗎？說儲蓄會造成失業不僅毫無意義，還會損及一項社會穩定的支柱——節儉。經濟學界感到震驚：倫敦大學推廣課程的演講謝絕霍布森先生出席，慈善組織會〔194〕

編註

16 John Ruskin（1819-1900），英國藝術批評家與社會改革者，其關於維多利亞時代藝術與建築的散文極有影響力。

17 世界第九高峰，標高八千一百二十六公尺，位於喜馬拉雅山西段喀什米爾地區境內。

社（Charity Organization Society）[編18]也撤回了演講的邀請。這位學者已然成爲異端，而異端如今必然遭社會排斥。

這一切似乎與帝國主義無關。但觀念的成長迂迴曲折。被正統學界排斥的霍布森走上社會批評的道路。如今這位社會批評家的注意力轉向當時最重大的政治問題：非洲。

非洲問題的背景複雜而又富情感因素。荷蘭殖民者於一八三六年在特蘭斯瓦（Transvaal）[編19]建立他們的獨立國家。這是一些由「一面鞭打黑人，一面誦讀聖經」的農夫組成的團結社群。但他們選擇的土地廣闊而又陽光充足，使人精神振奮，其下還隱藏著更多財富。一八六九年，發現鑽石；一八八五年，發現黃金。數年之間，牛車殖民的步調轉變成投機團體的狂熱。塞西爾・羅德斯（Cecil Rhodes）[編20]帶著鐵路和工業計畫抵達。出於一時的狂熱，他同意突襲特蘭斯瓦，於是英國人和荷蘭人之間的積怨爆發。波耳戰爭（The Boer War）開始了。

這時霍布森已到非洲。這位自稱「神所造出之最膽小的生物」的人，[註39]旅行到開普敦（Capetown）和約翰尼斯堡（Johannesburg），與克魯格（Kruger）[編21]和斯姆茲（Smuts）[編22]會談，還在突擊特蘭斯瓦前夕，與羅德斯本人一同進餐。羅德斯複雜而令人費解。在他前往非洲冒險前兩年，一位新聞記者曾引述他的話：

「昨天我在倫敦東區參加一個失業者的會議。我傾聽那些狂怒的演講，盡是大喊著要『麵包』、『麵包』、『麵包』。回家途中，我反覆想著這個場景……我的觀念是解決此社會問題的方案。也就是說，爲了拯救聯合王國的四千萬居民免於一場血腥內戰，我們殖民地的政治家必須取得新土地來安頓剩餘的人口，爲他們在工廠、礦坑裡生產的商品提供新市〔195〕場。正如我一向所言，帝國就是麵包和奶油的問題。」註40

不知他曾否向霍布森詳細敘述過同樣的意見；可能他提過，但究竟說過沒有並不重要。因爲霍布森在非洲所見到的，以最意想不到的方式，與他和馬默里被判定爲異端的過度儲蓄經濟理論相吻合。

他回到英國，以撰寫關於侵略主義與在非洲之戰爭的主題，然後在一九〇二年出版了一本書，將他對非洲的觀察和他的異端見解奇妙地結合在一起。

這本極具破壞性的書就是《帝國主義》（*Imperialism*）。這是有史以來對利潤制度最重要、最尖刻的批評。在馬克思的主張中，此體系至多也不過毀滅它自己而已；霍布森所說的卻是，它

編註

18 十九世紀末二十世紀初的聯合慈善組織，發源於德國，於英美皆有分支。主張有選擇的救濟與自救，以及政府的不過度介入。

19 位於現今南非共和國（Republic of South Africa）境內特蘭斯瓦省，由波耳人（Boer，荷蘭、法國與德國移民的後裔）建立，期間兩度遭受英國進攻，而有兩次波耳戰爭的發生。

20 生於英國，南非殖民地資本家，鑽石公司De Beers的創辦人，篤信殖民地主義。

21 Stephanus Johannes Paulus Kruger（1825-1904），特蘭斯瓦共和國的元首，第二次波耳戰爭時帶領特蘭斯瓦對抗英國。

22 Jan Christiaan Smuts（1870-1950），南非及大英國協的政治家與將軍，一九一九至一九二四以及一九三九至一九四八兩度出任南非聯邦首相。

可能毀滅世界。他把帝國主義的進程看作資本主義持續努力擺脫自己造成之困境的傾向。這傾向必然涉及對外的商業征服，從而無可避免地要經常牽涉到戰爭的風險。這是對資本主義空前深刻的道義指責。

霍布森的指控本質是什麼？

就它的非人格性與嚴酷發展而言，這與馬克思的論證幾乎一樣（雖然霍布森對馬克思主義者及其目的並不贊同）。它主張資本主義面臨無法解決的內部困難，其被迫轉向帝國主義，並非出於征服的純粹欲望，而是爲了確保自己的經濟生存。

資本主義體系內部的困難，便是其財富分配不均。令人驚訝的是，從前這點幾乎沒有引起注意。利潤體系的運作往往會對富者比較有利，這向來是個道德議題。至於此事實的**經濟**後果，要留待霍布森指出。

他發現了最驚人的後果。收入不均導致最奇特的困境——無論富人或窮人都無法消費足夠的〔196〕商品。窮人消費不足，是因爲收入過低；富人消費不足，卻是因爲收入過高！換言之，霍布森說，爲了出清市場上的商品，一個經濟體必須消費其生產的一切：每件商品都要有買家。現若窮人只買得起生活必需品，那誰來買其他的東西呢？顯然是有錢人。但這些人雖有錢，卻缺乏體力從事**那麼**多的消費：收入百萬的人所要消費的商品價值，必須爲收入千元者的一千倍。

於是財富分配不均**迫使**富人儲蓄。不論大多數有錢人想不想儲蓄，他們的收入都多到花不完。

惹麻煩的就是這儲蓄。倘若此經濟體要避免購買力不足的災難，就得把社會富裕階層自動存下的錢用掉。**怎麼**用呢？古典的答案是，投資設立更多工廠，從事更多生產，提高產出和生產力。亞當・斯密、李嘉圖、彌爾，所有大經濟學家都同意這個解決方案。但霍布森看出這方法有問題：若人民群眾**已經**沒錢購買市場上的商品，明智的資本家又怎麼會投資擴產，將更多商品送進已經過度擁擠的市場呢？比如說，當市場上鞋子已經多得賣不完，再把儲蓄投去另一間製鞋廠，又有什麼利益呢？這樣該怎麼辦？

〔197〕

霍布森的答案極爲簡潔。富人自動存下的錢有一條出路，不至引起國內生產過多的麻煩，那就是投資海外。

這就是帝國主義的根源。霍布森寫道：「產業的重要主管就是藉由尋求海外市場與海外投資，帶走無法用在國內的商品與資本，以擴大其剩餘財富的流通管道。」註41

結果是一場災難，因爲不是只有一個國家把剩餘財富送到國外。人同此心，因此各國競相瓜分世界，努力爲其投資者取得所能奪取之最富裕、最有利可圖的市場。於是非洲成了巨大的市場（和廉價原料的來源），讓英國、德國、義大利和比利時的資本家湧入；亞洲則是日本、俄國與荷蘭分割的大餅。印度成了英國產品的傾銷場，而中國則成了日本的印度。

於是帝國主義鋪好了通往戰爭的道路——不是出於張揚的冒險或變調的悲劇，而是資本主義國家爲其閒置財富爭取出路的可悲過程。很難想像比這更乏味的開戰原因。

檯面上的經濟學家，無疑不支持這樣一個涉及暴力和鬥爭的理論。他們說霍布森「總是把經濟學和別的東西混在一起」。既然那些「別的東西」與追求愉悅的世界無關，正統人士因此把這個帝國主義理論看作一種不良態度，此一經濟學說會破壞節約對社會有益這種常識。

原本可能理性地詳細審視（即使採取批判立場）此帝國主義理論的人們，完全避而不提。但地下世界的另一派，馬克思主義者卻全心全意地接受此說。畢竟這觀念並非全然來自霍布森。日爾曼經濟學家洛貝爾圖斯（Rodbertus）[編23]與激烈的德國革命者羅莎・盧森堡（Rosa Luxemburg）[編24]都曾有類似見解。但霍布森處理得更廣更深，而被最重要的馬克思主義理論家正〔198〕式收編。這位理論家就是流亡者弗拉迪米爾・伊里奇・烏里揚諾夫（Vladimir Ilich Ulyanov），後來以列寧之名著稱。

這個理論起了一點變化。資本主義國家數十年來都不太關心殖民地，後來爲何如此貪求？霍布森爲此感到困惑。他的帝國主義理論並非教條，也未鐵口直斷戰爭絕對不可避免。他甚至曾表示，希望彼此競爭的帝國主義者能就世局達成某種最後解決方案，相安無事地和平共存。

但在馬克思主義的裝扮下，此說聽來就更險惡、更嚴酷。帝國主義不僅成了馬克思主義在經濟領域的柱石，還被延伸到霍布森的架構之外，以說明近代資本主義的整個社會情況。這時出現了何等駭人的情景！

> 帝國主義，資本主義發展的最高階段，大大增加了世界經濟生產力，以自己的形象塑造

整個世界，將一切殖民地、一切人種、一切民族拉進金融資本家剝削的領域。同時，資本的壟斷形式使墮落和腐朽的相互寄生因素加速發展……帝國主義從數百萬殖民地農工身上奪走鉅額利潤，積累難以言盡的財富。在此過程中，帝國主義創造了腐朽、寄生，收取租金的政府，以及靠蒐集配給券維生的整個寄生階層。將社會主義物質前提創造完成（生產工具集中化、大規模勞動力的社會化，與工人組織的強化）的帝國主義時代，同時也讓「強權」之間〔199〕的矛盾更形尖銳，並導致毀滅此單一世界經濟的戰爭。所以帝國主義是腐朽、垂死的資本主義。它是資本主義整體發展的最後形態；是社會主義世界革命的開端。註42

作者：布哈林（Bukharin）編25；場合：第三國際；時間：一九二八年。儘管作者、場合、時間如此，我們聽到的還是列寧的意見。更令人不安的是，列寧認爲資本主義既會毀滅別人，也會毀滅自己，對內腐化，對外掠奪。蘇聯直到瓦解前，都以此作爲對我們所居住之世界的正式解釋。

編註

23 Johann Karl Rodbertus（1805-1875），日耳曼社會主義經濟學家，勞動價值理論的推崇者。

24 Rosa Luxemburg（1871-1919），馬克思主義政治家與革命家，生於波蘭猶太家庭，移居德國後加入社會民主黨，爲德國共產黨的奠定者之一。

25 Nikolai Ivanovich Bukharin（1888-1938），俄國馬克思主義者與政治家，第三國際的主席。

帝國主義的存在乃是不爭的事實。熟悉十九世紀末和二十世紀初那段歷史的人都會注意到，巧取豪奪、領土擴張與殖民壓迫就像一條線索，串起無止盡的國際猜忌、摩擦與戰爭。即使第一次世界大戰已不再被普遍視爲一場「純粹的」帝國主義衝突，但帝國主義者間的陰謀鬥爭仍是引發戰爭的重要原因。

但是，早在古埃及時期已有征服與殖民，而蘇聯對匈牙利、捷克斯洛伐克和阿富汗的侵略，顯示出現代無論有無資本主義這個藉口，帝國主義都將持續。帝國主義**經濟**理論讓我們面對的問題是，近五十年間征服活動的動機，跟在此前後征服活動的動機有無不同。要理解王朝國家對權力的渴求很簡單。帝國主義要求我們考量的是，市場經濟這股較爲非人化的力量，會否導致同樣的結果。

殖民體系的辯護者表示不會。俾斯麥（Bismarck）本人於一八六八年寫道：「所有母國所主張的利益，大多是幻想。英國正在放棄殖民政策；她發現這所費不貲。」[註43]其他爲這體系辯護的人也加以附和，指出殖民地「無利可圖」，強權並不樂於開拓殖民地，但由於在世上負有教化〔200〕的使命，不得不然；殖民地得到的好處比母國更多等等。

不過他們沒抓到重點。的確有些殖民地無利可圖。一八六五年英國下議院的一個委員會確曾建議，放棄非洲西岸以外的所有英國領地，因爲得不償失。但是，儘管不是**所有**殖民地都有利潤，**某些**殖民地卻利益驚人：例如錫蘭茶園在興旺的年頭，紅利達投資額的百分之五十。儘管不是**所有**產業都受惠於海外市場，**某些**重要產業卻得靠它維生。英國棉織業對印度市場的依賴，就是典型的例子。就整個英國而言，對外投資肯定為儲蓄提供了有利出路：在一八七〇到一九一四年間，英國儲蓄的**半數**投往海外，而對外投資收益占英國國民所得的百分之十。註44

肯定有很多其他動機與純經濟動機混合在一起，而帝國主義的補償性經濟效果也並非像霍布森所說的那樣簡單。但總的說來，歐洲強權對非洲和亞洲的猛攻，多少都是為了經濟利益。以荷蘭為例，爪哇和蘇門答臘的巨大種植園，為其資本提供了一個非常重要的有利投資機會；馬來亞物美價廉的原料，為英國提供了有利可圖的國際壟斷事業；中東有的則是石油和對蘇伊士運河船運的戰略控制。法國一位部長在一八八五年說：「我們的工業所缺乏……而且愈來愈缺乏的是市場。」一九二六年，德國央行總裁沙赫特博士（Dr. Schacht）編26宣稱：「對原料的爭奪，在世界政治扮演著最重要的角色，甚至比戰前更重要。德國唯一的出路就是取得殖民地。」各國動機或〔201〕有不同，但大家都要經濟利益。

這是否意味著帝國主義確與資本主義密不可分？答案不那麼簡單。資本主義從一開始就在擴張，這一體系的驅力一直是努力積累更多資本。因此資本主義公司從早期便已為了市場和廉價原

編註

26 Dr. Hjalmar Horace Greeley Schacht（1877-1970），德國經濟學家與銀行家，民主黨的創辦人之一，希特勒政權的擁護者，後因意見不合而被迫離開政府。

料找尋外國土地；同樣重要的是，資本主義國家的政府經常支持並保護其私人企業的海外冒險。

這樣多的帝國主義情節似乎無庸置疑。但我們要以和霍布森與列寧有些不同的方式，來看資本主義擴張的過程。其驅力似乎不在於需要投資到海外，而無法在國內消化的儲蓄。更確切地說，其深層的推進機制似乎是經濟組織的資本主義模式取代其他模式，並在非資本主義環境中立足的非凡能力。與技術導向、效率和資本主義生產方式純粹的動力有關的種種，讓此體系的擴張「無可阻擋」。

因此我們今天傾向把帝國主義進程視爲**資本國際化**的一部分。這個進程甚至始於資本主義尚未完全成形之前，而且目前仍在持續。但必須對不同時代的國際化做出重要區分。有助於引發第一次世界大戰的那種帝國主義，不只把資本主義生產方式移植到非洲、亞洲和拉丁美洲，還包括公開的政治干預、可怕的剝削、軍事武力，和對較窮國家利益的普遍忽視。例如，十九世紀末、二十世紀初英國在印度的投資，顯然大部分是爲了英國而非印度之所需。就比利時的剛果與荷蘭〔202〕
的東印度而言，不是「大部分」，而是「全部」。

儘管外表有所改變，這種老式帝國主義的某些部分仍然存在。舊經濟霸權逞威的殖民主義關係，大致已被第二次世界大戰終結。戰前任人宰割的殖民地已成爲獨立國家。雖然許多這樣的國家仍然貧弱，但其國家的地位已使歐洲國家不能像二十世紀前半那樣經常頤指氣使。

美國的情況有些不同。多次對古巴、越南、尼加拉瓜與伊拉克等未開發國家動武，使美國得到了世界主要帝國主義強權這個不值得羨慕的稱號。但美國帝國主義冒險的動機，和在十九世紀把海軍陸戰隊送到香蕉共和國、[編27]把砲艇開進中國的動機不同，要保護的不是美國的財產，而是美國的意識型態。與法國大革命時期的英國類似，美國政府在蘇聯瓦解前，都覺得自己受世界共產主義這股強大革命性力量的威脅。脆弱且動盪的第三世界國家似乎最有可能加入那股力量。於是對這些國家中的一切社會主義傾向，幾乎都將之視爲即將成立受外國支配的共產主義政權的前兆，從而把支持這些國家的所有反動政府，都當成反共鬥爭的一環。

這種出於防衛心態的侵略導向政策如何終結，尚待觀察。或許美國將能藉由對未開發世界出現的社會主義政府施加經濟或軍事壓力，來維持一個讓資本主義安全的世界。或許這一政策將因〔203〕
我們自己的挫敗與墮落而終結。不論如何，這種帝國主義比較像是如何保護一個大王國不受外來影響。這是古中國或羅馬時代就有的問題。十九世紀的帝國主義顯然是要直接支持企業，但美國的情形與其說是要對外進行間接的經濟支配，不如說是直接的政治支配。

同時，帝國主義面目的變化還有第二個方面，而這無疑在經濟領域。這就是跨國公司引人注目的大量湧現，並成爲資本從國內流向海外的主要動力。

跨國公司是諸如可口可樂（Coca Cola）、國際商業機器（IBM）、微軟（Microsoft）和荷蘭

編註

27 指經濟仰賴農業、政治不穩定的熱帶小國，通常是指中美洲加勒比海諸國。此詞首見於美國作家歐亨利（O. Henry）的作品《白菜與國王》（*Cabbages and Kings*），用以影射受美國控制的宏都拉斯。

皇家殼牌（Royal Dutch Shell）之類的巨型公司，其製造和加工過程位於許多國家。一家跨國公司能在中東或非洲開採石油，在歐洲或美國提煉，並在日本銷售；或在澳洲採礦，在日本加工，最後運到美國。

跨國公司爲資本的全面國際化帶來兩項變化。首先，它們改變了其地理流向。如我們所見，在古典帝國主義時期，資本主義擴張的目標主要是獲取原料，或讓紡織品之類的基本商品占領市場。跨國公司已從這些基本商品轉向它們居於領先地位的高科技產品，如電腦和藥品。結果海外的資本配置顯著地轉移。在一八九七年，美國的海外資本將近一半投在種植業、鐵路和礦業。如今這些領域只占對外投資很小的一部分，大部分投資在製造業，有四分之三流向歐洲、加拿大和其他已開發國家。法國、日本或德國的國際投資大多也流向已開發國家（包括美國），而非曾經〔204〕被殖民的地區。

跨國公司興起的第二項經濟後果，展現在其結合高科技與未經訓練之廉價勞工的卓越能力上。構成現代經濟生活基礎的極複雜機器，如電腦或電視零件，能由香港、南韓和泰國那些剛離開田地的男女，利用科學機器來生產。從帝國主義的觀點來看，這結局令人費解。將全部生產過程移到昨天尚是農村經濟地區的能力，已成功地讓資本主義社會制度輸出到史無前例的程度。如同我們在開頭篇章所見的偉大經濟革命時期，生產要素本身在前資本主義社會環境出現一樣，我們這個時代的新經濟革命，正把市場經濟帶到從前在世界經濟體中扮演消極而非積極角色的地區。就這個範圍而言，現代的帝國主義已是賦予海外資本主義生命的巨大力量。

同時，這個新的帝國主義已大幅加劇了該體系在其已開發家鄉的競爭。這不僅僅是我們已討論過的各市場的互相滲透所致，更是因爲跨國公司設在未開發地區的工業基地，也能將低成本商品打回母國。美國比誰都清楚，香港或台灣製造的電視，或南韓製造或墨西哥組裝的汽車，能非常容易地以低於加州或中西部地區製造的同樣產品之價格銷售。

要預測此競爭的國際化與激烈化，或不意外地發生在幾乎所有亞洲新興經濟體身上的金融與政治危機的結果，還爲之過早。但我們無疑已朝向一個全球經濟體邁進，而伸展到世界各地的企業，不自在地與舊的國家疆界和特權共處其中。就我們對帝國主義問題的考量而言，這是個諷刺〔205〕性的結尾。因爲帝國主義運動的起源與緩和資本的壓力有關，最後卻變得更糟。

霍布森於一九四○年過世，一則恰如其分的審慎訃聞刊在倫敦《泰晤士報》（*Times*），既提到他的先見之明，又指出他未獲得普遍的認可。

他的確沒獲得普遍認可。維多利亞世界名望最著的經濟學家馬歇爾，就和霍布森完全不同。馬歇爾受人尊敬、走中間道路而且「正式」；霍布森則仰賴直覺、急進，而且可說他未獲認可。在我們走過地下世界的陰暗地區後，可以回到維多利亞陽光下，來結束這段旅程。在那陽光下工作的經濟學家，也許沒有看到比較喜歡冒險的人所揭露之令人不安的景象，但他們做了一件那些異端人士沒做的事：向他們——甚至我們——的世界教授其「經濟學」。

只要看馬歇爾的肖像，就能見到這位教師的刻板形象：白鬍子、白細的頭髮、親切而明亮的眼神——突出的教授面容。當他於一九二四年過世，英國最偉大的經濟學家們在悼念他、向他致敬時，其中的C．R．費伊教授（Professor C. R. Fay），爲這位維多利亞時代教授的平素樣貌，留下了不可磨滅的寫照：

皮古（Pigou）[編28]說，我該去找他談一件有獎助金的論文題目之事。因此我在某個接近黃昏的下午，前往貝立奧莊（Balliol Croft）[編29]。他從一個小通道跑出來說：「進來、進來。」於是我跟著上樓。他問我：「你對要做的研究有什麼想法嗎？」我說：「沒有。」他拿出一本黑色的小書說：「嗯，那你聽著，」他要我在聽到喜歡的題目時，就把手舉起來，接著他念出一連串的題目。因爲緊張的關係，我試圖挑選第一個題目，但馬歇爾沒注意到，繼續念下去。在第二頁的中間左右，他讀到「最近德國的金融危機」。我曾在格來福〔206〕
瓦（Greifswald）[編30]度過一個夏天，因此做出手勢。他說：「這完全不適合你。」我又沉默了五分鐘，然後在聽到「阿根廷」這個詞的時候，又出聲打斷他。我唯一的理由是，有兩個叔父在那裡做過生意。他問：「自己去過那裡嗎？」我回答說：「沒有。」於是他又繼續念。過了一會兒之後，他停下來說：「找到喜歡的題目了嗎？」我說：「我不知道。」他說：「其他人也沒有，但這就是我的方法。現在，你想做什麼？」我喘著氣說：「德國與英國勞工的比較。」於是他拿出一盞有電鈕的提燈（因爲這時天色已經很暗），開始在書架間來回尋找，取出一些英文和德文的書籍，包括馮．諾斯蒂茨（von Nostitz）、庫爾曼

（Kuhlman）的作品，共約三十本。他說：「現在我讓你自己體會一下。看完後，招呼一聲，莎拉（Sarah）就會拿些茶給你。」註45

這和讓霍布森心神不寧的非洲傾軋，或形成亨利．喬治觀念搖籃的喧鬧的美國投機活動，都相距甚遠。馬歇爾跟他同時代的艾基渥斯一樣，是大學的卓越產物。他雖曾航行到美國，甚至穿越美國到舊金山，但他的生活，他的觀點——當然還有他的經濟學，都帶有寧靜高雅的劍橋風味。

那他所教導的究竟是什麼？一言以蔽之，馬歇爾的基本關懷就是我們曾用來界定維多利亞時代經濟願景的詞彙——均衡。巴斯夏被拉到經濟詭辯的非理性、亨利．喬治看到掩蓋在經濟認可背後生活的不公平、霍布森在找尋資本主義經濟的非人化過程中隱藏的毀滅傾向。馬歇爾與他們不同，主要的興趣在於經濟世界自我調節與自我修正的性質。正如他最傑出的弟子凱因斯後來〔207〕所述，他創造出「讓經濟領域的一切要素都藉由彼此平衡與互動而各安其位的一整個哥白尼體系」。註46

編註

28 Arthur Cecil Pigou（1877-1959），劍橋大學經濟學教授，專研福利經濟學，影響多位劍橋出身的經濟學家。

29 馬歇爾於劍橋大學擔任研究員時的寓所。

30 德國東北沿海一座大學城，曾為漢撒同盟城市。

當然，其中大部分都已被講授。亞當．斯密、李嘉圖、彌爾都把市場體系解釋成非常複雜而有效的回饋機制。然而在全面的願景和細節的精巧運作這兩者之間，還有許多未經探索的領域和模糊不清的說明：馬歇爾所承繼的市場均衡論在遠觀時讓人印象非常深刻，細看之下卻非如此。連某些基本問題也被卡住。價格所反映的究竟是生產成本，還是該商品產生的最終滿足程度？換言之，鑽石昂貴的原因是它們很難被找到，還是人們喜歡戴它們？或許只有經濟學家才關心這類問題，但若不加以解決，很多經濟學要研究的問題就很難想清楚。

馬歇爾自許要解決的就是這些經濟理論中的含糊問題。他著名的《經濟學原理》結合了精確的數學頭腦和悠閒散漫的風格，穿插著家常事例，非常明晰易懂。即使商人也能理解**這種**經濟學，因爲所有艱難的邏輯證明都被體貼地放在註腳裡（因此凱因斯不敬地說，經濟學家應該拋下正文，只讀其註腳）。無論如何，該書極爲成功；它最初發表於一八九〇年，至今仍爲有志成爲經濟學家的學生所必讀。

馬歇爾對經濟學概念的混亂做出了什麼重大貢獻？主要便是他自己一再提及的，堅持**時間**的重要性，將其當作均衡運作過程中不可或缺的要素。

因爲正如馬歇爾所指出的，均衡的基本意義隨著經濟調整過程發生在短期或長期而有不同。〔208〕
在短期內，買方和賣方在交易場所議價，但此過程基本上圍繞著固定數量的商品——以鑽石爲例，就是鑽石商人帶在手提箱裡的那些。然而就長期而言，鑽石的量並不固定。如果需求方面有保證，就可以增開新礦；如果供給過剩，就可能放棄舊礦。因此在極短期，鑽石在心理上的效用，也就是對它們的需求，對市場價格發揮更直接的影響；但是就長期而言，循環的供給流量會受到消費者需要的調節，這時生產成本就再居上風。當然，不論成本或效用，在決定價格時都不能被分得一清二楚。用馬歇爾自己的話說，需求和供給，就像「一把剪刀的兩個刀鋒」，[註47]要問控制價格的究竟是供給還是需求，就和問剪刀中的哪一個刀鋒在剪裁一樣無聊。但當兩個刀鋒都在剪裁時，其中一個主動，另一個被動。在短期內，效用——需求這方在給定市場中居於主動；在生產規模和生產形態可以改變的較長期間，成本——供給這方居於主動。

這與馬歇爾用他善於分析的頭腦所論及的每個題材一樣，是啓發性的洞見。然而《原理》不只散發出理論的光輝。如果認爲馬歇爾是經濟學「正統」世界中最傑出者，那他也是最富同情心者。他在前往倫敦貧民窟的路途中，對於所看到的那些窮苦勞工、「蜷縮著的可憐人」眞心關懷，認爲經濟學應當是改善社會生活的工具，這些情緒和想法始終貫穿全書。該書對未來的評估也值得注意。它提醒人們不要輕易認爲，想像中的「美好生活景象，可以輕易地被制度所建構」，也不要過度期待有錢人會變得具有「騎士精神」[註48]，「幫助收稅者……將貧困這個最大〔209〕的不幸，從國內消除」。

我們對這些維多利亞時代的意見報以微笑，但它們並非馬歇爾的願景。該願景在經濟學本身留下了最偉大的印記，因此我們要回到《原理》最初的兩篇宣言。第一篇是典型馬歇爾式的迷人段落，描述一個人在衡量購買能帶來的愉悅，以及支出導致的愉悅減損：

一個猶豫要不要花一先令買一支雪茄的有錢人所衡量的愉悅程度，小於一個考慮要不要花一先令買一個月份菸草的窮人所衡量的愉悅程度。年薪一百鎊的職員，比較願意冒著大雨走路上班，而年薪三百鎊者則否。[註49]

馬歇爾在幾頁後的第二段聲明中，討論經濟學的目的：

> 經濟學研究包含人的政治、社會與個人生活層面，尤其是社會生活……它避開了許多政治人物無法忽略的政治議題……因此……最好用含意較廣的「經濟學」一詞來描述，而不要用含意較窄的「政治經濟學」一詞。[註50]

這兩個看似無害的段落中，有兩件事值得注意。第一，他出色地體認到，一名職員要不要花錢搭計程車一事，縱使不像霍布森時代的偉大君王那麼富有戲劇性，卻也足以巧妙地代表馬歇爾的願景。「個人」的計算不僅象徵著市場體系的運作，更是經濟學本身最終的基石。經濟學的願〔210〕景已不再是關於王朝或亞當．斯密式社會的動力研究，更不是馬克思式的階級鬥爭。在此，我們讓經濟學解釋的是每個追求自利之個人的集體生活。

另一項與此密切相關的改變，蘊含在第二段引文中。在較早期的願景中，居於核心部分的政治內容，從經濟學裡消失了。馬歇爾認爲經濟學的目的在解釋如何形成均衡價格之類的問題，而非解釋權力與服從關係如何出現在一個將社會秩序當作個人追求其「效用」的層級社會中。

爲什麼會出現這種**去政治化**的奇怪轉向呢？有兩個可能原因。第一，一八四八年的事件，或許還有愈來愈多的社會主義觀念，使人們明確承認（儘管對此的檢驗卻少得多）權力與服從的關係有很大的爭議性。在亞當．斯密與彌爾的時代，這種社會關係則被視爲理所當然。第二種相反的可能性，則是在十九世紀逐漸被接受的民主觀念，讓馬歇爾的願景看來比從前更可信。

這是個我們可以提出，卻無法解決的問題。我們能確定的是，經濟學已經取代了政治經濟學，並開啓了新頁。而這點愈來愈重要。最後值得一提的是，在馬歇爾的分析內容中，對經濟分析的最重要貢獻——時間因素。對馬歇爾而言，這是數學曲線在其中剝落，理論實驗可以一再進行的抽象時間，而不是任何事物實際**發生**的時間。它不是一去不返的歷史時間之流——尤其不是馬歇爾本人存活的那個歷史時間。想想馬歇爾在世時看到的那些——俄國激烈的反資本主義革〔211〕命、席捲全世界的戰爭、反殖民主義的初試啼聲。想想即將發生的事——資本主義在歐洲大半地區的衰退、全球對政府概念的改變、美國震撼世界的蕭條。雖然這些壓倒性的變動與經濟學有關，馬歇爾對這些卻幾乎完全不瞭解，而他正統派的同僚們所知更少。「自然從不飛躍」是《經濟學原理》一九二〇年最後一版和一八九〇年初版扉頁上的警句。歷史可能突然飛躍，經濟學世界可能與歷史世界密不可分，教科書中的長期和短期，可能意味著與社會時鐘無情的滴答聲完全不同的「時間」概念。這些都與馬歇爾經濟研究核心的均衡概念相去甚遠。他所說的無可責難，他的信念溫和而堅定。問題是，他所說的不夠深遠。

假使不是爲了下述的一點，則事後追想起來，這還可以既往不咎。當馬歇爾和他的同僚們仔細琢磨他們微妙的均衡機制時，少數幾個非正統的異議人士堅持，現實世界的特徵與經濟研究的適當主題不是均衡而是變動——猛烈的變動。戰爭、革命、蕭條以及社會的緊張狀態，才是他們心目中經濟學要詳加研究的基本問題，而不是均衡和穩定的教科書社會中那種美好的調節過程。但是，當這些異議和業餘人士向維多利亞時代的正統學界指出此點時，他們的打攪被怨恨、他們的警告被忽視、他們的建議被嘲笑。

正統世界的自滿不僅讓人悲嘆那個時代，更是知識界的一大悲劇。若學者們注意到地下世界，若馬歇爾有霍布森或艾基渥斯那種惱人的願景，有亨利·喬治那種社會冤屈感，或許當二十世紀的大災難爆發時，世人對此激烈的社會變革就不會毫無準備。回想起來，它給我們的教訓〔212〕是，不論多麼離經叛道的觀念，都不能置之不理，尤其對保守（就「保守」這個被誤用的詞之最佳意義而言）人士更是如此。

第八章　韋伯連的野蠻社會

韋伯連說，人無法以精緻的「經濟法則」來理解，在那之中人類的凶殘與創意都會被理性化的虛有其表扼殺殆盡。他用不那麼令人滿意，但更根本的人類學或心理學詞彙，將人類更恰當地稱為：具有強烈非理性欲望、容易受騙、天真而又墨守成規的生物。他要經濟學家拋棄令人滿意的想像，並找出人類實際行為的原因。

自《國富論》於一七七六年問世以來，已過了一百二十五年。在這段期間，世界的高尚與卑〔213〕鄙、天眞與陰險的暗招、技術方面的偉大成就與人類價值方面往往鄙陋的缺失，似乎各方面都已被大經濟學家們所檢視。但這個包含許多不同詮釋的多面世界卻有一個共同點：它是歐洲的。儘管其社會風貌正在改變，卻仍是**舊世界**，因此它堅持某些傳統的細節。

所以當理髮師學徒阿克萊特，在發明多軸紡織機致富後變成理查爵士，並非沒有意義；對於英國傳統士紳統治的威脅，也因爲將這樣的暴發戶整批吸收到高貴血統與舉止的團體中，而巧妙地解決了。這些暴發戶誠然引進了一系列中產階級意識，甚至反貴族情緒；但也默認社會上還有金錢未必能買到的更高社會階層。無數風尚喜劇證實，擁有百萬家財與買得頂上花翎的啤酒大亨，和他隔壁貧困的世襲貴族間仍有差別。成功的歐洲人或許像克里薩斯（Croesus）編1一樣富〔214〕有，但財富的滋味卻不夠甜美，因爲這只是一道（而且絕不是最後一道）向上的社會階梯而已。

美國的情況大不相同。不僅因爲這個國家是由深深反對依姓氏與出身劃分階級的人所創立，也由於個人獨立和個人成就的精神已深入民間。在美國，一個人的好壞由他自己的所作所爲來證明，其成就無須由家譜證實。因此，新英格蘭黑暗的血汗工廠與舊英格蘭陰暗的工廠差別不大，但若深入觀察其廠主的行爲舉止，就沒那麼相似。歐洲資本家仍帶有封建過去的陰影，美國會賺錢的人卻在享受陽光——要追逐權力或充分享受財富皆不受限制。在泡沫化的十九世紀下半，財富在美國是獲得社會認可的跳板。美國百萬富翁在擁有合宜的財富護照後，要進入上層階級無須進一步的簽證。

因此新世界的賺錢遊戲，比海外的競爭更粗野而沒有紳士風度。下的賭注比較大，成功機會比較多，於是運動員精神也較差。

例如，在十八世紀六〇年代，運輸與商業奇才柯內流斯．凡德堡（Cornelius Vanderbilt），發現他的生意夥伴正在威脅他的利益——這並不罕見。他寫了一封信給他們：

先生們：

你們已著手毀滅我。我不會告你們，因為法律程序太慢了。我將摧毀你們。

真誠的友人

柯內流斯．凡德堡[註1]

他說到做到。這位艦隊指揮官問道：「我管他什麼法律？難道我沒有權力嗎？」[註2] 後來，〔215〕J．皮爾龐特．摩根（J. Pierpont Morgan）也表達了相同的意見，只是形式稍微文雅些。當他的夥伴「蓋瑞法官」（Judge Gary）罕見地斗膽提出法律方面的警告時，摩根爆怒說：「好，我不是要律師告訴我什麼不能做。我雇他來告訴我，如何去做我要做的事。」

美國人勝過同時代的歐洲人之處，不僅在於忽略法律的細微程序，還在於他們在鬥爭時放棄

編註

1呂底亞（Lydia，小亞細亞西部古國）末任國王，西元前五六〇年至五四六年在位，富極一時，為波斯國王居魯士大帝擊敗。

紳士風度。奧巴尼—蘇斯奎哈納鐵路（Albany-Susquehanna Railroad）的控制權之爭就足以說明此情況。那是一個體系中必不可少的通路，一端掌握在顯赫的摩根手中，另一端則爲吉姆．費斯克（Jim Fisk）控制。爭端的解決方法是，各自在鐵軌終點站設置一個火車頭，開啓兩具引擎，讓它們像龐大的玩具一樣對撞。即使失敗者也不放棄，盡可能以最佳姿態撤退，離開時將軌道和高架橋拆毀。

在這場工業爭霸的混戰中，沒人求饒也沒人讓步。甚至炸藥也被用上，以消滅標準石油集團（Standard Oil）編2某個特別難纏的競爭者；像綁架這種沒那麼暴力的手法，因爲更加巧妙，又沒那麼不道德而受矚目。在一八八一年，一場暴風雪吹落了紐約的電報線，於是金融市場惡霸傑．顧爾德（Jay Gould）被迫派信差下單給經紀商。他的對手見有機可乘，就綁架了這男孩，派了另一個容貌相似的人頂替。在接下來幾週內顧爾德驚慌地發覺，其對手不知怎地能預知他的舉措。

這些會逼對手跳海的海盜，自然不會善待百姓。欺騙壓榨投資人被視爲理所當然，而股票市場被視爲一種富翁的私人賭場，百姓下賭注，金融巨頭定輸贏。在這種情況下注，會發生什麼事 〔216〕
——嗯，那是老百姓要擔心的。假如這些大亨不引君入甕，就太值得敬佩了。

要注意的是，大眾起勁地隨之起舞；當顧爾德或洛克斐勒（Rockefeller）正在收購鐵路、銅礦或鐵礦這樣的消息「傳開」時，大眾便倉促地搶進，想搭便車。歷次坑殺都動搖不了散戶的信心，而這種信心正好可讓金融花招得逞。亨利．羅傑斯（Henry Rogers）和威廉．洛克斐勒自己不花一塊錢，就買下了安納康達銅礦公司（Anaconda Copper Company）。這正是個讓人暈頭轉向的例子：

一、羅傑斯和洛克斐勒爲了購買安納康達銅礦公司，付給馬科斯．達利（Marcus Daly）一張三千九百萬美元的支票，條件是達利必須把它存入花旗銀行（National City Bank），且在規定期間內不得動用。

二、然後他們設立一間叫聯合銅礦公司（Amalgamated Copper Company）的空頭公司，以他們自己的職員爲人頭董事，讓聯合銅礦公司以其七千五百萬美元的股票而非現金收購安納康達。這些股票就是爲此而輕易地印製出來。

三、羅傑斯和洛克斐勒向花旗銀行借三千九百萬美元，做爲給達利的票款，且以聯合銅礦公司價值七千五百萬美元的股票擔保。

四、他們將聯合銅礦公司的股票在市場上賣得七千五百萬美元（先通過其經紀商兜售）。

五、他們藉此還清了欠花旗銀行的三千九百萬，並賺得三千六百萬的利潤。註3

編註

2 由約翰．洛克斐勒（John D. Rockefeller）等人創建於俄亥俄州的石油提煉公司，一九一一年遭法院裁定非法壟斷，而分解爲諸多新公司，現今之艾克森美孚（ExxonMobil）、阿莫科（Amoco）等均是自此分出的石油公司。

當然，在這種人人皆可自由參加的競賽中，牽涉到驚人的騙局。芝加哥、聖保羅與堪薩斯鐵〔217〕道公司（Chicago, St. Paul, and Kansas Railway）總裁Ａ．Ｂ．斯提克尼（A. B. Stickney）說，做爲一位紳士，他願意信任任何地方的其他鐵道公司總裁們；但做爲鐵道公司總裁，他時時刻刻都得緊盯著他們。[註4]他的犬儒主義其來有自。爲避免自殺性削價競爭一再發生，鐵道公司首腦們曾開會制訂共同運費表。其中一人趁會議休息時將協商結果傳回辦公室，以便率先降價。該電報湊巧被人攔截，而在接下來的會議中，便有證據顯示盜賊根本不講信用。

這是我們回顧時會感到慚愧的時代。它的排場當然很可笑（在某些宴會中，有人爲了吸入財富的興奮感而將百元美鈔裹在雪茄上抽），而其戰士精神也幾乎是中世紀的。但我們不要誤解那時代的精神。大財主們不僅無情地欺壓大眾，彼此間也同樣自相殘殺。他們這種厚顏無恥、不講道德的行徑，比較不像有預謀的惡行或蓄意藐視基督教理想，而更接近於不受良心與善良風俗拘束的精力。摩根曾說：「我對大眾無所虧負。」[註5]他將這句當作哲學信條，而非對這世界無情的藐視。在這屬於大財主的時代，商業蠻橫粗暴，講道德就會被打敗。

那經濟學家對這些瞭解多少？

不多。美國經濟學家追隨其歐洲教師的腳步，硬把美國的世界塞進並非爲美國所打造的模子裡。金融殺手的驚人鬥爭被說成「節約與資本累積」；公然的騙局被說成「冒險事業」；這時代揮金如土的鋪張浪費被漂白成「消費」。的確，這世界已被粉飾得無法辨識。讀了像克拉克《財〔218〕富的分配》（*Distribution of Wealth*）這種主流教科書，可能也不知道美國是百萬富翁的天下；讀了F．H．陶西格（F. H. Taussig）的《經濟學》，可能也不知道美國的股市詐術。讀了勞夫林教授（Professor Laughlin）在《大西洋月刊》（*Atlantic Monthly*）裡的那些文章，會認爲「犧牲、努力和技藝」是賺大錢的原因，還會被告知每個人都有權「排除他人以享受自己努力的成果」，這意味著收買鑽石以及立法機構的權利。

一言以蔽之，正統經濟學替現狀辯護，而且麻木不仁。它對美國本質上的暴虐奢華視而不見，而僅以刻板線條與無光澤色彩的陳規來加以描繪。它並非不誠實、沒有勇氣或見識不足，而是囿於馬爾薩斯說的「形勢與利益所致之不自覺偏見」。美國經濟學家受到這狂熱時代潮流的過分侷限，因此無法保持距離，冷靜清晰地觀察。

此時需要一種像托克維爾或布來斯（Bryce）[編3]這種異鄉人的眼光，以額外的清晰跟洞察力來觀看這個場景。出生在美國，但本質上不屬於任何國家的托斯丹．賓達．韋伯連（Thorstein Bunde Veblen），就有這種眼光。

韋伯連是個怪人，[註6]是看來像鄉下人的挪威農民。從一張照片可看出，他的頭髮平直中

編註

3 James Bryce（1838-1922），英國歷史學家與外交家，一九〇七至一三年擔任駐美大使。

分，在像矮人一般的頭上呈倒V形，覆在低斜的前額上。一雙鄉下人的眼睛機靈而顯出沉思的樣子，在他挺直的鼻梁後凝視著。未經修整的小鬍子遮住嘴巴，下巴被短而散亂的山羊鬍蓋住。他穿著沒熨過的厚西裝，背心上還有個大安全別針：這就是他的樣子。照片上看不到另外兩個安全別針，爲了別住襪子而鉤在他的褲子上，這意味他擁有削瘦結實的身軀以及昂首闊步像獵人般安靜的步伐。

怪異的外表下隱藏著更加怪異的個性。那銳利的眼睛也暗示著同樣銳利的心智審視力。質樸〔219〕的外表可能讓他在探究問題時，擁有某種直言不諱的特質。但外貌顯不出韋伯連生命的基調：他與社會的疏離。

疏離常是種病徵。根據我們的標準，韋伯連必然眞有精神疾病，因爲他近乎神祕地與世隔絕。他過日子的態度，好像他來自另一個世界。在他同時代人眼中習以爲常的事，他卻覺得奇特有趣，就像一個人類學者看到原始社群的儀式一樣。包含亞當．斯密和馬克思在內的其他經濟學家，不僅處於他們的社會，而且是處在**屬於**他們的社會；有時對他們的世界讚譽有加，有時對其所見感到絕望與憤怒。但韋伯連卻非如此。他做爲一個陌生人站在一旁，與他生活其中的那個熙來攘往、繁榮昌盛的社會毫無瓜葛，也漠不關心。

因爲他是外人，所以雖不順從一般公認的信念與習慣，卻不激進。這個世界對韋伯連而言，不舒適而又令人生厭。他像一個到原始地區的傳教士一樣不願隨俗，卻以可怕的孤寂爲代價，保留自己的完整性。很多人欽佩他，甚至熱愛他，但他卻沒有親密的朋友：他不直呼任何男性的名字，也不曾對任何女人傾心相愛。

可以想像他怪癖成堆。他拒絕裝電話，把書原封不動地留在箱子裡，沿著牆壁堆著，覺得每天整理床鋪沒意思，早上只把床套翻到背面，晚上再把它拉出來。由於懶惰，用過的盤子就這麼堆著，直到碗碟櫃快要空了才用水管沖洗整堆髒碗盤。由於沉默，當所有訪客都急於聽到他的看法時，他總會靜靜地坐上幾個小時。他藐視常規，不論學生表現如何都給一樣的分數，但若有學生需要較高分以獲取獎學金，他便欣然地將評分從C改成A。他喜歡搗亂，當校方要求老師點名時，他常會假裝非常小心地將缺課者與到課者的卡片分開，之後又好像不小心地將兩堆卡片混在一起。說來奇怪，他會殘酷地從事無意義的惡作劇，例如向過路的農民借一個麻袋，然後將蜂巢〔220〕塞在裡面還給他。偶爾異想天開，當一個小女孩問他名字起首的縮寫T．B是什麼意思時，他說那是指泰迪熊（Teddy Bear）。此後小女孩都這樣叫他，但別人都不敢這麼做。像謎一樣，他拒絕對任何事表態，當某人問他對他所編輯的某期刊上某社會學家文章的意見時，他回答：「每頁平均四百字。某某教授的平均字數是三百七十五。」或許最奇怪的是，這個好冷嘲熱諷、不討人喜歡的男人，卻對女人有莫名的吸引力。他外遇不斷，也不全然是由他主動的。他曾問到：「假如這女人主動走向你，你要怎麼辦？」

這個自閉的謎樣人物只會撰寫犀利的英文文章來表達己見。他文如其人，滿是複雜難懂的資訊和術語，用某種外科手術的方式剖析世界卻毫不見血，可見其筆鋒銳利。他寫到慈善事業時，稱之爲「務實的浪漫故事集」；宗教被描繪爲「第N度空間中，可以銷售但不能確定數量的子虛烏有之物」。他把主要教會組織寫成「連鎖商店」，個別教堂是「零售商行」——刻薄但生動的說法。[註7]他將手杖描述成「表明持有人不須從事任何有用勞動的廣告」，也指出它是種武器：「對任何有天賦暴戾之氣的人而言，握著如此紮實而原始的攻擊武器，會感到很欣慰。」[註8]**天賦**暴戾之氣！多麼野蠻、古怪而又一本正經的說法！

但這和經濟學有什麼關係？就傳統字面意義而言，毫無關係。對韋伯連而言，經濟學與維多〔221〕利亞人士用微分將世界合理化這種客氣而精確的遊戲無關；與更早期經濟學家解釋事物如何發展的努力也幾無關係。韋伯連想知道的是其他事：事情爲什麼是它們原來這個樣子。因此他研究的起點不是經濟這齣戲，而是演員；不是情節，而是促成被稱作「商業體系」此一特定戲碼的習俗等一整套事物。一言以蔽之，他鑽研經濟人的本質及其經濟儀式，而在這幾近人類學的途徑中，他認爲去注意帶手杖上教堂的紳士，與收地租的地主同樣重要。他力求深入他所生活之社會的眞實本質，通過詭計與習俗的迷宮，他必須蒐集從服裝、儀態、言談與文明禮貌上顯示出的些許證據。他就像精神分析師一樣，常緊盯著最微不足道，但他相信能揭露重要卻被埋藏的事實這類瑣事；他也像精神分析師一樣，尋求常人覺得奇怪甚至反感的意義。

我們會看到，他檢視社會時毫不留情。但這種尖銳特性，並非因爲他希望貶低他人，而是由於他罕見的冷漠。他就這樣漠然地評估我們最喜愛的想法。對韋伯連而言，好像什麼事都不熟悉，沒有一件事會由於太平凡而不值得注意，因此也沒有一件事免於評斷。說到底，只有非常超然的智者，才會將手杖同時看作閒暇的虛僞招牌和野蠻的武器。

他似乎始終這麼超然。韋伯連於一八五七年生於邊境農家，是一戶挪威移民家庭中的第四個兒子，也是第六個孩子。他的父親托馬斯·韋伯連冷漠疏離、思考緩慢、個性獨立；韋伯連後來把他父親描述成他所遇過最好的人。他母親卡莉（Kari）個性溫暖、急躁而熱情，將冰島傳說和〔222〕挪威冒險故事教給托斯丹，讓他終生沉迷其中的就是她。但韋伯連從小就性情古怪，懶惰、不做農家的雜務，卻總是在閣樓讀書，喜歡給人取貼切的綽號。他也早熟而聰穎。他的弟弟說：「現在回想起來，我曾以爲他無所不知。問他任何問題，他都會一五一十地告訴我，後來我發現他說的有很多是天花亂墜的謊言，但他的謊言也編得很好。」註9

總有些介於他自己，和這個依表面價值論定的世界之間的因素，造就了他不尋常的性格。他的童年如拓荒者般簡單、樸素而貧困。衣服是家裡做的，沒看過羊毛，大衣用小牛皮製成，咖啡和糖是奢侈品，外衣看起來像汗衫一樣簡單。但更重要的是，這是個異國風味——外地人的——童年。在美國的挪威人組織了他們自己緊密而孤立的社群，通行挪威語，把挪威當作眞正的祖國。韋伯連得像學外語一樣地學英語，直到上大學才把它學好。在這種典型家長制的封閉社區裡，韋伯連第一次感覺到要上大學，是在被家人從田裡叫回來，發現行李都打包好，將被送上馬車時。

當時他十七歲，家人爲他選擇了卡爾頓學院（Carleton College Academy），美國東岸文化與啓蒙的小前哨，離韋伯連一家耕種的明尼蘇達（Minnesota）小鎮不遠。家人把他送來，是爲了讓他當上路德派牧師，而他也發現卡爾頓是以宗教爲核心。但想馴服一位有主見而不循規蹈矩的聰明人，或讓他適應虔誠的宗教氣氛，都是白費心思。在每週的討論會上，韋伯連不討論異教徒改宗的必要性等老生常談，反而以「吃人的理由」及「酒徒的辯解」等論題，讓學校教職員陷入一陣騷動。問他是否在爲這些惡行辯護時，他淡然回答他只不過在從事科學觀察而已。教職員承〔223〕認他很聰明，但對他有些顧忌。他的老師克拉克（後來成爲美國傑出經濟學家之一）[編4]很喜歡他，但認爲他「不適應環境」。

這位古怪、聰明而不適應環境的人，在卡爾頓遇上一個幾乎不可能有的機會：和校長的侄女艾倫·羅菲（Ellen Rolfe）談戀愛。她本身也很聰明優秀，兩人自然地互相吸引。韋伯連念斯賓塞的作品給艾倫聽，讓她變成不可知論者，而他自己則相信艾倫是維京人第一英雄剛吉·羅菲（Gange Rolfe）的後裔。

他們在一八八八年結婚，但婚後關係起伏不定。這個孤獨男子所能提供的愛情不多，卻似乎需要女性照顧。韋伯連很有女人緣，僅有少數例外（有個美人稱他爲「黑猩猩」）。但韋伯連似乎不太重視特定的女人，對艾倫毫不忠實。她曾一再離開他，有時因爲他不檢點，有時因爲他對她太殘酷，有時純粹因爲他城府太深，難以看透而感到喪氣。然而多年來，韋伯連會主動求和，拿著一隻黑色長襪走到艾倫在樹林裡的房子問道：「夫人，這衣服是妳的嗎？」

當韋伯連離開卡爾頓學院時，決定從事學術工作。自此，他在職業生涯裡歷經了永無休止的挫折。他並不急功近利，但惡運似乎如影隨形。有次他拜託一位以前的學生幫他查問一個紐約市福利組織的職位，他的學生照辦了——只是把職位據爲己有。但這是很多年以後的事。如今韋伯連在威斯康辛（Wisconsin）小小的莫諾納學院（Monona Academy）得到一份工作。該校於一年〔224〕後關門，他前往約翰·霍普金斯（Johns Hopkins）大學，希望得到獎學金以攻讀哲學。雖然他有封詞藻華麗的推薦信，但還是沒得到獎學金。韋伯連轉往耶魯（Yale），於一八八四年以優異成績取得博士學位，但前途茫茫。

他因爲在巴爾的摩（Baltimore）染上瘧疾，需要特製飲食而回家。但他毫不感謝家人，還在他們最需要的時候把馬跟馬車拿走，對家人說那馬有結核病，還告訴家人他們永遠不會成功，因爲他們不夠狡詐。他讓家人感到困擾，就這麼閒晃度日。他的一位兄弟寫道：「他眞夠幸運，出生在堅持家庭忠誠與團結的家庭與種族中……托斯丹在這非常可敬的社群裡，是唯一遊手好閒的人……不是讀書就是閒晃，天天如此。」[註10]

事實上，他什麼書都讀，政治短文、社會學、經濟學、路德派的讚美詩、人類學論文等。但他的懶散讓他與社會更疏離、更憤世嫉俗、更內向。他偶爾打打零工、從事一些沒什麼成果的創作以消磨時間、挖苦當時華麗但俗氣的事件、研究植物、跟父親談話、寫些文章，也找找工作。結果沒工作上門。他沒有神學學位，因此不被宗教院校接受；他也缺乏能被其他學校接受的優雅儀態。他之所以和艾倫結婚，至少有部分原因在於想攀關係謀個生計。這讓她的家人沮喪。艾倫

編註

4 即約翰·貝茨·克拉克，見第七章。

的叔父是阿奇申、托佩卡與聖塔非鐵道公司（Atchison, Topeka, and Santa Fe Railway）總裁。他希望在該公司當個經濟顧問。

但他乖舛的命運從中作梗。該鐵道公司因財務困難而被銀行家組成的委員會接管，謀職之事也告吹。另一機會來自愛荷華大學（University of Iowa）；憑他的博士學位、推薦信，以及妻子的關係，這職位似乎是囊中之物。結果卻因爲他不夠堅強有力，還是個不可知論者而失敗。之後在聖歐拉夫（St. Olaf）的另一次嘗試也在最後一刻被拒。他好像遭到命運撥弄，注定要繼續孤立。

這種孤立狀態持續了七年。在這七年中，韋伯連除了讀書之外，可說一事無成。最後開了家〔225〕庭會議。畢竟他已三十四歲，卻從沒有一個體面的職位。會後決定他應該再去研究所，以圖進入學術界。

他選擇了康乃爾（Cornell），在一八九一年走進勞夫林的辦公室說道：「我是托斯丹．韋伯連。」保守經濟學台柱勞夫林看見這位戴著浣熊皮帽，穿燈芯絨褲的發言者，想必很驚訝。但韋伯連在某些地方讓這位長輩印象深刻。勞夫林去見校長，並取得特別津貼，聘韋伯連當研究員。一年後，芝加哥大學開辦，聘勞夫林爲經濟學系主任，他就帶著韋伯連一起去，並給他五百二十美元年薪。附帶一提，爲勞夫林蓋棺論定時，讓韋伯連進入芝加哥被認爲是他對經濟學的主要貢獻。註11

芝加哥大學不僅是韋伯連三十五年來第一份工作的所在，更是特別能反映他所要剖析之社會的機構。學生間流傳著一首關於創辦人洛克斐勒的詩：

約翰．洛克斐勒，
眞是不可多得。
把他所有的零用錢，
都給了芝加哥大學。

可以想見，這間大學並不頑固保守。相反地，它來自企業界，可說是帝國大廈在教育圈的化身。校長威廉．雷尼．哈勃（William Rainey Harper）年僅三十六歲，充滿企圖心。華爾特．海因斯．佩基（Walter Hines Page）[編5]曾稱讚他爲企業首腦的榜樣。他是企業家型的大學校長，並不介意重金挖角其他學校的第一流人才，芝加哥大學就和他的老闆標準石油公司一樣，憑藉雄厚〔226〕財力，成功壟斷了美國一大塊知識資本。所有這些，日後都將被韋伯連刻薄地描繪出來，但同時這所大學也爲他提供了知識分子的適當環境。該校有以前所未知的精密度測定光速的阿伯特．邁克生（Albert Michelson）、生理學家雅克．洛布（Jacques Loeb）、社會學家洛伊德．摩根（Lloyd Morgan），還有龐大的圖書館，以及有待編輯的新經濟學期刊。

編註

5 美國新聞工作者與外交家，一次大戰時期擔任美國駐英大使。

韋伯連開始受到注意。淵博的學問使他成名。有位學生說：「那就是懂二十六種語言的韋伯連博士。」知名學者詹姆斯・海頓・塔夫茨（James Hayden Tufts）編6在考試教室碰到他，然後說：「當我進入教室時，考試已開始，一個我不認識的人正在提問。我想那是我聽過最緩慢的發言——當他問完時，我很難記住問題的開頭是什麼。但一會兒之後，我發現他具有敏銳的心靈，能直入基本議題而不洩漏自己的觀點，除了一點：他窮究到底的決心。」註12

但他的孤僻還是讓人難以理解。沒人知道他在想什麼。人們問他的妻子，他是否眞是社會主義者；她不得不說，她自己也不知道。他從未卸下盔甲；以斯文有節的客觀態度剝除世界的感性內涵，而不讓可能穿透其心防的人進入伸手可及之處。曾有個學生問他：「告訴我，韋伯連教授，您會認眞對待任何一件事嗎？」他神祕地低聲回答：「會，但不要告訴別人。」

他會因熬夜讀書而憔悴不堪地進入教室，把厚重的德文書扔在講台上，用被香菸燻黃的有力手指開始翻頁（喜歡抽昂貴的香菸是他唯一的虛榮表現）。上述是他較晚期的情景，卻能幫助我們瞭解這個人。曾在他門下的霍華德・伍爾斯頓牧師（Reverend Howard Woolston）如此描述：「他用低沉、緩慢的語調，開始詳述早期日耳曼人的村落經濟。當他讀到新興貴族所提出，且被〔227〕教士認可之某些不公正的法律擬制時，露出嘲諷的笑容和陰鬱的眼神。他以辛辣的諷刺，來剖述貴族的願望即是上帝意旨此一讓人們痛苦的假設。他說現代制度也有類似意含。他輕聲低笑，然後回到歷史，繼續講解。」註13

但並非每個人都欣賞他的教學方法。他覺得學生愈少愈好，也沒試過讓討論過程變得生動活潑；實際上，他以趕走學生爲樂。他曾問一個信教的學生，她教會的價值是否比得上一小桶啤酒；又有一次，某個認眞抄筆記的學生請他重複一個句子，他卻說，他認爲此話不值得重提。他說話含糊、漫不經心、偏離主題。上課的人漸漸變少，有一次最後只剩下一個學生，後來在另一間大學，他們上的時間表原本寫著：「韋伯連，十到十一點，週一、週三、週五。」而後逐漸減少到：「週一：十點到十點〇五分。」

但少數能仔細傾聽那令人厭倦的懶散話語的人，會有所收穫。一位聽課的學生後來說：「怎麼這麼恐怖，好像死人正在慢慢說話一樣。就算把睡著的學生背後的燈關掉，也不會有什麼差別吧？但我們日復一日地聽下去，發現這種不尋常的方式，卻與一個超越事物表象，不帶感情而又有點諷刺的智者深相契合。他超然而無拘無束的才華很引人入勝，但人格似乎不健全。他學識淵博，使人感到非常驚訝而又愉快。他記憶細節的能力勝過大多數人，但仍能把握全局……他平靜的話語可能在這一分鐘還靈巧地運用當前的俚語或打油詩，來點出某項主張，在下一分鐘卻引述一節又一節的中世紀拉丁文頌詩。」註14

他的家務和他要闡明的政治經濟學一樣糾纏不清。他跟妻子艾倫一起住在芝加哥，但名聲還〔228〕
是愈來愈差，令哈勃校長不悅。當他過分到和另一個女人一起出國時，教職就保不住了。於是他開始另謀出路。

編註

6美國哲學家，與杜威合著有《倫理學》（*Ethics*）一書。

他在芝加哥待了十四年，一九〇三年時年薪高達一千美元。這些年的光陰絕未白費，他好學不倦的精神終於開花結果。他寫了一系列才華洋溢的文章，還出了兩本不同凡響的書，因此舉國聞名——雖然古怪可能是讓他出名的主因。

韋伯連四十二歲時撰寫第一本書，那時他仍是低級講師。該年他向校長哈勃要求循例加薪數百美元。哈勃說他並未充分為校爭光。韋伯連說，他不打算這麼做。若不是勞夫林從中斡旋，韋伯連將離校而去。倘若如此，哈勃校長將失去最好的宣傳機會，因為韋伯連的《有閒階級論》（*The Theory of the Leisure Class*）即將問世。那時並無跡象顯示他預料該書會給人特別的印象。他曾將該書讀給某些學生聽，淡然地說，他們會發現它音節很多。該書曾多次重寫，才被出版商接受。不料它竟造成轟動。威廉・丁・霍威爾斯（William Dean Howells）[編7]為此書寫了兩篇長文評論，該書竟在一夕間成了當時知識界隨身必備之物。一位著名社會學家告訴韋伯連「它震驚了東岸人」。[註15]

從沒有一本書用如此辛辣的筆調從事嚴肅分析，難怪它會引起注意。某個隨意拾起這本書的人，會為其頑皮的眼光、帶刺的措詞和苛刻的社會觀而暗自發笑。其中荒謬、殘忍、野蠻的成分，與理所當然的事物、習俗以及自然的操作緊密交織在一起。其效果令人震驚，古怪又有趣，〔229〕而用字遣詞也很精緻。在此引述一小段以供參考：

……法國某國王……據說因拘禮過甚而喪生。專責移動御座的侍從不在，國王仍毫無抱怨地端坐在火爐前，於是龍體被燻烤而不治。然而此舉使他保全了基督教君主的無上尊嚴，免於卑賤雜務的玷汙。註16

多數人認爲該書無非在諷刺貴族階級，是對富人的愚蠢與怪癖的有力攻擊。表面看來確是如此。韋伯連用華麗的筆調渲染出主題：有閒階級大肆鋪張（不論公開與否），以彰顯其優越性。而有閒本身的特徵，因在大眾面前炫耀而得到進一步滿足。有上千個例子尖酸刻薄地檢視了此一態度，那就是「愈貴」就「愈好」。例如：

我們都由衷而且無疑地感覺到，我們的精神層面會因擁有財產而提升：甚至在家居生活中，日常進餐時，高檔桌巾上要擺手工銀餐具與手繪瓷器（雖然其藝術價值往往可疑）。當我們已習慣此種有價值的生活水準後，任何退步都會被認爲有損人類的尊嚴。註17

該書大部分在詳細檢查我們日常生活中經濟的精神病理學：金融禮儀的準則被當作剛出土的古文物一樣，予以徹底而詳細地解釋。於是人人讀得津津有味：在一個滿是廣告宣傳，人人競擺

編註

7 美國寫實主義小說家與文評家。

排場的國家中，對於自身的寫照只能可憐地搖頭表示欽佩。

但關於我們喜歡炫耀的嗜好的描繪，不管多麼有趣和切中要害，都只是書中的例子而已。書〔230〕名清楚表示，它是有閒階級**理論**的研究。雖然韋伯連可以在中途停下，對較突出的景物加以評論，但他關心的仍是旅程的終點：經濟人的本質是什麼？在建立社群時，有閒階級如何出現？閒暇本身的經濟意義是什麼？

古典經濟學家會憑常識答覆這些問題。他們看到世人理性地追逐己利。有時獸性占上風，例如馬爾薩斯便認爲勞動階級會絕望地不斷繁殖。但總的來說，人類還是被描述爲一群理性生物。競爭中成王敗寇，而那些夠好運或聰明的人成功後，當然要利用其財富把工作量減到最低。這一切都非常簡單且合理。

但韋伯連認爲這種人性觀沒什麼道理。他不完全相信，將社會束縛在一起的力量是出於理性計算之「自利」的交互作用，甚至也不完全相信，閒暇本身比工作更可取。他讀到許多鮮爲人知的民族：美洲印地安人、日本愛奴族（Ainus）、尼爾基里丘陵（Nilgiri hills）的托達族（Todas）[編8]，以及住在澳洲樹叢中的民族。在這些民族單純的經濟體中，有閒階級似乎完全不存在。更引人注意的是，在這種必須以勞動維生的社群裡，人人有工作，沒有一種任務是低賤的。他們經濟的積極驅力並非盈虧考量，而是一種自然敬業精神及對後代的關懷。人人皆力求在〔231〕其日常工作中出人頭地，不工作（閒暇）即使被原諒，但也絕不會被尊敬。

韋伯連也注意到另一種社群。玻里尼西亞人（Polynesians）、古冰島人，還有幕府時代的封建日本人屬於另一種前工業社會，擁有明確的有閒階級。要注意的是，這種階級的人並非無所事事。正好相反，他們是社群中最忙碌的。但他們的「工作」都是掠奪性的，靠武力或狡詐來**奪取**財富，不靠力氣或技藝從事實際財富的生產。

雖然這些有閒階級不事生產，社群卻全然認可。因爲這些社會不僅富裕到養得起一個非生產階級，而且也有足夠的侵略性以讚揚此階級。這種階級的人不僅未被視爲浪費者或掠奪者，反被奉爲堅強能幹的人。

結果，對工作的態度發生根本的改變。有閒階級的活動——用武力贏取財富——被認爲莊嚴可敬。相形之下，純粹勞動卻遭鄙視。古典經濟學家認爲好逸惡勞是人的天性，韋伯連卻認爲，它是曾經的高尚生活方式在掠奪精神影響下的一種墮落；一個崇尚武力與蠻勇的社群不會對人類的勞動給予祝福。

但是，所有這些跟美國和歐洲有什麼關係？關係很大。因爲在韋伯連眼裡，現代人與其野蠻祖先不過是一丘之貉。可憐的艾基渥斯會爲這個觀點不寒而慄，因爲這是用武士、酋長、巫醫、勇士和一群順民來取代他的愉悅機器。韋伯連在他後來的論文寫道：「野蠻生活的紀律，在一切人種的生活史上顯然最爲持久，可能在各文化階段中也是最嚴格的，因此人類仍承繼了此特性，而且這種野蠻本性必將無限延續。」註18 〔232〕

編註

8 居於南印度尼爾基里丘陵的農業部落，因其與鄰近部落的居民種族殊異，而引起諸多人類學家的好奇。

所以韋伯連在現代生活中，看到過去的傳統。有閒階級改變了它的職業，改進了它的方法，但目標還是一樣——以掠奪手段占有財物且不必工作。當然，它不再追求戰利品或女色，**那種**野蠻習性已不復見。但它追求金錢，而累積金錢並或明或暗地炫耀財富，就成為印地安人掛在帳篷外的人頭皮的現代翻版。有閒階級不只維持古老的掠奪模式，個人的力量也依舊被推崇。社會認為有閒階級的成員比較好鬥而可畏，因此下層百姓便想要有樣學樣。工人、中產階級與資本家，人人都試圖以鋪張的方式——其實就是浪費——來展示掠奪本領。韋伯連解釋道：「為了被社群看重，必須符合某種含糊的財富標準；這與早先掠奪階段的野蠻人必須符合部落對體力、智巧與武藝的標準相當。」[註19] 類似的是，在現代社會中要以力相爭才能服人，而在此過程中，以非掠奪方法謀生（例如工作）的人，「本能地」感到屈辱。

聽起來很牽強？我們通常不認為自己是野蠻人，對這種比喻會感到不安或予以藐視。但它雖然奇怪，韋伯連的觀察卻蘊含真理。社會**的確**認為體力勞動不如坐在辦公室裡有教養的工作。至少就成功人士而言，財富往往也累積到超越合理需要的程度。我們無須接受韋伯連的人類學解釋（其中像對野蠻生活的「紀律」假定，就當代對原始社群的研究而論，便相當薄弱），但仍可 〔233〕從他的主要見解中獲益——根深柢固的非理性因素比十九世紀將人類行為美化為理性與常識的作法，更有助於理解經濟行為的動機。

我們無須在此深究這些心理學或人類學的非理性因素。只要知道在追溯行動本源時，在可喜的合理性之下還深埋著一層土壤，這樣就夠了。比方說，林德夫婦（Robert and Helen Lynd）

在其經典研究《中產城鎮》（*Middletown*）中，發現大蕭條期間人們會先縮衣節食，然後才減少「必要的」享樂開支，只有勞動階級中最貧窮的部分不是如此；只要看看任何雜誌的廣告頁，就能得知當代中等與上層階級爲炫耀而炫耀的行爲標準。沒人能免於競相模仿的荼毒。韋伯連關於掠奪性野蠻人的看法，至少在文學方面有助於我們瞭解自己。

還有最後一項結論。把現代人視爲幾乎未開化的野蠻人，不僅解釋了有閒階級的存在，並承認炫耀爲正常開銷而已；它還提供了社會凝聚力本質的線索。較早的經濟學家並未很成功地解釋，當社會組成階級的利益面臨重大分歧時，是什麼力量把社會束縛在一起。設若馬克思的觀點正確，當無產階級毫不妥協，正面反抗資本家時，什麼因素阻止了革命爆發？韋伯連提供了答案。下層階級並非與上層階級針鋒相對；一種無形但如鋼鐵般堅固的共同態度，將他們束縛在一起。工人不想取代他們的經理，而是想**仿效**他們。他們皆默認自身的工作不如雇主的工作「體面」，但他們不想擺脫其上級，而想讓自己爬上那個階級。一種社會穩定論的核心，位於有閒階級的理論中。

8

在一八九九年《有閒階級論》問世後，韋伯連出名了——雖然是以諷刺作家而非經濟學家著〔234〕稱。激進分子和知識分子崇敬他，但他對此不屑一顧。他的經濟學同儕還在懷疑他是不是社會主義者，不知該不該認眞看待他。因爲他在一句話中讚揚馬克思，卻在下一句批評他；他最嚴肅的社會批判往往隱藏在聰明的玩笑中，可以當成病態的幽默，也可以當成肺腑之言。

但韋伯連同時也在撰寫另一本書——他自己對商業體系的定義。他寫信給熟識的格列哥里夫人（Mrs. Gregory）說：「這本書，我認爲更『超過』，或者如看過它的朋友們說的，更離題。它的書名就叫《企業論》（*The Theory of Business Enterprise*）——這題目能讓我避免事實的糾纏，自由地建立理論。」註20

這本書於一九〇四年出版。不論真實與否，它都比第一部著作更出色，也更古怪。因爲它提倡的觀點，似乎與常識大相逕庭。從亞當・斯密的時代起，每個經濟學家都把資本家看作經濟場景的推動者，不論是好是壞，他被普遍認定爲經濟進步的主要動力。但韋伯連把這一切顛倒過來。商人仍是主角，但不再是動力。如今他被描繪成體系的**破壞者**！

不用說，這種奇特的社會觀讓人倉皇失措。韋伯連不像李嘉圖、馬克思或維多利亞時代的經濟學家那樣，以人類利益的衝突爲出發點；他從非人的技術底層著手。機器讓他著迷。他認爲社會受制於機器，爲其標準化作用襲捲、速度由其規律的運作週期安排、適應其對正確與精密的堅持。更有甚者，他設想的經濟過程根本就是機械性的。經濟意味著生產，而生產意味著社會在〔235〕
製造貨品時像機器一樣緊密協調。這樣的社會機器當然需要技師和工程師來照料，從事必要的調整，確保各方面最有效的合作。但從全面看，社會最好被視爲一個巨大而純然講求實際的機械，一個高度專業化、高度協調的人類裝置。

商人在這系統中置身何地？商人圖利，而機器和其工程師主人只知製造貨品。若機器運行良好，配合順暢，那唯利是圖的商人將處於何地？

照理說，商人無處容身。機器製造貨品，不關心價值與利潤。因此商人除非變成工程師，否則無用武之地。但身爲有閒階級，他對工程沒興趣，他要的是資本累積。這卻不是機器的使命。於是商人達成目標的方法不是在社會機器架構內工作，而是陰謀搗亂！他不幫忙製造貨品，卻破壞正常生產的連貫性，使價格波動以混水摸魚。於是商人在世界實際生產之機械的可靠性上，打造了一個信用、貸款與虛假資本額的上層建築。社會在下依機械常規運轉，金融結構在上翻雲覆雨。與現實世界對應的金融結構搖擺不定，而獲利的機會便旋生旋滅。但這樣牟利的代價很高，經常擾亂、毀壞甚至故意誤導社會的生產工作。

乍聽之下這令人震驚。商人竟會**妨礙**生產利益，這論調比異端更糟，聽來很愚蠢。

但在我們斥此爲憤世嫉俗的怪論前，先回顧韋伯連論述的背景。別忘了，那個美國工業年代被馬修．約瑟夫森（Matthew Josephson）[編9]貼切地稱爲土豪劣紳的時代。〔236〕我們已看到企業大亨們傲慢、專橫、恬不知恥地弄權，就像蠻族酋長一樣，而我們也知道他們爲了達成掠奪性的目標，無所不用其極。儘管如此，還不足以證明他們在搞破壞。爲此我們得檢視這些土豪劣紳更進一步的缺點：**這些人對生產貨品並無興趣**。

我們可以從一八六八年的案例來說明。作爲工業史上一個充滿貪欲的註腳，顧爾德與凡德

編註

9美國傳記作家，生於紐約，在巴黎從事文字工作，對美國本土的工業主義深有詆毀。

堡在爭奪伊利鐵路（Erie Railroad）的控制權。顧爾德及其人馬被迫搭船渡過哈德遜河（Hudson River）逃走，退守紐澤西的一家旅館。重點並非他們原始的戰鬥，而是他們對實際的鐵路本身漠不關心。當顧爾德與凡德堡鬥爭時，他收到鐵路管理人的來信：

> 你的鐵路已破損到前所未有的程度，只有在澤西市和沙拉曼卡（Salamanca）或水牛城（Buffalo）間的一小段，能安然正常地行駛。許多部分，唯有將整列火車減慢至時速十或十五英里以下才安全。[註21]

當意外事故層出不窮時，該鐵路的一位副總裁說：「大家自己當心，我已盡力而爲。」——他是說他正瘋狂地補強公司搖搖欲墜的財務狀況。

顧爾德也不例外。在那美國金融黃金時代的群雄中，很少人關心其股票、債券和信貸結構的基本面。後來有位亨利．福特（Henry Ford）引入以認眞生產爲職志的工業領袖時代，但哈里〔237〕
曼（Harriman）家族[編10]、摩根家族、弗利克（Frick）家族[編11]、洛克斐勒家族之流，對於操弄鉅額無形財富的興趣，仍遠高於單調地製造貨品。舉例來說，在一八八三年被大家稱爲企業英雄的亨利．維拉德（Henry Villard），在該年努力完成了「金釘鐵路」（Gold Spike），連接起他橫貫北美的「北太平洋鐵路」。數以千計的人爲此歡呼，「坐牛酋長」（Chief Sitting Bull）正式將蘇族（Sioux）[編12]的打獵用地割讓給鐵路公司（他特別因此獲釋）；而經濟學家們宣稱，維拉德的財務瑕疵，相較於他的組織才華簡直微不足道。但他的仰慕者若看過其鐵路事業的對手詹姆斯・希爾（James Hill）寫的一封信，也許會有不同感受。他以較為冷靜的目光審視維拉德帝國，並宣稱：「……鐵路位置適宜，其中某些地方很富裕，可供賺取大筆運費；但為了炫耀而投入過多資本，路徑與坡度的選擇也非常差。**實際上它得重建**。」註22

最後一個例子：一九〇一年美國鋼鐵公司的建立。在韋伯連看來，這個鋼鐵集團是生產鋼鐵的龐大社會機器，將廠房、熔爐、鐵路與礦場納入共同管理，以更有效率地協調。但在「設立」美國鋼鐵公司的人眼中，這只是次要因素。這家最終的怪獸公司實質資產約六億八千兩百萬美元，但藉此出售了三億〇三百萬美元債券、五億一千萬美元的優先股，與五億〇八百萬美元的普通股。換言之，該公司的財務規模為實質的兩倍，其普通股純靠虛無飄渺的「善意」支撐。但在創造這些虛有資產的過程中，摩根公司賺了一千兩百五十萬美元的費用，其他發起人獲得五千萬美元的利潤。開辦此事業共花費了一億五千萬美元。倘若這個新的壟斷事業能如韋伯連所設想，成為極有效率的產鋼機器，那也罷了。事實不然。十三年來，該公司每噸鋼軌報價二十八美元，然而它還不到製造成本的一半。換言之，技術統一化的所有好處，都被維持虛假財務結構的〔238〕

編註

10 哈里曼家族指由Edward Henry Harriman（1848-1909）帶領的家族，其為聯合太平洋鐵路與南太平洋鐵路的經營者。

11 弗利克家族指由Henry Clay Frick（1849-1919）帶領的家族，弗利克為美國的鋼鐵大王，也被稱為「美國最令人憎恨的人」（America's most hated man）。

12 北美印地安部族之一，原居於五大湖區，因遭受殖民者侵襲而被迫西移至南北達科他州一帶，坐牛酋長即為該部落之首長。

目的所破壞。

在那時，韋伯連的理論似乎並不離譜。它之所以刺眼，乃是因爲他幾乎是用野蠻的儀式，來描述被認爲是最有教養的行徑。商業大亨的功能與實際管理生產機器之人的功能，確實大相逕庭。此事實便是支持韋伯連基本命題的絕佳證據。金融策略的大膽遊戲既能促進貨物流通，也能加以干擾。

奇怪的是，這本書不像《有閒階級論》那樣轟動。《企業論》僅在專業圈內流傳，不像前一本書震撼了全國知識界。它難度更高、技術性更高，甚至包含少數公式，或許是爲了向學者表明，只要他願意，也**能**寫出「技術性」的經濟學。但在他漠然、平淡文章背後的主導精神，還是昭然若揭。對韋伯連而言，無論商人或替他們辯解的人，用供給需求或邊際效用的精巧理由來遮掩其活動，商人在本質上就是掠奪者。後來韋伯連在〈工業巨頭〉（The Captain of Industry）一文，描述他實際所見之商人。他用「伺機而動」這個詞來說明企業家的功能：

> 無疑地，「伺機而動」這個詞起初可用來描述已達老謀深算之年的蟾蜍心態；這蟾蜍已找到命定的處所，會有許多蒼蠅和蜘蛛一再路過，接受全知而仁慈的上帝寵召，完成其天命；但這詞也可輕易地轉用來適當地描述，受健全商業原則指導之工業巨頭的成熟狀態。這種蟾蜍的面孔滿布著某種淡然的自負，而身軀則給人金字塔般的穩重感。註23 〔239〕

但韋伯連避免在《企業論》中使用這種詞令，因爲他腦海中有個嚴肅的目的——提出一種社會變遷理論。更精確地說，這是個商人和供養他的體系終將衰退的理論。韋伯連相信這些商業領袖的時日無多，儘管他們有權有勢，卻遭遇可怕的敵手。它不是無產階級（因爲《有閒階級論》已表明下層民眾如何瞻仰其領袖），而是一個更難擺平的敵手：機器。

因爲韋伯連認爲，機器會「趕走擬人的思維習慣」。[註24]它迫使人們講求實際，根據精確可測的事物，而非迷信與泛靈論來思考。因此那些接觸機器程序的人發現，愈來愈難接受「自然法則」和圍繞著有閒階級的社會分化設想。於是社會分裂了；不是窮人對抗富人，而是技術人員對抗商人、機械工對抗軍閥、科學家對抗墨守儀式者。

在隨後出版的一系列書籍，主要在《工程師和價格制度》（*The Engineers and the Price System*）和《近代遙領所有制和企業》（*Absentee Ownership and Business Enterprise*）中，他更詳盡地說明此「革命」。最後來自社會的工程師兵團將接管商業體系的亂局。他們已掌握實際的生產權力，不過還未察覺商業體系與眞正工業的體系無法相容。但總有一天他們會彼此會商，不再受「不在位所有者」的拘束，而根據宏大有序之生產機器的原則來管理經濟。假如他們不這樣做呢？那商業掠奪性將增加，最後墮落成純粹以力服人、特權橫行、武斷指揮的體系，商人被捲土重來的舊軍閥取代。我們會將這體系稱爲法西斯主義。

但是對於在一九二一年寫作的韋伯連而言，這一切都是很久以後的事。《工程師和價格制度》的最後一句是：「在這種情況下，不可能適度地讓體系守護者或大批富裕的不在位所有者感

〔240〕

到不安。時機未到。」註25「時機未到」是他的典型想法。儘管他刻意保持客觀風格，但基本態度充斥於字裡行間。不過這不是指個人的基本態度，與私人恩怨無關，而是一個與眾不同，認爲一切都瞬息即逝，而儀式與虛假終將被其他事物取代之人，頑皮且嘲諷的超然態度。

這不是對他言論做出評價的時機，還要等一會兒。但我們可以提一個奇怪的對照。韋伯連的非專業方法，使我們想到一位最不像韋伯連的人物——那位怪異而半瘋狂的烏托邦社會主義者聖西門伯爵。別忘了，聖西門也頌揚生產者，嘲弄那些做裝飾用的官僚。想到聖西門曾嘲笑「閣下是君王的弟兄」之說，或許對韋伯連藐視商業霸主之態度的批判就會緩和些。他們都讓大家震驚。

一九〇六年，韋伯連離開芝加哥。他開始揚名海外，曾參與挪威國王駕臨的宴會。一種稀有的炫耀之情讓他把那次宴席的菜單寄給母親，後者因爲兒子能與一位國王會晤而深受感動。但他的私生活卻不順利。雖然他有著作，還剛升上助理教授，但他調情過了頭，與哈勃校長提倡的校風大不相同，有損校譽。

他想另覓新職，但名聲實在是毀大於譽，因此非常困難。最後他去了史丹佛（Stanford）。他令人生畏的學識、不與人接觸的個性以及外遇傾向等名聲，也如影隨形，而且還被充分地證〔241〕
實爲眞。他令人惱怒地拒絕承擔任何義務。少數能忍受這種行徑的同事對他印象深刻，而他也以「最後一個萬事通」著稱。不過他的私生活並未改變：某一個朋友想圓滑地將待在他屋裡的年輕女子當作他的侄女。韋伯連卻說：「她不是我的侄女。」還眞是一語道破。

他的妻子在一九一一年和他離婚。他必然是讓人無法忍受的丈夫（他把愛慕者的來信，放在妻子一定會發現的口袋裡），可悲的是，希望婚姻能步上正軌的是他太太。但這想法終究成空。某次艾倫以爲自己懷孕，韋伯連驚惶地把她送回老家。他認爲自己完全不適合當父親，並以男性在家中並不重要的人類學論證，將自己的恐懼合理化。離婚終於無可避免。艾倫在一封自憐的長信結尾寫道：「雖然韋伯連先生離婚的條件，是每個月給我二十五美元——但恐怕他未必會付。」她說對了。

離婚那年，他又換到密蘇里大學（University of Missouri），住在朋友達芬波特（**Davenport**）家中。此人是著名經濟學家，一位在地下室裡寫作的孤獨而特異的人。但這是韋伯連生產力旺盛的時期。他回顧在芝加哥的日子，把它總結爲由教育中心墮落爲強力公關中心與足球運動中心，寫出美國大學從未遭遇過之最尖酸的評論：《美國高等教育》（*The Higher Learning in America*）。寫作期間，韋伯連半眞半假地說，此書副標題應爲「一項對全面墮落之研究」。

但更重要的是，他把目光轉向戰爭威脅已迫在眉睫的歐洲。他用這些刻薄字眼，把德國世襲好戰的政府比做絛蟲：「……絛蟲與宿主的關係不容易用言詞美化，甚至要基於用途和習慣，透過足以服人的方式來證明其樂於存活的合理性，也不容易。」[註26]這本《德意志帝國和工業革 〔242〕
命》（*Imperial Germany*）命運多舛，雖然政府宣傳部門爲了戰爭而要加以利用，但郵政部門發現它對英美語多貶損，而禁止投遞。

戰爭終於降臨，而他前往華盛頓效勞。對他而言，愛國心只是野蠻文化的另一種症狀，但他本人卻不缺乏這種精神。可是在華盛頓，他像個燙手山芋被扔來扔去，人人聽過他，卻沒人要用。最後把他擱在一個不重要的食品管理崗位上。在那裡他仍按自己的作風辦事：撰寫備忘錄以提出增加農產的最佳方案。但其建議涉及農村社會與商業方式的全面重組，於是官員們說它「很有趣」，然後晾在一邊。他提議對雇用家庭幫傭的人課徵重稅以釋出人力，也未被接受。這就是典型的韋伯連式提議：男管家和男僕「的特色就是體格特別健壯，只要經過日常工作鍛鍊，就可以強化肌肉，減去肥油，成爲合格的裝卸與搬運工」。

他於一九一八年到紐約，爲自由派雜誌《日規》（*Dial*）[編13]撰稿。他適才出版了《和平本質之探究》（*An Inquiry into the Nature of Peace*），大膽聲稱歐洲面臨兩個選擇，繼續保存帶有野蠻戰爭動機的舊秩序，或放棄商業體系。起初有人討論此方案，後來就不流行了。韋伯連在《日規》中兜售此說，但該雜誌的銷量卻逐期減少。他獲邀到擁有杜威、查爾斯·A·比爾德（Charles A. Beard）[編14]；羅斯科伊·龐德院長（Dean Roscoe Pound）[編15]等傑出人物新成立的社會研究新學院講課。但連這也讓人失望。他講課還是一樣含糊，開的課起初場場坐滿，但不久就只剩一丁點人。

韋伯連的聲望與失敗奇異地混合在一起。H·L·門肯（H. L. Mencken）[編16]寫道：「韋伯連主義光彩奪目。有韋伯連主義者、韋伯連俱樂部，以及可以治療世上一切傷心事的韋伯連療法。在〔243〕

芝加哥曾經有韋伯連女孩——大概是長大成為中年、絕望的吉布生女孩（Gibson Girls）[編17]。」[註27]

但就他本人來說，則什麼都不是。他的半身雕像擺在社會研究新學院的大廳，讓他非常難堪。該雕像終於被搬到沒那麼顯眼的圖書館中陳列。在個人事務方面，他幾乎已無法自理，日常生活的問題得靠威斯利．密契爾（Wesley Mitchell）、伊薩多．盧本（Isadore Lubin）等忠實學生協助處理。這些人也都已是重要經濟學家。曾有段時間，他熱切地注視新世界來臨的跡象：一個工程師和技術人員的時代，而他盼望俄國革命會開創這樣一個時代。但他對所見感到失望。新學院的霍拉斯．卡倫（Horace Kallen）[編18]寫道：「當事情不如預期時，他顯得心灰意懶，呈現轉向死亡的徵兆……」

他很晚才被邀請出任美國經濟學會會長。他拒絕了，並說：「當我需要這個職位時，他們卻不給我。」最後他回到加州。約瑟夫．多爾夫曼（Joseph Dorfman）在一本最可靠的傳記中說，

編註

13 一八四〇至一九二九年間斷續發行的美國雜誌，先是以充滿烏托邦色彩的超驗主義為其主題，一八八〇年以一本政論性雜誌復刊，一九二〇年間則轉而介紹現代主義文學。

14 Charles Austin Beard（1874-1948），美國知名進步主義歷史學家（progressive historian），著有包括《美國文明的興起》（*The Rise of American Civilization*）在內多本美國史專著。

15 Nathan Roscoe Pound（1870-1964），美國教育家與法學家，曾任哈佛法學院院長。

16 Henry Louis Mencken（1880-1956），美國新聞工作者與諷刺散文家。

17 美國插畫家Charles Dana Gibson（1867-1944）的筆下人物，有著理想女性典型的風貌，高瘦而曲線玲瓏。

18 Horace Meyer Kallen（1882-1974），猶太裔美國哲學家，師承桑塔耶納（George Santayana, 1863-1952）。

韋伯連抵達他在西部的一間小屋，認爲有人非法竊據他的土地。「他拿起斧頭，有條不紊地把窗戶打破，看來笨手笨腳，就像個懶散的人被激怒後，突然採取的行動。」[註28]結果是一場誤會，而他就在那裡安頓下來，使用自家製造的質樸家具，必然讓他想起童年。他穿著從西爾斯—羅巴克百貨（Sears, Roebuck）郵購來的粗糙工作服，不驚擾自然界中的一草一木，讓老鼠和臭鼬在他腳邊掠過，在他的小屋裡探險，而他一動也不動地坐著，沉浸在不愉快的遙想中。

回想起來，這段人生既不快樂也不成功。他於一九一四年再娶的妻子有被害妄想症，因而入院治療；朋友們和他相距甚遠；他的著作吸引了業餘愛好者，但大致上爲經濟學家所忽視，至於工程師對此則一無所知。

他已七十歲，不再寫作。他宣稱：「我決定遵守安息日的規矩。這眞是個美好的安息日。」〔244〕他的學生來看他，發現他比以前更遙不可及。他被人奉承，還收到自命爲其追隨者們的來信。其中一封問到：「能否告訴我，早年你是在芝加哥的哪一棟房子寫作的？如果可以，請告訴我是哪間房間好嗎？」還有一個在讀完《企業論》後寫信請教他如何賺錢。

在一九二九年大崩盤前幾個月，他過世了，留下一份遺囑以及這份用鉛筆寫成的未署名指令：「我也希望死後火化，力求省時省錢，勿舉行任何儀式或典禮，將骨灰投入大海，或投入流向大海的河中；無論何時何地都不要有任何的墓碑、墓誌銘、肖像、牌匾、題詞或紀念塔之類關於我的事蹟或名字的紀念物，不要有關於我的訃聞、紀念活動、相片或傳記，不要刊登我往來的信函，也不要以任何方式重製、拷貝或流通。」[註29]

他的要求一如往常地被忽略：他的遺體被火化，骨灰被灑到太平洋，但立刻有人開始撰文紀念他。

我們該怎麼理解這位怪人？

他顯然走極端。例如在描述有閒階級的特性時，在這一頁描繪得很出色，而在下一頁則加以諷刺。當他在我們接受的審美標準中，辨識出隱藏的財富因素時，俏皮地說：「紳士的帽子和漆皮鞋的光澤，不會比破舊衣袖的類似光澤美麗。」註30 這言之有理，我們必須溫順地承認自己品味中的勢利成分。但他後來說：「大眾對於節儉的建議幾乎與母牛密不可分，而這點一直妨礙該動物的裝飾用途。」註31 這就顯得荒謬。門肯不服氣地抓住這一點指出：「這位考慮重大問題的〔245〕
親切教授，是否曾在鄉下散步？若有，他是否曾經過母牛的牧場？若曾經過，他有沒有到母牛的尾巴後面瞧一瞧？若有，他是否只是漫不經心地走過去……？」註32

韋伯連對商人與有閒階級本身特性的描述，大致上也可用相同的方式批評。美國資本主義幸福美好時代的金融鉅子，無疑是土豪劣紳，而韋伯連對他們的描繪雖然粗野而又讓人不自在，卻很接近事實。但商業制度很像英國王室，可以自我調整以適應鉅變的世界。韋伯連就像馬克思一樣，對商業制度調整的程度並未認眞探究。更接近韋伯連自己的方法，從而也更加重要的一點是，他沒看出將生活全面重新安排的機器，會改變企業功能的本質，正如它會改變工人的思考過程一樣。商人本身負責管理巨大而持續運作的機器，不得不變得愈來愈像官僚。

韋伯連對機器的迷戀確實讓我們有點顧慮；這麼沒情調的思想家是很刺眼。機器可能讓我們講求實際，但是實際什麼呢？「摩登時代」（*Modern Times*）裡的查理．卓別林（Charlie Chaplin）並不是個快樂或是適應良好的人。一個工程師兵團可能更有效率地管理我們的社會，但能否管理得更順應人情則是另一個問題。

然而韋伯連確曾指出一項變遷的中心過程。在他的時代，該過程分外明顯，卻很奇怪地被那時的經濟學家忽略。**那過程就是技術與科學開始主導現代社會變遷——的確，作為制度性力量，其整體的出現界定了現代**。因此它在許多方面既是一項歷史願景，也是一項經濟願景。韋伯連看出，邁入技術時代是歷史上的偉大時刻，將機器引進到生活最大範圍內的最細微縫隙中，就和人〔246〕類學會馴養動物或住到城市中一樣具革命性。就和其他明顯但未被看出的偉大發現一樣，韋伯連操之過急地預期可能要花上好幾個世代，甚至好幾世紀的歷程，要在數十年乃至於數年內發展成熟。但意識到機器是他那時代經濟生活的主要事實，是他的功勞。光憑這個傑出見解，就足以列入俗世哲學家之林。

他也賦予經濟學看世界的新眼光。在韋伯連對日常習俗的野蠻化描述後，新古典人士將社會描繪成彬彬有禮的茶聚景象，變得愈來愈難維持。他曾以帶刺的文字嘲笑維多利亞學派：「一群在船隻殘骸與浪花之間行走，拿著耙子，念著咒語，以捕捉貝類的阿留申島人（Aleutian Islanders）聚在一起……忙著慶祝他們在地租、工資和利息方面達成快樂平衡的英勇事蹟。」註33古典派試著將原始人類鬥爭納入一個沒有血肉的架構中，以解決問題。韋伯連對此予以嘲笑。他還強調用一套不完善且過時的先入之見來理解現代人的行爲，是白費心機。韋伯連說，人無法以精緻的「經濟法則」來理解，在那之中，人類的凶殘與創意都會被理性化的虛有其表扼殺殆盡。他用不那麼令人滿意，但更根本的人類學或心理學詞彙，將人類更恰當地稱爲：具有強烈非理性欲望、容易受騙、天眞而又墨守成規的生物。他要經濟學家拋棄令人滿意的想像，並找出人類實際行爲的原因。

他的門生，偉大的經濟學者密契爾對韋伯連做出這樣的總結：「韋伯連的影響讓人不安——那位來自另一個世界的訪客，對學者在無意中習以爲常的事物加以仔細分析，而日常思考中最熟〔247〕悉的部分，對他而言好像是外力造就的奇妙產物。在社會科學領域裡，沒有其他能像這樣擺脫環境微妙支配的解放者，也沒有其他人能像這樣擴展探索的視野。」註34

第九章　凱因斯的異端學說

人多以為世上的財富，是由於各人自願節制消費的立即享受，而費力地積累起來的。我們稱之為節儉。但光憑節制顯然不足以建立城市或開闢田園。……建設並改進世上財物的是企業……如果企業在前進，不管是否節儉，財富都會積累；如果企業靜止不動，不論如何節儉，財富都會萎縮。

韋伯連在離世前幾年，突然投入證券市場，這件怪事跟他的性格不符。一位朋友勸他買某石〔248〕油公司的股票，而考慮到晚年財務問題的韋伯連，就拿出部分儲蓄來冒險。起先略有所獲，但如影隨形的厄運，讓該股上漲之際碰上當時的石油醜聞。他的投資最後變得一文不值。註1

這件事除了顯示出韋伯連盔甲上另一個小弱點之外，本身並不重要。然而從另一個脈絡來看，這起不幸事件很有啓發性。因爲讓全美國失去理智的眩目誘惑，連這位韋伯連最清醒的觀察者也上鉤，誰還懷疑美國不會永保繁榮呢？

繁榮跡象誠然處處可見。美國在二十世紀二〇年代後期，就業人數達四千五百萬，工資、地租、利潤和利息總額約七百七十億美元，是世上前所未有的高收入。赫伯特·胡佛（Herbert Hoover）編1認真而坦率地說：「藉上帝之助，貧窮將於不久後在我國絕跡。」他或許過於短〔249〕視，但誰不這樣想呢？而且他所依據的是此不爭的事實：美國一般家庭在食、衣、住，以及生活享受等方面，都比之前的任何一般家庭更好。

這個國家擁有比土豪劣紳之海盜觀念更能振奮人心的自我形象。民主黨主席約翰·J·拉斯科布（John J. Raskob）爲《婦女家庭雜誌》（*Ladies' Home Journal*）寫了一篇文章，標題是〈人人都該是富翁〉（Everyone Ought to Be Rich.），可謂一語中的。拉斯科布寫道：「若一個人每週省下十五美元，並投資於績優的普通股，二十年後他至少擁有八萬美元，以及每月約四百美元的投資收入。他將成爲富翁。」註2

此計算只假定此人每年將百分之六的股息再投資。但還有更誘人的生財之道。相信拉斯科布公式的人若把股息**花掉**，只讓他的資金隨股價趨勢增長，他也會同樣迅速致富，而在過程中承受的痛苦卻少得多。假設他每週存下十五美元，於一九二一年買進七百八十美元的股票。到一九二二年，他的資金將爲一千〇九十二美元。若他每年再加碼七百八十美元，他會發現自己在一九二五年時的身價爲四千八百美元，一年後爲六千九百美元，一九二七年時爲八千八百美元，一九二八年時爲難以置信的一萬六千美元。難以置信嗎？到一九二九年五月時，他在世上的財產將超過二萬一千美元——而當時美元的價值爲一九八〇年代時的十倍。當「大多頭市場」幾乎不斷上漲了將近半個世代之久，把它當作致富的王道有什麼錯呢？理髮師或擦鞋者、銀行家或生意人，人人下注且人人贏錢。大多數人心中唯一的疑問是，爲何沒早想到這個辦法。

結局無庸多言。一九二九年十月那可怕的最後一週，崩盤了。對證券交易所的經紀人而言，一定像遇到尼加拉瀑布（Niagara）突然破窗湧入一樣，因爲不可收拾的賣單傾洩而出。完全精〔250〕
疲力竭的經紀人流淚而且撕開他們的衣領，呆若木雞地看著龐大財富像棉花糖一樣融化了。他們聲嘶力竭地試圖吸引買主的注意。那時關於他們的灰色笑話是這樣的：據說每一單位的高盛（Goldman Sachs）股票都附贈一把左輪手槍，而當你向旅館訂房時，櫃檯人員會問：「要睡覺還是跳樓？」

編註

1 第三十一任美國總統，任期自一九二九至一九三三年。

風暴過後，滿目瘡痍。兩年來的大漲，在這瘋狂的兩個月內賠光；四百億美元就這樣消失了。到了第三年年底，我們投資人兩萬一千美元的紙上財富減少了百分之八十；原來七千美元的儲蓄只剩四千美元。「人人皆富」的願景只是鏡花水月。

回想起來，這無可避免。股市建立在諸多貸款的支撐之上，只能承受這麼多壓力。而且這一派繁榮氣象的基礎本就搖搖欲墜。拉斯科布主席的退休公式在算數上夠精確，但一個平均薪資只有三十美元的人，怎麼存十五美元？

全國總收入之值誠然龐大，但顯然沒有利益均霑。社會金字塔頂端約兩萬四千戶的收入，三倍於被壓在底端之六百萬戶的收入——頂端幸運家庭的平均所得爲基層家庭平均所得的**六百三十倍**。這還不是唯一的缺點。在無盡繁榮甚囂塵上時有二百萬民眾失業，而銀行的門面雖富麗堂皇，但在崩盤前的六年間，平均每天有兩家倒閉。一般美國人還以自殺的方式來享受繁榮，竭其所能地抵押借款，在分期付款購物的誘惑下，危險地擴大開支，而且更大量買進爲數驚人的股票〔251〕——估計約達三億股。這不是以現股方式持有，而是被融資買進。於是命運就此注定。

不論結局能否避免，當時都很難看清。那時常常有頭面人物出來傳播國家運作良好的利多消息。即使像耶魯的厄汶・費雪（Irving Fisher）那樣著名的經濟學家，也爲繁榮的表象所騙，說我們正邁向「永恆的高原」——這成爲可怕的笑柄，因爲在此後一星期，股票即從該高原的邊緣跌落。

對堅信繁榮永無止盡的世代，其信心的最大打擊並非股市戲劇性的狂跌，而是國內的情形。

這些沉悶年頭的幾件事，有助於說明此事。在印第安納州，因獲選爲「密德鎮」而著稱的蒙夕（Muncie），於一九三〇年底時，每四名工廠工人就有一個失業。在芝加哥，多數女工時薪低於二十五美分，其中四分之一還不到十美分。單是紐約的鮑厄里（Bowery），每天就有多達二千名失業者排隊領取食物救濟。全國住房建築減少百分之九十五。九百萬儲蓄帳戶化爲烏有。八萬五千家公司倒閉。全國薪資總額減少百分之四十；股息減少百分之五十六；工資減少百分之六十。

這次大蕭條最使人沮喪的是，它似乎永無止盡，沒有轉機也無藥可救。一九三〇年，全國勇敢地唱著「幸福的日子又來了」（Happy Days Are Here Again），但國民收入從八百七十億美元陸降至七百五十億。一九三一年全國唱著「我賺了五塊錢」（I've Got Five Dollars），同時國民收入跌落到五百九十億。一九三二年的歌更糟：「兄弟，施捨幾分錢好嗎？」（Brother, Can You Spare a Dime?）——國民收入已縮水爲悽慘的四百二十億美元。

一九三三年之際，這個國家實際上已經衰竭，國民收入降至三百九十億美元。僅在四年之前 〔252〕
的繁榮景象，大半已消失無蹤；平均生活水準倒退二十年。在街角、家中，或是在被稱爲胡佛村（Hoovervilles）[編2]的貧民窟裡有一千四百萬名失業者。看來美國將一蹶不振。

編註

2民主黨全國委員會（Democratic National Committee）宣傳組長Charles Michelson所創的名詞，用以諷刺帶領國家走入經濟大崩盤的胡佛總統。

最難忍受的是失業。數以百萬計的失業者，阻礙了國家維生所需的循環。顯著的失業比任何教科書都更有力地顯示體系出了問題。此時經濟學家們絞盡腦汁，訴諸於亞當・斯密的精神，可是既無從診斷，也開不出藥方。失業——這種形態的失業——是不合理的，因此不可能出現。但它確實存在。

生產不足的同時，人們又找不到工作。試圖解開這個難題的人，照理說似乎該是一位左翼人士、一位強烈同情無產階級的經濟學家、一位憤怒之士。事實卻遠非如此。著手處理此問題的人幾乎是個業餘藝術的愛好者，毫無好勇鬥狠之氣。他多才多藝。比方說，他寫過一本關於數學機率的深奧著作，伯特蘭・羅素（Bertrand Russell）聲稱該書「再怎麼讚揚也不爲過」；[註3]然後他又結合深奧的道理與賺錢的天賦，藉由外匯與商品交易這種最爲變化莫測的致富途徑，積累了五十萬英鎊的財富。更讓人印象深刻的是，他的數學論文是在公餘時刻寫成的，至於積聚私財所花的時間，只是每天下床前的半小時。

但這只是他諸多面向中的一個例子而已。當然，他主要是個經濟學家——一位劍橋大學教授，擁有與此職位匹配的尊嚴與學識。但他挑選了著名的狄亞格烈夫（Diaghilev）芭蕾舞團〔253〕中一位主要的女演員爲妻，而未選擇有學識的仕女。他是英國頂尖藝文人士組成之布隆伯利（Bloomsbury）團體的寵兒，同時也是一間壽險公司總裁，多方兼顧。他是微妙國際外交事務的穩定支柱，但他的官方立場並未妨礙其取得其他歐洲政治家的資料，包括他們的情婦、精神疾病，以及財務偏見。他早在蒐集現代藝品流行之前就已這麼做，同時也是私家收藏世上最佳牛頓文稿的古典學者。他經營一間劇院，也是英格蘭銀行的董事。他認識羅斯福和邱吉爾（Churchill），也認識蕭伯納和巴勃羅・畢卡索（Pablo Picasso）。他玩橋牌時寧願選擇投機的玩法，而較不喜歡穩健的合約。他也像統計學家一樣喜歡獨當一面，會注意一局之中要花多長時間才會出現兩次主打。他曾說一生唯一的憾事，就是香檳喝得不夠多。

此人是約翰・美納爾・凱因斯（John Maynard Keynes）。凱因斯是古老的英國姓氏（發音與"rains"協韻），可以追溯到威廉・德・凱罕因斯（William de Cahagnes）和一〇六六年。凱因斯是傳統主義者，喜歡去想他家族的源遠流長。他的父親約翰・內維爾・凱因斯（John Neville Keynes），本身也確實是著名經濟學家。但其子青出於藍，好像集結了半打人的能力於一身。[註4]

他出生於一八八三年，就是馬克思過世那年。這兩位經濟學家生卒年先後銜接，又各自深刻地影響了資本主義體系的哲學，但他們卻大不相同。馬克思苦悶、沉重、沮喪，準備背水一戰；我們知道他草擬了資本主義的末日判決。凱因斯則喜愛生活，愉快、輕鬆，而且非常成功地創造 〔254〕
出可行的資本主義。或許我們可以將馬克思對於崩潰的熱情預言，歸因於他現實生活中顯著的神經失調；若是如此，那麼凱因斯重建資本主義的有力遊說，無疑能歸功於其生活的愉悅與成就。

凱因斯的童年處於維多利亞時代，他進入傳統學校，很早就顯露出卓越的才智。他四歲半時已自行想出利息的經濟意義；六歲時想知道自己的腦子怎麼運作；七歲時，他的父親認為他是「非常討人喜歡的同伴」。他進入古德柴兒德先生（Mr. Goodchild）的預備學校，在那裡展露出統御的天賦：他有一個幫忙拿教科書的忠順跟班，凱因斯協助他解決困難的家庭作業以換得此服務；凱因斯還與另一個他不喜歡的男孩簽訂「商務條約」，前者每週替後者從圖書館借一本書，而後者則不得進入前者十五碼之內的範圍。

十四歲時，他向伊頓（Eton）申請獎學金並獲准。與英國學校的恐怖故事相反，他既沒被殘酷虐待，理性也未受箝制。他容光煥發、成績優異、得獎累累；替自己買了件淡紫色背心、學會品嚐香檳；他長高之後有點駝背，留著小鬍子；划船；成為傑出辯論家；熱心於伊頓的事務，卻沒有變得驕傲自大。從他十七歲時寫給父親的一封信中可以看出，他的洞察力就他的年齡而論是很少見的。當波耳戰爭達到高潮時，校長發表了一次演說，凱因斯用五句話就完美地加以表述：「老調重彈；應該展現我們的感謝之心；謹記學校的尊嚴；做任何事都要做到最好；向來如此。」[註5]

他在伊頓非常成功，在劍橋大學國王學院也有很高的成就。馬歇爾冀望他成為全職經濟學家，皮古（馬歇爾的接班人）每週與他共進早餐一次。他當選為學生會祕書，這個職位最後使他〔255〕自然地成為世上最著名的非政府辯論社之一的會長。他被雷歐納德．吳爾芙（Leonard Woolf）[編3]和利頓．斯特拉奇（Lytton Strachey，後來成為他的情人）[編4]所物色，後來成為布隆伯利集團的核心。他登山（斯特拉奇對此〔低能的山民〕有所抱怨）、買書、熬夜數小時與人爭辯、光彩照人。他是個傑出人物。

但即使傑出也得吃飯，於是有了就業問題。他的錢很少，而學術生涯的所得更低。他有比較大的願景：「我要經營鐵路，或組織一個托辣斯，至少也要詐騙投資大眾。要掌握這些事物的原則是如此容易而且迷人。」他在寫給斯特拉奇的信中如是說。[註6]

沒人請他經營鐵路或組織托辣斯，至於「詐騙」也只是顯出凱因斯想像中玩世不恭的那一面罷了。他轉試公職之路以求成功。他以顯然不在乎的態度參加文官考試，使得斯特拉奇的一個姊姊問這是否在裝腔作勢。不，一切都在計算之中，何須苦惱；他確定會進入前十名。果然他名列第二，而考試科目中分數最低的是經濟學。他後來解釋道：「我顯然比主考官更懂經濟學。」[註7]假如事實並非如此，這便是不可饒恕的狂言，但實情就是如此。

因此他於一九〇七年被派到印度事務部[編5]。他恨這個差使。他把最好的精神用來草擬其數學論文的初期版本，並發覺在政府機關當個小官與經營鐵路有天壤之別。經過兩年，他已受夠了。他宣稱他的努力便是把一條純種公牛從英國運到孟買（Bombay），而他在政府工作中發現的是，一些考慮欠周的話會讓人「瞧不起人」。他辭職並回到劍橋。但這些歲月並未完全虛度。根據對印度事務的所知，他於一九一三年寫了《印度通貨與財政》（*Indian Currency*

編註

3 Leonard Sidney Woolf（1880-1969），英國小說家、散文家與政論家，維吉尼亞．吳爾芙（Virginia Woolf, 1882-1941）的先生。

4 Giles Lytton Strachey（1880-1932），英國傳記文學作家與評論家，著名作品包括《維多利亞女王》（*Queen Victoria*）、《維多利亞名人傳》（*Eminent Victorians*）等。

5 India Office，大英帝國位於英屬印度的政府部門，運作時間自一八五八至一九四七年。

and Finance）一書，被公認為小型的傑作。同年組成了一個研究印度通貨問題的皇家委員會，〔256〕二十九歲的凱因斯獲邀加入——這是非凡的榮譽。

他比較喜歡劍橋。他立即成功，並受到與往常一樣的尊敬，成為《經濟期刊》（*The Economic Journal*）的編輯。這是英國最具影響力的經濟學刊物，而他擔任此職三十三年。

布隆伯利比劍橋更令人愉快。布隆伯利既是個場所，也是種心態。凱因斯在大學時就已認識的一小群知識分子，已得到了地盤、人生觀與聲望。屬於這個有魔力的圈子裡的人物，也許不到二十名或三十名，但他們的意見決定了英國藝術的標準——畢竟雷歐納德·吳爾芙、維吉尼亞·吳爾芙（Virginia Woolf）、E·M·佛斯特（E. M. Forster）、克萊夫·貝爾（Clive Bell）[編6]、羅傑·弗萊（Roger Fry）[編7]與斯特拉奇都是圈內人。布隆伯利微笑嘉許，可以讓一位詩人成名；若它皺眉，那位詩人就被貶低。據說布隆伯利集團可以用十二種不同的聲調來表示「真的嗎？」這個詞，其中不落俗套的厭倦絕非最少用的。它富有理想卻又憤世嫉俗，勇敢卻又脆弱，還有點瘋狂；在「無畏戰艦騙局」（Dreadnought Hoax）中，維吉尼亞·吳爾芙（那時還是斯提芬〔Stephen〕）與幾個共謀裝扮成阿比西尼亞皇帝（Emperor of Abyssinia）及其隨員，並受到與英王陛下最接近之護衛戰艦的護送。

在這一切活動中，凱因斯都是中堅人物——是軍師、顧問、裁判。他談任何事都能信心滿滿；作曲家威廉·華爾頓（William Walton）、舞蹈指導弗雷德里克·阿胥頓（Frederick Ashton）以及許多其他藝術家或專業人士，都習慣聽到凱因斯說「不，不，關於這一點你完全搞錯了……」附帶一提，當一位科西嘉（Corsican）外交官得知他興趣廣泛而且滿腹密謀之後，就替他取了個綽號叫「撲朔」（Pozzo）。

對一位即將激盪資本主義世界的人而言，這只不過是初試啼聲而已。

8

戰爭期間，布隆伯利的活動稍微被中斷。凱因斯被召到財政部處理英國海外財務。他在那裡〔257〕必然也很傑出。一位老同事後來談起一件趣事：「當時迫切需要西班牙貨幣比塞塔（pesetas），好不容易蒐集到一點。凱因斯按時將此事報告給鬆了一口氣的財政大臣。大臣表示，至少在短時間內我們有比塞塔的庫存了。凱因斯卻說：『喔，不是這樣！』嚇了一跳的上司說：『什麼！』他回答：『我把它們全賣了；我要打破市場。』他眞的做到了。」註8

他很快就成爲財政部的關鍵人物。第一位替他作傳，本身也是經濟學同行的羅伊．哈羅德（Roy Harrod）說，凡是見解成熟的人都表示，凱因斯對於贏得戰爭的貢獻，大於任何其他文職人員。註9即使如此，他還會找出時間從事其他活動。某次爲了財政事務到法國時，他想到讓法國人出售某些畫給國立美術館，將有助於平衡兩國間的帳務。他就這樣偶然地爲英國

編註

6 Arthur Clive Heward Bell（1881-1964），英國文藝評論家，形式主義的倡議者。

7 Roger Eliot Fry（1866-1934），英國文藝評論家，鼓吹形式主義，並爲後印象派定名。

取得了價值十萬美元的柯洛（Corot）編8、德拉克洛瓦（Delacroix）編9、佛郎（Forain）編10、高更（Gauguin）、安格爾（Ingres）編11和馬奈（Manet）的作品，還爲自己買到一幅塞尙（Cézanne）的畫：此時德國巨炮「大貝塔」（Big Bertha）編12正在轟擊巴黎，畫作的價格低落。回到倫敦後，他參與芭蕾舞活動。那時麗迪亞·洛波柯娃（Lydia Lopokova）正在「幽默的婦人們」（The Good-Humored Ladies）劇中扮演美人的角色，風靡一時。西特韋爾（Sitwell）編13一家讓麗迪亞參加一場宴會，從而遇上凱因斯。可以想像說正統英語的凱因斯，與正在奮力學習英語的麗迪亞相處的情形——「我不喜歡在八月間待在鄉下，因爲我的腿經常被『律師』（barristers）叮咬。」麗迪亞曾這麼說。註10

但相對於戰後歐洲的安頓問題，上述一切都不重要。凱因斯現在已是幕後替執政者出謀劃策的要人。他代表財政大臣前往巴黎，在最高經濟委員會中可以全權代表英國財政部做決定。他在和會上是財政部代表。但他只是第二級官員，雖然在看台上占有一席，卻無權直接介入遊戲。當〔258〕凱因斯從旁目睹到克里蒙梭（Clemenceau）智取威爾遜，而和約的人道精神被報復心所取代時，必然深感挫折與無力。

他於一九一九年寫信給母親說：「我已有好幾個星期沒寫信，完全精疲力竭。這部分是因爲工作，部分是因爲對周圍的惡勢力感到沮喪。我從來沒有像最近兩三個星期以來那樣地痛苦。這紙和約荒唐可恥、無法落實，只會帶來不幸。」註11

他勉強從病榻爬起，抗議他所謂的「維也納謀殺」，但勢不可擋。這是迦太基式的和約。德國要賠償的金額如此巨大，被迫在國際貿易中採取最惡狠的措施，以掙得英鎊、法郎和美元。這當然不是民意所在，但凱因斯還看到凡爾賽條約（Versailles Treaty）無意中激起了德國獨裁制度和軍國主義更可怕的復活。

他絕望地辭職，在和約簽定前三天開始對它進行攻擊。他懷著滿腔怒火，以最快速度寫成了《和平的經濟後果》（*The Economic Consequences of the Peace*），於十二月間發表，他也因此成名。

這是寫得非常出色，具有壓倒性力量的作品。凱因斯曾目睹主角們的活動，而他結合了小說家的技巧與布隆伯利批評家的銳利眼光，來描述這些人。他稱克里蒙梭「只有一個幻覺——法國，也只有一個醒悟——人類，包括他自己的重要同僚」。[註12]至於威爾遜「就像奧狄修斯（Odysseus），坐下來的時候看來聰明點」。[註13]雖然對人物的描繪展現出他的才智，其對和約危害的分析更令人難忘。因爲凱因斯看見和會只魯莽地發洩政治怨恨，而完全不顧當時的迫切問題——使歐洲重生成統一運作的整體：

編註

8 Jean-Baptiste-Camille Corot（1796-1875），法國巴比松（Barbizon）畫派主要畫家。

9 Ferdinand Victor Eugène Delacroix（1798-1863），法國浪漫主義畫家，影響印象派作品甚深。

10 Jean-Louis Forain（1852-1931），法國印象派畫家。

11 Jean Auguste Dominique Ingres（1780-1867），法國新古典主義畫家。

12 由德國武器製造商Krupp所研發之重型榴彈砲，用於一次世界大戰。

13 指Edith Sitwell與其弟Osbert Sitwell、Sacheverell Sitwell，三人均於文壇耕耘。

〔259〕四人委員會別有所圖，對這些議題毫不在意。克里蒙梭要摧毀其敵人的經濟，洛伊德．喬治（Lloyd George）編14要達成一個協議，好帶回家敷衍一個星期，美國總統要的是正義和公理。讓人驚訝的是，四巨頭對歐洲的飢餓與瓦解這個基本問題視而不見。他們在經濟領域只關心賠償，而從神學、政治學、選舉詭計等觀點來解決此問題，就是不看那些命運爲其掌控之國家的經濟前景。註14

他接下去發出嚴重警告：

> 因此，我們面對的威脅是，歐洲人民生活水準的迅速降低。某些國家已在挨餓（例如俄國，而奧地利也差不多）。人們不會總是默默死去。因爲飢餓會讓某些人昏沉絕望，也會驅使其他人鋌而走險。他們的不幸可能讓殘存的組織傾覆，而當他們試圖滿足個人迫切的需要時，文明本身會沉淪。這就是我們現在必須集中所有資源、勇氣與理想來對抗的危險。註15

該書大爲成功。條約幾乎在一開始就顯然窒礙難行，但首先看出、說出這點，並建議全面修改的是凱因斯。他已經以有遠見的經濟學家著稱。一九二四年道斯計畫（Dawes Plan）編15開始了打破一九一九年僵局的漫長歷程時，他的預言天賦得到了證實。

他已成名，但要從事什麼工作仍是問題。他選擇從商，風險最高的商業活動。他開始用幾千〔260〕英鎊資本在國際市場上投機，幾乎賠光。一位素未謀面，但對他在戰時工作印象深刻的銀行家以貸款相助，結果凱因斯還清欠款，還積累了兩百萬美元的財產。他以最漫不經心的方式完成這一切。凱因斯鄙視內線消息──事實上，他曾聲稱華爾街的交易者只要不理會「內線」消息，就能賺取鉅額財富──他自己的法門不外乎仔細審查資產負債表、對金融的廣博知識、對人物性格的直覺和某種交易天賦。他早晨在床上逐條研究財金資訊，做出決定，打電話下單，就這樣；然後這一天就可以處理像經濟理論之類較重要的事項。這樣他就可以與李嘉圖齊名。[註16]

順帶一提，他並不只爲自己賺錢。他成爲國王學院的財務長，將三萬英鎊資金變成三十八萬英鎊。[註17]他管理投資信託以及一間壽險公司的財務。

同時──凱因斯在同一時間的目標總是不只一個──他爲《曼徹斯特衛報》（*Manchester Guardian*）寫稿，在劍橋按時上課並深入講解國際商品市場的事件與特性，以在枯燥的理論上增添趣味，買更多的畫、取得更多書籍，還在經歷了與斯特拉奇、鄧肯·葛蘭特（Duncan Grant）[編16]等男性情人的激烈愛情生活後與麗迪亞結婚。這位芭蕾舞星完美地扮演了劍橋教授妻子的新

編註

14 David Lloyd George（1863-1945），英國自由黨黨員，一九一六至一九二二年間擔任英國首相。

15 由Charles G. Dawes主持的計畫，目的是爲了紓緩德國的戰後賠償壓力，一九二九年爲楊格計畫（Young Plan）取代。

16 Duncan James Corrow Grant（1885-1978），蘇格蘭畫家，曾加入布隆伯利團體。

角色，令凱因斯的朋友們感到有些詫異（和欣慰）。當然，她放棄了專業生涯，但一位訪客後來說，曾聽到樓上砰然作響：麗迪亞仍在練習她的技藝。

她非常美麗，而他只是一個循規蹈矩的愛慕者，並不英俊，但高大而有威嚴。他壯大而有些笨拙的身軀，與略長的三角形臉很相配。他鼻梁直挺，有著從伊頓時期就維持著的小鬍子、豐滿〔261〕而靈巧的嘴唇，和讓人有點失望的下巴。他的一雙眼睛富於表情，在彎彎的眉毛下有時嚴肅、有時冷漠、有時閃閃發光，或者像某位主筆所述「像藍色花朵中蜜蜂的臀部一樣柔軟」，或許端視他扮演的是官方使節、投機家、布隆伯利的天才或芭蕾舞迷而定。

凱因斯有個怪癖，坐著時喜歡像英國版的中國滿大人那樣，把兩手攏在袖子裡。由於他對別人的手特別注意，又對自己的手感到自豪，因此這藏匿雙手的姿態就更難以理解。他甚至製作了自己和妻子的手部模型，並談及要蒐集朋友們的手部模型；當他遇到一個人時，會先注意對方手掌、手指與指甲的特徵。後來他與富蘭克林．羅斯福（Franklin Roosevelt）第一次會談，對這位總統的記述如下：

> ……當然，我起先沒有密切注意這類問題。因爲我自然地把注意力集中到他的雙手。他的手結實有力，但並不靈巧，指甲短而圓，像商人的手指。我無法準確地加以描繪，他的手（在我眼裡）雖然並不高貴，但也不尋常。怪的是，它們看來很熟悉，在哪裡見過呢？我足足花了十分鐘，就像追憶一個忘記了的名字一樣，幾乎沒意識到我在談論白銀、平衡預算與

公共事務。我終於想起來了，是愛德華．格雷爵士（Sir Edward Grey）[編17]——一個更結實而且美國化的愛德華．格雷。[註18]

羅斯福寫信給菲利克斯．法蘭克福特爾（Felix Frankfurter）[編18]時說：「我跟凱因斯相談甚歡，我很喜歡他。」若他知道自己被看作商人版的一位英國外相，恐怕未必還會這麼說。

8

到一九三五年之際，凱因斯已功成名就。《印度通貨與財政》雖然篇幅無多，卻是部精心傑〔262〕作；《和平的經濟後果》成就輝煌；《機率論》（*Treatise on Probability*）的專業性雖然強得多，也一樣成功。關於上述最後一本書有一則趣聞。凱因斯與發展出量子力學（人類心智的驚人成就）的數學天才馬克斯．普朗克（Max Planck）一同進餐。普朗克轉頭對凱因斯說，他曾考慮研究經濟學，但因爲它太難而作罷。凱因斯加油添醋地把這件事告訴一位從劍橋回來的朋友。後者說：「啊，這就怪了。羅素也曾告訴我，他考慮研究經濟學，但因爲它太簡單而作罷。」[註19]但我們知道，數學不過是他的副業。他於一九二三年發表《貨幣改革論》（*Tract on*

編註

17 英國自由黨黨員，曾任英國外交及國協事務大臣、英國駐美代表等職。

18 美國最高法院大法官。

Monetary Reform），再次使世人瞠目。如今凱因斯痛批對黃金的盲目崇拜，反對人們消極地放棄對自己的通貨做有意識的管理，而把此職責託付給國際金本位這個非人的機制。這本書當然很專業，但它和凱因斯所有其他作品一樣用詞生動。其中有句話無疑會列入英文格言錄：在談到某些神聖的經濟原理其「長期」後果時，凱因斯冷冰冰地說：「長期而言，我們都死了。」

他百尺竿頭，更進一步，於一九三〇年發表了《貨幣論》（*Treatise on Money*）——一本試圖說明整體經濟行爲的著作，長篇、艱澀，品質參差不齊，有時光輝奪目，有時令人困惑。這本書很引人注目，因爲它主要在討論是什麼因素使得經濟會時而繁榮昌盛、時而蕭條衰敗地顛簸運作。

當然，經濟學家已注意此問題幾十年。除了一九二九年或先前提過的十八世紀法國密西西比〔263〕公司倒閉那種大崩潰之外，正常商業進程的擴張與收縮有如潮起潮落，就像呼吸一樣。例如英國商情於一八〇一年不佳，一八〇二年不錯，一八〇八年不佳，一八一〇年不錯，一八一五年不佳，如此起伏逾百年；美國的模式也一樣，只是時間稍有不同。

繁榮與蕭條交相更迭現象的背後原因是什麼？景氣循環起初被想作一種群眾神經錯亂。一八六七年時一位觀察家寫道：「這類週期的崩潰其實是心理現象，端視消沉、希望、興奮、沮喪與恐慌的變化而定。」[註20]這無疑描繪出了華爾街或隆巴德街（Lombard Street）、蘭卡斯特（Lancaster）或新英格蘭那些人的心情，但並未回答基本的問題：是什麼引起這樣廣泛的歇斯底里？

有些早期解釋在經濟過程**之外**找答案。我們曾提及的傑文斯歸責於**太陽黑子**——乍看之下很離譜，其實不然。一七二一到一八七八年間歷次景氣循環繁榮期之間的平均期間為十點四六年，傑文斯對此印象深刻。太陽黑子（由威廉·赫歇耳爵士〔Sir William Herschel〕於一八○一年發現）的週期是十點四五年。傑文斯相信這兩者間的關聯過於密切，絕非巧合。他認為太陽黑子引發氣候週期變化，從而促成雨量週期變化，從而促成農作收成週期變化，再導致商業週期變化。

這理論並不壞，但更仔細的計算顯示太陽黑子的週期為十一年，於是天文現象與商業上莫測變化之間的工整對應關係被打破。太陽黑子是天文學問題，而商業週期的動因，要回到地面上尋找。

實際上這要回到馬爾薩斯在一個世紀前，雖然有些差錯，但直覺地點出的領域——儲蓄。我〔264〕們或許記得馬爾薩斯的疑慮——一種說不大清楚的感覺，認為出於某種原因，節約會導致「普遍過剩」。這遭到李嘉圖的嘲笑與彌爾的輕視，於是成為地下世界中惡名昭彰的危險胡說。要說儲蓄可能惹麻煩，就是在抨擊節儉的美德！這幾乎是不道德的：亞當·斯密不是寫道，「對各家各戶而言是謹慎明智的行為，對一個大國來說也幾乎不會是蠢事」嗎？註21

但早期經濟學家並非基於道德考量，才拒絕考慮儲蓄可能有礙經濟，而是基於對現實世界的觀察。

因為在十九世紀早期，儲蓄的人大致上也是使用儲蓄的人。在李嘉圖或彌爾的艱困時代，其實只有富裕的地主和資本家能儲蓄，而他們聚集的資金通常用於某種生產性的投資。因此儲蓄被正確地稱爲「積累」，因爲它一面積聚金錢，另一面立即以之購置器具、建物或土地以賺取更多金錢。

但到了十九世紀中葉，經濟結構發生變化。財富分配有所改進，從而社會上愈來愈多的成員得以儲蓄。同時，企業規模愈來愈大，愈來愈制度化。它不斷尋求新資本，不僅來自於個別經營者與管理者的口袋，還要來自於全國不知名儲蓄者的錢包。因此儲蓄和投資分道揚鑣，改由兩批不同的人馬運作。

這的確對經濟造成困擾。馬爾薩斯畢竟是對的，只是他並未預見其理由。

8

此一困擾非常重要，是蕭條問題的核心，必須花時間弄清楚。

首先必須瞭解我們如何衡量一國的繁榮。不是用黃金來衡量——貧窮的非洲多年來皆富含黃金。也不是用物質資產來衡量——一九三二年時，建築物、礦山、工廠與森林都還好端端的。繁榮與蕭條端視現在的成就，與過去的光榮關係不大；因此它們要用我們掙得的**收入**來衡量。我們大多數人收入高，國家就富裕；當我們整體（或全國）的收入降低時，就處於蕭條狀態。

但收入——國民收入——不是靜態概念。更確切地說，經濟的主要特徵就是收入從這一手轉到那一手的**流動**。每次購買都把我們收入的一部分轉到別人的口袋。同樣地，我們收入的每一分錢，不論是工資、薪水、租金、利潤還是利息，歸根到底是來自別人的開銷。想想你所得的任何部分：當你爲某人服務，或他人光顧你的店鋪，或購買你公司（你持有其債券或股票）的產品，就會明白收入來自於別人的口袋。

經濟就是藉由資金週轉的過程，彼此相濡以沫，而得以常保活力。

如今收入的週轉大致很自然而沒有障礙。我們大家都把收入的大部分，花在供自己使用和享樂的商品，也就是所謂的消費品上。由於我們持續有規律地購買消費品，使我們國民收入大部分的週轉有所保證。我們必須穿衣吃飯，還迫切需要享樂，必然會經常而穩定地爲此付款。

到此爲止，一切都很簡單直接。但我們收入中有部分**沒有**直接進入市場成爲別人的收入，那就是我們的儲蓄。假如我們把這筆現金藏在床底下，或某個祕密的地方，那麼收入流轉顯然會中 〔266〕 斷。我們回饋給社會的，少於我們得之於社會的。若此凍結現象擴大且持續，每個人的收入都會隨著週轉金的減少而愈來愈低，從而陷入蕭條。

但是收入流很少危險地中斷，因爲我們不會凍結自己的儲蓄。我們用它來買股票、債券，或存入銀行，從而使之得以再次被利用。因此，我們若購買新股票，就是把積蓄直接供給企業；若存入銀行，就可以由銀行貸給需要資金的廠商。無論把積蓄存入銀行，或用來買保單或證券，使這些積蓄通過商業活動再次流通的管道總是暢通。因爲當我們的積蓄被企業取用時，它們就會再次成爲某人的工資、薪水或利潤。

但要注意，儲蓄不會**自動**轉爲投資。此一事實至關重要。企業無須仰賴儲蓄來維持日常運作，其開支是用售貨收益來支付。企業唯有在**擴大**營運時才需要儲蓄，因爲正規收益的資金往往不足以建立新廠或大幅添購設備。

難題就在這裡。節儉的社群總會試圖儲存部分收入。但企業不會一直要擴大營運。當經濟前景不佳時，不管是由於某特定市場「供過於求」、國際形勢緊張，或商人擔心通貨膨脹等原因，投資衝動都會減弱。商人對未來感到不安時，爲何要去擴張呢？

這就埋下了蕭條的可能性。**若我們的儲蓄沒有被擴張中的廠商用來投資，我們的收入就必然** 〔267〕
下跌。這就像我們用窖藏方式把積蓄凍結起來的緊縮情形一樣。

此事會否發生？我們將會看到。但同時要注意的是，這是場奇特而不帶感情的拔河。這裡沒有貪婪的地主或資本家，只有非常善良的平民，謹慎地試著把收入的一部分存起來；還有同樣善良的商人，同樣謹慎地依據當前的經濟情勢，決定是否要冒險購置新機器或建造新工廠。然而經濟的命運就繫於這兩種合情合理的決策之結果。因爲這些決定若是脫節，例如商人的投資少於社會的儲蓄，那麼經濟將必須調整，以適應蕭條的束縛。繁榮或衰退這個至關重要的問題，主要便取決於此。

就某種意義而言，我們的命運容易受到儲蓄與投資交互作用的傷害，這是經濟自由的代價。蘇聯或法老時代的埃及就沒有這樣的問題。因爲在指令經濟中，儲蓄與投資由上面決定，而對國家全部經濟生活的全面控制，確保全國的儲蓄都會被用來蓋金字塔或發電廠。但資本主義世界卻非如此。因爲儲蓄的決定和投資的推動，都留待經濟行動者自主，而自由決定就可能會脫節。可能投資少到不足以吸收儲蓄，或儲蓄少到不足以支應投資。經濟自由非常可貴，但我們必須在繁榮時準備面對可能的後果。

我們幾乎忘了凱因斯和他的《貨幣論》，但也不盡然。因爲《貨幣論》便是對儲蓄與投資之擺盪的精闢解說。此觀念並非凱因斯獨創。已有很多重要經濟學家，指出這兩個因素在景氣循環〔268〕中的關鍵作用。但在凱因斯的生花妙筆下，連空洞抽象的經濟學也顯得光彩奪目：

> 人多以爲世上的財富，是由於各人自願節制消費的立即享受，而費力地積累起來的。我們稱之爲節儉。但光憑節制顯然不足以建立城市或開闢田園。……建設並改進世上財物的是企業……如果企業在前進，不管是否節儉，財富都會積累；如果企業靜止不動，不論如何節儉，財富都會萎縮。註22

儘管其分析非常出色，但凱因斯在該書完成後不久，就象徵性地把它撕毀。因爲他關於儲蓄與投資的蹺蹺板理論漏了一個要點：它沒有解釋，一個經濟在長期蕭條中怎能**依然**存在。實際上，蹺蹺板的比喻本身就表明，被剩餘儲蓄拉下來的經濟，似乎必能在很短的時間內自我調整而擺盪到另一邊。

因爲儲蓄與投資——節儉與企業——並非毫不相關的經濟活動。正相反，它們在市場上拴在一起，商人「購買」儲蓄，或至少借用儲蓄，這就是貨幣市場。儲蓄和其他商品一樣有其價格，那就是利率。因此在景氣谷底，儲蓄似乎氾濫，其價格應會跌落，和鞋價在鞋子過剩時將下跌的情形一樣。隨著儲蓄的價格下跌（利率趨低），投資**動機**很可能會增加：若百分之十的資金成本對於建造新廠而言過於昂貴，當它降到百分之五的時候，看來不是有利可圖得多嗎？

因此蹺蹺板理論似乎保證了商業週期內建有自動安全開關：當儲蓄過多時，其借用成本較〔269〕低，使企業被鼓勵去投資。根據此理論，經濟可能萎縮，但它無疑會回升。

但是大蕭條期間，經濟就是沒有回升。利率下降沒引起任何反應。地方性的些許救濟措施加上滿懷希望的等待，這套人們自以爲有效的老辦法毫無幫助。照道理，除了美妙的利率機制外，顯然還遺漏了什麼能維持儲蓄與投資平衡的事物。還有其它影響到經濟回升的因素。

凱因斯的大作已醞釀了一段時期。蕭伯納建議他重讀馬克思與恩格斯的作品。他讀了之後，發現那不合他的口味。凱因斯於一九三五年寫信給蕭伯納：「爲了瞭解**我的**心理狀態……您得知道，我相信自己正在撰寫的經濟理論著作，將大舉刷新世人思考經濟問題的方式——我想這不會立即出現，但會在十年內發生……現在我不能指望您或任何其他人相信。但我本人對此不僅抱著希望，而且深信不移。」[註23]

他像往常一樣地正確。該書造成了震撼。但是蕭伯納在試著去瞭解該書的內容後，會否這麼想，則非常可疑。此書的標題令人望而生畏——《就業、利息與貨幣的一般理論》（*The General Theory of Employment, Interest and Money*），其內容則更爲可畏：書中第二十五頁寫著「設Z

爲雇用N人生產產品的總供給價格，則Z與N的關係可寫成Z＝Φ（N），可稱之爲總供給函數。」可以想像蕭伯納瞪大眼睛看這一段的情景。如果這還不足以使大部分人望而卻步，那麼還有一點。一個外行人在閱讀亞當·斯密、彌爾或馬克思的著作時，會看到社會行動的全景。但此 〔270〕 書卻付之闕如。字裡行間有著精彩的段落，例如將選股比作選美的著名譬喻。但這些段落就像散布在代數與抽象分析沙漠間的綠洲。

然而，這本書的確深具革命性，就像從前的《國富論》與《資本論》一樣站在經濟學的頂峰。

因爲《一般理論》的結論讓人既驚訝又沮喪：自動安全機制竟然不存在！經濟不像會自我修正的蹺蹺板，而是像電梯可以上升下降，也可以完全停住不動。它可以停在底層，也可以停在頂樓。換句話說，蕭條可能無法自拔，而經濟可能無限期地停滯，就像靜止的船一樣。

怎會這樣？在景氣低谷，氾濫的儲蓄難道不會壓低利率，從而誘使企業利用廉價資金來擴廠嗎？

凱因斯於經濟生活中最簡單明顯的事實（從前就曾被指出過），發現了此論證的瑕疵：**景氣谷底時期根本沒有氾濫的儲蓄**。因爲經濟恐慌時期收入會減少，而收入減少會使儲蓄也變少。凱因斯問道：當人人都處於困境時，怎能指望這個社會還能像繁榮時期那樣儲蓄呢？顯然不可能。蕭條不會讓儲蓄過剩，而會使之枯竭。

事實就是如此。一九二九年美國人民從收入中儲蓄了三十七億美元；在一九三二和一九三三年分文未存，事實上甚至把從前的儲蓄提出來。在景氣頂峰時，公司於繳稅與支付股利後還貯藏了二十六億美元，三年後它們發現自己損失了近六十億美元。顯然凱因斯是對的：儲蓄是種奢侈 〔271〕
品，經不起艱難時期的考驗。

儲蓄衰退還會造成比個人安全減損更爲嚴重的後果：經濟會在最需要動力之際陷入癱瘓。因爲**沒有**儲蓄餘額，商人就沒有借款的利率誘因。商人若不借錢投資，就不會有擴張的動力。經濟將寸步難行。儘管有失業員工和閒置設備，經濟仍處於「均衡」狀態。

於是出現了豐裕中的貧窮此種矛盾，與失業和資源閒置並存的異常現象。景氣低谷時，會出現無情的矛盾：一方面迫切需要商品，一方面生產不足。但這純粹是道德上的矛盾。因爲經濟運作，不在於滿足人類的**欲求**——欲求總是像夢一樣無邊無際。經濟生產的商品在於滿足**需求**——需求就像一個人的錢包一樣小。因此，失業者的經濟地位無足輕重，他們對市場的經濟影響力微乎其微。

當投資減少而經濟規模縮水時，社會肯定會陷入苦難。但正如凱因斯指出的，這不是**有效**的社會苦難。國家的同情不足以有效地代替投資。由於儲蓄與投資一起衰退，儘管經濟流量比以前小，卻仍然平衡而不受影響。

這是一齣怪不了任何人的奇特悲劇。儲蓄顯然是個人的美德，沒人能爲了儲蓄而譴責社會；也不可能對商人不投資加以譴責——若有機可乘，他們比誰都更樂意投資。這不再是正義、剝削，甚至人性的愚昧等道德難題，而是技術上的困難，幾乎是機械性的缺陷。但它的代價可不 〔272〕

低。無所作爲的代價就是失業。

最難被接受的事實就在於此。投資意願不可能無限期持續。投資遲早可能減少。因爲產業在任何時候都受限於其市場規模。比方說，一八六〇年代有大筆資金投入建造新鐵路。早期的鐵道大亨沒有爲一九六〇年的市場從事建設。若他們這麼做，就是在沒人的地方築路通往不存在的城市。因此，他們只把鐵路修築到可用之處爲止。汽車工業也是這樣。縱使福特能在一九一〇年得到足夠資金以打造一九五〇年的魯吉河（River Rouge）工廠，他也會很快破產，因爲沒有道路、加油站以及對那麼多車輛的**需求**。再就離我們更近的情況而言，美國企業於一九九〇年代末期，每年購買新設備的開支恰好略多於一兆美元，但沒有花兩兆美元。也許有一天必須花這麼多，但不會在二十世紀結束前發生。

因此投資有其典型模式：起初急切地要利用新機會獲利；然後小心提防過度投資；待市場滿足後便不再投資。

若在每一獨立投資案終止後，立刻出現另一個項目，蕭條就不會發生。但這並非常態。人的欲求固然很大，卻不意味著**任何**投資都不會虧本；因爲莽撞地過度擴張而倒閉的企業所在多有。大部分投資不僅需要樂觀預期的刺激，還需要諸如新發明、更好的方法、能引人注目的產品之類更具體的東西。而任何商人都會告訴你，這種機會不常出現。

所以當某一投資案結束後，未必會有另一專案接踵而至。若有，而能維持原有投資規模，縱使其內容不同，經濟仍將平穩運行。但若沒有後繼的投資，就會開始緊縮。

看見體系內在弱點的凱因斯寫道：

古埃及無疑由於擁有傳奇的財富而倍加幸運。它從事兩種活動，即建造金字塔與搜羅貴重金屬。這些活動的成果，不能經由消費而供應人們之所需，卻由於它在從事建造金字塔的活動，因此不會因爲過剩而停滯不前。中世紀人們造大禮堂和唱輓歌的情形也是這樣。替死者建兩座金字塔、做兩次彌撒，可以得到雙倍的好處，但建造兩條從倫敦到約克的鐵路則不然。註24

於是《一般理論》做出了陰鬱的診斷：

第一，經濟蕭條可能持續，不會自動脫困。「均衡」狀態也可能有人失業，甚至是大量失業。

第二，繁榮有賴於投資。若企業減少對資本設備的支出，就會開始螺旋式的緊縮。唯有企業投資上升才會啓動擴張的螺旋。

第三，對經濟而言，投資是不可靠的驅力。資本主義的核心存在著不確定因素。儘管這並非商人的錯，但過剩的威脅始終存在，隨之而來的便是經濟衰退。

此一前景當然令人不安。但凱因斯不會在做出陰暗的診斷後就放手不管。《一般理論》雖然〔274〕預告了危機所在，卻絕非末日判決。相反地，他點出了解決之道。

事實上，早在實際藥方寫好前，治療便已開始；在醫師還不確定該做什麼時，已開始投藥。美國政府於漠視了二十年之後，在新政百日期間制訂了許多社會法規。這些法規用來改善一個不滿國家的社會氣氛，提高士氣，而非讓病人恢復活力。後者有賴於蓄意用來刺激經濟的政府支出。

起初這只是權宜的救濟工作。失業已形成迫切的政治壓力——畢竟迪爾柏恩（Dearborn）已發生暴亂、窮人在華盛頓示威、許多家庭在市立焚化爐縮成一團取暖，甚至在垃圾車裡翻找食物。救濟已不可或缺，並在胡佛任內便已開始。到了羅斯福時期，救濟變成清掃樹葉的工作，然後又變成營造事業。政府突然變成主要的經濟投資者：道路、水壩、禮堂、機場、港口、住房等如雨後春筍般出現。

凱因斯於一九三四年到華盛頓——就是他記下對羅斯福總統雙手印象的那一次——竭力主張擴充計畫。統計數字顯示私人投資活動已淪落谷底；商業擴張於一九二九年灌注了一百五十億美元的薪資與利潤，但在一九三二年跌到駭人的八點八六億美元，降低了百分之九十四。總得想個法子啓動投資引擎，把經濟推上軌道。他希望政府開支能爲國人的購買力加油打氣，起到刺激作用——在那時被稱作「啓動幫浦」。

因此當《一般理論》於一九三六年問世時，它並未提供新穎激進的計畫，而是爲已採行的行〔275〕動路線辯護與解釋。因爲《一般理論》指出，美國乃至於整個西方世界所面臨的災難，只是缺乏足夠企業投資的後果。因此合理的解決之道便是：由政府來補充企業之不足。

凱因斯半開玩笑地寫道：

若財政部用一些舊瓶子裝滿紙幣，把它們以適當的深度埋在廢棄的煤礦裡，在上面堆滿垃圾，然後根據業已反復考驗過的**自由放任**原則，讓私人企業把紙幣重新挖出來……就不會再有失業。此措施可能大幅提高社會的實際收入。當然，蓋房子之類的辦法更好；但若這樣做有困難時，前述辦法還是勝過無所作爲。註25

對某些人而言，許多比較非正統的政府方案，和凱因斯異想天開的提議一樣瘋狂。但如今它們至少有了一個理論基礎。若私人企業發現自己無力從事規模夠大的投資，那麼政府就得挺身而出，盡力而爲。對某種刺激措施的需求極爲迫切，幾乎任何行動都好過袖手旁觀。若投資不能直接起刺激作用，至少消費能起這個作用。投資是體系中一個捉摸不定的成分，但消費卻是經濟活動的堅實基礎。因此，公眾振興計畫被認爲能一舉兩得：既能直接幫助維持原本失業人口的購買力，又可引領私人企業重新擴張。

凱因斯本人於一九三四年致函《紐約時報》（*New York Times*）說：「我這樣看復甦問題：〔276〕正常企業要多久才會出來救援？在這之前，異常而適當的政府支出這個權宜之計，規模要多大？時間要多久？」註26

注意「異常」一詞。凱因斯並不認爲政府計畫是對商業進程的永久性干預。唯有當體系已偏離正軌，掙扎著想恢復平衡時，政府方可助一臂之力。

這似乎是常識的精髓，實際上也確**是**常識的精髓。然而幫浦啓動計畫的效果不如預期。從一九二九到一九三三年，政府總支出約在一百億美元上下徘徊，後來提高到一百二十億，再到一百三十億，然後於一九三六年提高到一百五十億。私人投資從谷底揚升，收復了三分之二的失土，於一九三六年達到一百億美元。在政府施打強心針之後三年，國民收入與國民消費增長百分之五十。失業問題如今已可處理，但至少仍有九百萬人沒工作——稱不上是新經濟時代的跡象。

治療沒有發生更好效果的原因有二。第一，政府的開支計畫從未執行到足以讓經濟達致充分就業的程度。後來在第二次世界大戰時，政府開支高到極端的一千〇三十億美元：這不僅促成充分就業，還造成通貨膨脹。但是在三〇年代的和平經濟結構中，不可能這樣不顧一切地支出；實際上連適度的政府支出，都很快地引起怨言，說聯邦的權力踰越了傳統界限。更糟的是，聯邦準備理事會（Federal Reserve Board）對通膨的恐懼更甚於失業（在衰退的谷底時！），於是制訂了**限制**銀行放款的政策。

第二個原因與第一個密切相關。凱因斯和政府支出者都沒想到，這帖新藥的受益者可能把它〔277〕看成比疾病本身還糟。政府開支**意在**幫助企業，後者卻把它**看作**一種威脅的姿態。

這也不足爲奇。新政起於反商浪潮之中。原本幾乎神聖不可侵犯的價值和標準，突然受到懷疑的審視和批評。「企業權」、「財產權」與「政府角色」的整個概念都嚴重動搖。在幾年之內，企業被要求忘記過去無庸置疑的優秀傳統，採取與工會合作的新哲學，接受新制度規範，改變許多既有作法。難怪它視華盛頓政府爲充滿敵意與偏見的徹底激進派。也難怪在這樣的氣氛中，從事大規模投資的熱情，要受制於對不熟悉氣氛的不安感。

因此政府每次想肅清所有失業者的大規模計畫——原來的計畫規模也許比實際上採行的大一倍——都會被指責爲社會主義設計的又一明證。同時，政府執行打了對折的措施，又恰好足以把廠商嚇退，而不自行從事大規模的努力。這就跟治病很相似；藥物治好了一種病，其副作用卻使患者變虛弱。政府開支從未眞正解決經濟問題——這並非出於經濟上的謬誤，而是因爲它在意識形態上令人不安。

它不是有意要讓人不安；這個政策並非有意爲之，而是迫不得已的結果。若政府沒啓動公共投資，私人企業最終很可能重新走上這條路：過去總是如此，這次的大蕭條儘管很嚴重，只要假以時日，無疑會找到新的冒險途徑。但要等待是不可能的。美國人民已等了四年之久，沒心情再等下去。經濟學家開始把**停滯**當作資本主義的慢性症狀來討論。馬克思的呼聲空前高漲，很多人〔278〕
認爲失業現象證明馬克思是對的。在想號召工程師而非無產階級的技術專家中，韋伯連的咕噥之聲也甚囂塵上。還有更令人恐懼的聲音一再指出，希特勒（Hitler）和墨索里尼知道怎樣處理**他們的**失業問題。在這諸多解決方法與主張殊死戰的一片混亂中，《一般理論》所傳達的訊息與凱因斯有教養的聲音，當然顯得溫和可靠。

因爲凱因斯雖支持管理資本主義的政策，但不反對私人企業。他在《一般理論》中寫道：

「一個人虐待自己的銀行存款，總比虐待自己的同胞好。」[註27]他繼續主張，政府只管提供充足的公共投資，而經濟的大部分主要活動，可以也應當留待私人進行。回顧起來，《一般理論》並未主張激進的解決方案，而是在解釋爲什麼無可避免的藥方會奏效。若持續對蕭條的經濟放任不管，則政府無所作爲的代價，顯然比大膽非正規行動的後果更爲嚴重。

眞正的問題在道德而非經濟層面。海耶克教授（Professor Hayek）[編19]於二次大戰期間寫了《到奴役之路》（*The Road to Serfdom*）一書。該書雖然誇張，卻包含了對計畫過度的經濟深刻而有力的控訴。凱因斯對此感到同情，也喜歡這本書。但在讚揚它的同時，他寫給海耶克的信裡卻說：

> 我的……結論有些不同。我要說，我們要的不是沒有計畫，甚至也不是少訂計畫，更確切地說，幾乎可以肯定要更多計畫。但在實行計畫的社會中，包括領導者與追隨者在內，擁有和您相同道德立場的人愈多愈好。若計畫執行者內心的道德方針正確無誤，那麼溫和的計〔279〕畫安全無虞。事實上，有些計畫確實如此。但也有人不是爲了享受計畫的成果，而是基於和您恰恰相反的道德觀念從事計畫。他們希望侍奉的不是上帝而是惡魔。這就是禍根所在。[註]

編註

19 Friedrich August Hayek（1899-1992），奧地利出生的英國經濟學家與政治哲學家，堅持自由市場經濟主義，反對社會主義、集體主義與凱因斯政府主導的經濟理論。

或許這是個天眞的希望？政府的計畫者處理投資時就像用水龍頭一樣，可以開關自如，而政府開支只用來補充私人投資之不足，但絕不取代後者。可以用這種方式管理資本主義嗎？此問題至今仍懸而未決。

但我們將此留到下一章討論。因爲我們正在處理的是凱因斯和他的信念，而不管我們認爲它們如何誤入歧途。而且若將這位志在挽救資本主義的人列入反資本主義陣營，將是嚴重的錯誤。誠然，他極力主張投資「社會化」（儘管他從未很清楚地瞭解其意涵），但他即使犧牲了一個部分，也是爲了拯救全體。

因爲他心裡是個保守主義者，始終讚賞艾德蒙・柏克（Edmund Burke）和其主張的有限政府傳統。他在很多人還不這麼認爲的一九三一年寫道：「我怎會接受（共產主義）信條？他們把它當作聖經，凌駕於批評之上。我知道這過時的教本不僅在科學上是錯誤的，而且也不適於現代世界。它買櫝還珠，將粗野的無產階級置於資產階級和知識分子之上。後者儘管有缺點，卻擁有人生高尚的品質，而人類的成就也確實要靠他們來傳承。我怎會採納共產主義？」註29

人們可以挑剔凱因斯的理論、他的診斷以及他提出的對策。但公平地說，那些堅持凱因斯只是在一個運作良好的體系內庸人自擾的人，提不出更周全的理論、更深刻的診斷，或更有說服力的對策。失業是對資本主義經濟持續下去的最大威脅，而沒人能反對凱因斯的目標：創造一個大〔280〕
致上沒有失業的資本主義經濟。

他不能在同一時間內只做一件事。當他在構思《一般理論》時，還自費在劍橋建了一座劇場。這是典型的凱因斯式冒險事業。起初虧本，兩年後有盈餘，而且在藝術方面大為成功。凱因斯同時扮演了許多角色：出資者、收票員（在某次職員沒來上班的時候）、女主角的丈夫（麗迪亞演出莎士比亞戲劇時，受到極大的好評），甚至特許經銷商。他在劇院附設了一間餐館，謹慎地觀察其收據，描繪出其與不同娛樂類型的關聯，以確認食物的消費如何隨著心情而變化。那裡也有一間酒吧，販售特別廉價的香檳，以促進更多消費。這大概是他愉快的一生中最愉快的插曲。

但這段時光持續不久，而他的成功故事在一九三七年時被打斷。他心臟病發，不得不休息。嗯——相對而言是休息。他仍在商界活躍、編輯《經濟期刊》，還寫了幾篇出色的文章替《一般理論》辯護。一位學者說，看起來「凱因斯先生相信，他對經濟學的貢獻和愛因斯坦實際上對物理學的貢獻一樣」。[註30]凱因斯對此不會輕易放過。他可以隨心所欲地運用犀利的筆鋒，而現在他就有系統地對個別的批評與整體的批評加以駁斥。有時挖苦諷刺，間或妙語如珠，偶爾也任性發怒：「X先生**拒絕**瞭解我。」就像他在許多簡短通信中的絕望嘆息。

但戰爭已迫在眉睫，慕尼黑（Munich）事件後，情勢進一步惡化。凱因斯曾抽空出任《新政治家和民族》（*New Statesman and Nation*）雜誌的董事長，並為某些左翼人士寫的怯懦投書而感到憤慨。他在該刊專欄寫道：「我斷然不信眞有『社會黨人』這樣的一個人！我不相信他存在。」又說：「到了攤牌時，他們不到四個星期就會想起自己是和平主義者，並撰寫失敗主義的書函投到貴專欄，把保衛自由和文明的職責，推給卡通人物畢林普上校（Colonel Blimp）[編20]和 〔281〕
傳統學校聯盟[編21]，然後爲他們歡呼三聲。」[註31]

當戰爭爆發時，凱因斯病得太重而不能擔任政府的固定成員。當局爲他在財政部安排了一個房間，請他提供意見。他已寫了另一本書《如何籌措戰費》（*How to Pay for the War*），鼓吹「延存儲蓄」這一大膽計畫，作爲資助戰爭的主要手段。計畫很簡單——將每個人工資的一部分自動投資於政府債券，直到戰爭結束後方可贖回。然後當再次需要消費者採購時，此儲蓄憑證即可兌現。

強制儲蓄——這和他早先努力推行的強制投資有多大的改變！但變化是出於時代的不同，而非凱因斯思想的轉變。舊問題是投資過少，其症狀是失業。新問題是投資過多——全力備戰——其症狀是通貨膨脹。但《一般理論》的架構既可用以理解通貨膨脹，又可用以理解通膨的對立面——失業。只要把它倒過來即可。現在每週轉一次，收入就愈來愈多而非愈少。因此對策與蕭條時的相反。從前凱因斯鼓吹盡可能地投資，現在他鼓吹儲蓄必須增加。

這點很重要，因爲許多人誤以爲凱因斯是支持通膨的經濟學家。當經濟處於蕭條深淵時，他的確支持「通貨再膨脹」（增加收入而非提高價格）。但若認爲他支持爲膨脹而膨脹，便是無視《和平的經濟後果》中的段落：

> 據說列寧曾宣稱，破壞資本主義體系最好的方法是敗壞其通貨。政府可以讓通貨持續膨〔282〕脹，以暗中沒收人民財富中很重要的部分。他們不但能藉此沒收，而且是**專斷地**沒收……列寧說得很對。要顛覆社會的既存基礎，再沒有比敗壞其通貨更精巧、更可靠的手段。這個過程運用了經濟法則中所有隱藏的破壞力，百萬人中也無一人能識破。註32

凱因斯努力表明其延存計畫讓人人都持有政府債券，從而擴大了財富分配的範圍。但它雖然合理而有吸引力，卻未能得到很大支持。它過於新奇；徵稅、配給和自願儲蓄都是經過測試而可靠的老方法。展期債信方案被當作裝飾品，而從未像凱因斯設想的那樣居於主要地位。

但他無暇為此冷淡的反應哀悼；現在他已完全捲入英國的戰時工作。一九四一年他搭機經里斯本到美國。這是他六次此類旅行中的第一次；麗迪亞隨行當他的護士和守護者。在不知疲倦的凱因斯第一次心臟病發後，她就替丈夫計時。許多顯貴都曾在預定停留時間已到時，聽到麗迪亞有禮貌但堅定地說：「時間到了，先生們。」活動便告中止。

他到美國接洽的是英國戰時財政不穩定的問題，以及可怕的戰後過渡期會發生什麼迫切危險

編註

20 英國漫畫家David Low（1891-1963）筆下傲慢反動的保守軍人。

21 原文為Old School Tie，本指英國公立學校畢業生配戴的校友領帶，後用以借指傳統守舊的態度。

的問題。除了英國感到關切之外，美國也想為國際貿易的流通奠定基礎，以避免往往會引發眞實戰爭的險惡金融戰。要建立一個國際銀行和一個國際貨幣基金會，來守護國際資金的流動，以此〔283〕代替各國以鄰為壑，狗咬狗的舊世界。新的協同努力能幫助陷入財政難題的國家脫困。

最後一次會議在新罕布夏（New Hampshire）的布列頓森林（Bretton Woods）召開。儘管凱因斯疲病交加，顯然仍支配了該次會議。這是指他的人品而不是他的論點，因為美國的提案遠比英國提案更接近最終的計畫。一位代表在日記裡對此人做了深刻的描繪：

> 今晚我參加了一場特別稀罕的慶典。今天是劍橋國王學院與牛津新學院締約五百週年紀念，凱因斯為了紀念此刻，在他屋裡辦了一場小型宴會……興奮得像個孩子一樣，已盼望此事好幾個星期的凱因斯，非常有魅力。他發表了精湛的正式演說……這是此位奇人複雜性格有趣地流露。在純理智的事務上，他的觀點如此激進，但在文化事務上他是眞正的柏克式保守人士。他的聲音非常柔細，很適合該場合，但在論及我們的歷史義務時，其情感卻眞摯動人。註33

凱因斯在這次會議結束時的最後致詞中說：「若我們能從此一有限的任務開始，繼續完成更大的任務，世界就有希望。」註34全場起立為他歡呼。

他的主要工作向來不妨礙他從事其他活動。他成為英格蘭銀行的董事，以及關於音樂與文藝的一個新政府委員會主席。因此，在他承擔著向國際經濟會議表述英國觀點的重任時，還與旅〔284〕行音樂家、維克威爾斯芭蕾舞團（Vic-Wells Ballet）、詩歌朗誦團體和圖書展覽團體保持書信往返。當然他仍繼續蒐集物品；他爲福格圖書館（Folger Library）覓得了斯本瑟（Spenser）[編22]作品的珍本，並帶著些許罪惡感向館員解釋，他用了外交郵袋將書目寄過來。

這時榮譽源源而來。他被升爲貴族，凱因斯爵士，堤爾頓男爵（Baron of Tilton）。他在中年時買下堤爾頓的土地，並發現它曾屬於凱因斯家族的一支所有。愛丁堡大學、巴黎的索邦學院（Sorbonne）以及他自己的大學，都贈以榮譽學位。國立美術館聘他爲理事。此外仍有工作：負責陳述英國觀點，從事第一次貸款談判的任務當然落在他身上。回國後，一位記者問他，英國是否眞要成爲美國的第四十九州，凱因斯簡潔地回答：「沒這麼好運。」[註35]

苦難於一九四六年結束。他回到索塞克斯（Sussex）閱讀和休養，並準備重返劍橋教書。某天早上一陣咳嗽之後，麗迪亞飛奔到他身邊，而他已過世。

他的父親約翰．內維爾．凱因斯時年九十三，與他的母親佛羅倫絲（Florence）一起參加在西敏寺（Westminster Abbey）舉行的喪禮。他在國家最需要其聰明才智之際離開，全國都爲了失去一位重要領導人而傷痛。《泰晤士報》於四月二十二日的長篇訃聞中說：「他的逝世，使國家

編註

23Edmund Spenser（1552-1599），文藝復興時代英國史詩詩人，其著名作品爲向女皇伊莉莎白一世致敬的《仙后》（*The Faerie Queene*）。

失去了一位偉大的英國人。」

他絕非天使。這位才氣縱橫的大經濟學家雖然優秀，但也只是個凡人，也有任何人都有的缺點和怪癖。他在玩橋牌時，從兩位伯爵夫人和一位公爵那裡贏得二十二英鎊而得意洋洋。他在阿爾及爾（Algiers）少付一位擦鞋者小費，還拒不認錯地說：「我不加入貨幣貶值的一方。」他可以非常和藹地對待思考緩慢的學生（他說，經濟學家要像牙醫一樣謙虛），註36但對氣味不相〔285〕投的富貴人士卻不假辭色。國民省銀行（National Provincial Bank）董事長哈利．戈森爵士（Sir Harry Goschen）曾主張「讓事情順其自然」。被觸怒的凱因斯回答說：「對這些自然的情緒，該微笑還是發怒？也許最好還是讓哈利爵士順他的自然吧。」註37

凱因斯很敬愛他的老師馬歇爾，也曾開玩笑地稱他爲「蠢老頭」。在論及馬歇爾時，凱因斯詳細說明了一位經濟學家的資格。這雖不是在寫他自己，卻透露出其天才的線索：

研究經濟學似乎不需要特別超凡的天賦。就理智而言，它不是比哲學或純科學較高級的分支要容易得多嗎？這門學科雖容易，卻很少人能專精！或許這種矛盾現象，是因爲傑出的經濟學家必須將多種天賦結合，而這很難能可貴。在某種程度上，他必須是數學家、史學家、政治家與哲學家。他必須瞭解符號，並以文字加以表達。他必須在普遍性中思量特殊性，同時慮及抽象面與具體面。他必須依照過去，研究現在，放眼未來。人類的本性與制度都不該完全置之度外。他必須同時胸懷定見而又不偏不倚；像個藝術家那樣超然脫俗，但有

時也像個政治家那樣涉足紅塵。[註38]

凱因斯說，因爲馬歇爾是維多利亞時代的人，缺乏必要的破除偶像精神，因此他的經濟學未能深入社會，而他只能接近上述理想。凱因斯則比他更爲接近：布隆伯利那種「沒什麼是神聖不可侵犯」的態度，注入了經濟學正統的聖域；這個世界再次被置於一位能看出其病灶的明眼人面前。此人在情感與理智上都有所倚靠，從而有意加以治療。若說他在經濟方面學有專精，在政治〔286〕方面忠誠不移，而其願景便顯露在工程師般的頭腦與滿懷希望心靈的結合之中。

他的分析又如何？這就比較複雜了。從一九四〇年到一九六〇年代，美國學界都受「凱因斯式」經濟學支配，然後開始走下坡。堅定支持凱因斯的艾倫・布蘭德（Alan Blinder）說，到了一九八〇年，「很難在四十歲以下的美國經濟學者中，找到自稱信奉凱因斯主義的人」。[註39]

什麼原因造成這種戲劇性轉變？凱因斯「宏觀」的經濟角度，受大量開支的資金流動所支配，往往取決於難以預測的投資者之「動物精神」；而馬歇爾的「微觀」角度，則強調受買賣雙方理性動機控制之個別市場的核心地位。找不到令人滿意的方式來調和這兩種觀點，是凱因斯主義退潮的部分原因。另一方面，對於與通膨有關的貨幣問題的復興，也削弱了凱因斯主義。在接下來的二十五年中，凱因斯所明確闡述的政府積極角色，逐漸爲人所瞭解，而人們又再次相信，做爲指導與驅動力量的個人行爲，不會輸給凱因斯式的政策。

因此，凱因斯主義凋謝了，但它沒有消失。相反地，自一九八〇年代起，我們進入一個經濟思想的新時代，對如何理解經濟沒有清楚的共識。其結果就和本文一樣，仍是一個願景的危機。這是缺乏清楚分析的規範不可避免的後果。奇怪的是，此一缺漏影響到美國，某種程度上也影響英國，但對歐陸的影響卻小得多。這點或許很重要。歐陸經濟學家從未熱情擁護馬歇爾，對凱因斯也保持某種距離。在斯堪地那維亞、德國、荷蘭和法國反而出現一種微觀與宏觀的務實融合。此願景或可歸結爲此一概念：資本主義是目前唯一可行的體系，但若沒有強而有力的政府，就無法滿足在日益全球化世界中競爭的需要，也無法提供在此過程中受害的人們感到滿意的福利與教〔287〕育。其結果是個非常務實的「世俗」哲學，而美國還沒有找到與之相應的哲學。在將之落實前，我們要先找到它。

第十章　熊彼德的矛盾

熊彼德雖相信資本主義固有的上升力量，其長期觀點卻與凱因斯相反。以幾近執拗的嘲諷作風，他先斷言資本主義在「短期」內確實會一直向上攀升，並補充道：「就此而言，一個世紀都算『短期』。」但接下來就是讓人驚惶失措的最後審判：「資本主義能否存續？不，我認為不能。」

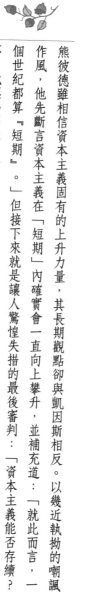

在一九三〇年，當大多數人被陰鬱的蕭條籠罩時，凱因斯正不很認眞地考慮另一個截然不同〔288〕的想法。儘管他曾寫出「長期而言，我們都死了」的名言，他卻瞥見了未來——長期的未來——並做出與當時不景氣的氛圍恰恰相反之預言。因爲凱因斯所預見者，除去無法控制的人口氾濫或全面而毀滅性的戰爭之類災難外，並非當前苦難與疑慮狀態的延續，而是幾乎難以置信的美好前景——不遜於亞當·斯密所預示之普遍豐饒的國土。

凱因斯將他小小的未來之旅稱爲《我們子孫的經濟或然率》（*Economic Possibilities for Our Grandchildren*）（附帶一提，他自己沒有後代）。而這些經濟可能性是什麼?不太誇張地說，它們暗示著某種程度的黃金時代：凱因斯認爲在二〇三〇年之際，經濟問題可能已獲解決——不僅是眼前的蕭條，而且連經濟問題本身，多年來的匱乏問題，都能解決。有史以來第一次，人類（至少是英國人）能不再爲了欲求而奮鬥，邁入人人皆能輕易各取所需的新時代。

凱因斯總是從料想不到的角度出擊。當世人在一次世界大戰後沾沾自喜時，敲響警鐘的是凱〔289〕因斯。在世人轉爲自艾自憐的三〇年代，勇敢說出痛苦即將過去的也是凱因斯。但他不是只在黑暗中吹口哨壯膽而已。相反地，他只是沿著吸收了過去所有偉大規劃者的經濟學脈絡，討論資本主義的成長趨勢。

該趨勢在蕭條期很容易被忽略。但回顧兩百年來資本主義體系的特徵，不只有一連串無意義使人振奮的繁榮與令人沮喪的衰退，而是雖然很不規律，卻穩步向上的趨勢。凱因斯時代的四千萬英國人，肯定不認爲自己受到神的恩賜。但那時代雖然艱困，他們的處境卻無疑遠勝於馬爾薩斯時代的一千萬英國人。

大自然並沒有變得更慷慨。相反地，正如著名的「報酬遞減律」所清楚顯示的，人們愈集約地開發，大自然的產出就愈少。經濟成長的祕密在於，每個世代不僅是以其本身的精力與資源開墾，同時還運用了前人所累積下來的設備遺產。每個世代都在過去遺留下來的財富之上，增加更多新知識、工廠、器具與技術。人類的生產力隨著此遺產的成長而驚人地提升。與其在內戰結束後的祖父相比，一九六〇年代的美國工人憑藉科技的力量，儼然成了超人。只要生產力穩定成長的過程再持續一世紀（僅僅三代的時間），資本主義便將大功告成。因爲凱因斯估計，若能以過去一百年的速度繼續累積財富一百年，英國的實質生產財富將增爲**七倍半**。到二〇三〇年之際，〔290〕
每個工人手邊都能有足夠的機器設備，讓他與一九三〇年代的祖父相比之下，宛如超人。

而生產力如此快速的增長能改變一切，讓研究匱乏問題的經濟學走入歷史。社會的新問題將不是如何尋求閒暇，而是如何打發前所未有的大量空閒時間。凱因斯得意地引用了過去女雜工的慣用墓誌銘：

> 朋友，別爲我哀悼，別爲我哭泣，
> 因爲我將歇息。
> 天國詩篇與甜美樂聲響起，
> 但我連唱歌也不必。註1

當然這只是在理論上稍稍涉足未來，而且沒人認眞看待它。一九三〇年代的機器響聲讓人憂心，因此大家都認爲那種遠景，不過是個美麗的幻想。而凱因斯自己也很快地忙於分析讓世界癱瘓的失業問題之本質。那個迫切問題使他拋開了前述的見解。

但無論是一廂情願或清醒嚴肅，凱因斯的遠景對我們仍然重要。因爲《我們子孫的經濟或然率》，讓我們首次面對我們未來的問題。到此爲止，我們所思考的一切畢竟都只是歷史。不論是亞當・斯密所描述之從十七世紀被控管與規制化的世界演變成原子化市場的資本主義；李嘉圖所預測之幾乎落入地主宰制的資本主義經濟，或馬爾薩斯所害怕之人口過多而僅能餬口的社會；馬克思所預言之注定的自我毀滅；亦或凱因斯自己所剖析之長期蕭條傾向等，這些資本主義的幸與不幸無論多麼讓人關切，卻都缺乏某種懸疑要素。因爲我們已經知道每個歷史轉折點的最後結果。現在我們的處境就沒那麼自在了。當我們轉向現代經濟學者時，討論的就不再是幫助形塑過〔291〕去的觀念。現在被放在天秤上衡量的是我們自己的社會、我們自己的命運，還有留給我們子孫的遺產。

因此我們必須從對歷史的研究，轉爲對未來的評估。資本主義如今位於何處？未來將前往何方？如今我們必須多注意這些現代世界的重要問題。

於是我們轉向另一位，所言可能比凱因斯更接近我們這個時代的俗世哲學家。這位矮小、黝黑、富有貴族氣派的男子，喜歡驚世駭俗的文章與戲劇性的姿態。在經濟大蕭條時期，於哈佛講授經濟學的熊彼德大步邁進講堂中，脫下歐式斗篷，以他的維也納口音對受到驚嚇的班上學生宣布：「ㄙㄣ士們，你們在擔ㄙㄧㄣ經濟大蕭條。不必如此。因爲對資本主義而言，經濟蕭條可說是不錯的冷水澡（douche）。」身爲當時台下受到驚嚇的聽講者之一，我可以證明大多數學生根本不知道douche這個字是指沖澡。但我們都能理解此一奇怪，而且絕非凱因斯式的訊息。

熊彼德會是第一個強調自己對經濟生活的觀點與凱因斯不同的人。這兩人有許多共同的社會觀，尤其是對文雅的資產階級生活的讚揚，與對資本主義普世價值的信仰。但他們對未來的觀點卻恰恰相反。對凱因斯而言，如我們所見，資本主義在本質上可能被不景氣所威脅。我們子孫的光明前景其實有賴於適當的政府支援。但對熊彼德而言，資本主義在本質上就是動態與成長導向；他認爲無須持續以政府開支來輔助成長，儘管他同意以之減輕蕭條時期的社會苦難。

但熊彼德雖相信資本主義固有的上升力量，其長期觀點卻與凱因斯相反。以幾近執拗的嘲諷作風，他先斷言資本主義在「短期」內確實會一直向上攀升，並補充道：「就此而言，一個世紀〔292〕都算『短期』。」[註2] 但接下來就是讓人驚惶失措的最後審判：「資本主義能否存續？不，我認爲不能。」[註3] 我們要多加瞭解這位奇特的矛盾人物。

約瑟夫．阿洛伊斯．熊彼德（Joseph Alois Schumpeter）於一八八三年生於奧地利，跟凱因斯同年，家境殷實而平凡。他四歲喪父，七年後母親嫁給一位地位甚高的將軍。年輕的熊彼德便被送到專爲貴族子弟所設的特蕾莎學堂（Theresianum）就讀。一般而言，讓孩子接觸一個全然不同的社會階層，對其觀點的形塑確實非常重要。熊彼德很快適應了同學們的舉止和品味，也養成了持續終身的貴族氣息。他後來在不只一間大學裡，因爲騎馬進入教務會議室的習慣，讓同事們不悅。他喜歡說他一直都有三個願望：成爲一位了不起的情人、一位了不起的騎士，與一位了不起的經濟學家──唉，結果他只實現了其中兩個。儘管他擁有貴族氣息，我們卻將看見熊彼德最後把歷史的桂冠，頒給了另一群人。不過這個故事的意外轉折得等到本章的終結才能揭曉。[註4]

他進入當時的經濟學重鎮維也納大學，並很快地成爲明星學生。著名經濟學家阿瑟·斯皁托夫（Arthur Spiethof）認爲他「從來都不是個生手」。[註5]但這不畏虎的初生之犢，也膽敢冒險公開頂撞更有名的老師尤金·馮·龐巴魏克（Eugen von Böhm-Bawerk）[編1]。離開維也納後，他曾在英國逗留，從而發生了一段短暫而不愉快的婚姻。然後他成爲一位埃及公主的高薪財務顧問。熊彼德將公主的房地產租金降了一半，同時奇蹟般地讓她的收入加倍──他完全沒有多領一分法外的薪酬。更重要的是，他在埃及時出版關於經濟理論本質的第一本著作，讓他獲得了奧〔293〕地利的教授資格。三年後當他二十七歲時，又出版了《經濟發展理論》（*The Theory of Economic Development*），並迅速地被認定爲小品傑作。

《經濟發展理論》聽來像是對我們稱作未開發世界的分析。但在一九一二年該「世界」特別的經濟狀態與問題還不存在──那是殖民主義橫行的時代。熊彼德的著作討論的是另一種發展

——資本主義發展其成長傾向的方式。該書雖然時有靈光乍現的佳句，但它學者的語調和冗長的文風，無法讓漫不經心的讀者感到它在政治上的重要性。但此學術專著卻注定要成爲史上最具影響力的資本主義詮釋基石之一。

此一闡述以熊彼德式的矛盾方式開場。該書探討的是資本主義的成長與動力，但開頭對資本主義經濟的描寫卻完全與成長無關。在亞當・斯密、彌爾、馬克思與凱因斯的世界中，資本積累乃是成長的要素。熊彼德在該書一開始所描繪的，正是缺乏該要素的資本主義，其生產之流完全靜止不變，以「循環週轉」的方式再生產，對財富的創造不加以改變或擴充。

此模式很像李嘉圖與彌爾設想的靜止狀態，但它對前人而言似乎是資本主義的終結，對熊彼德而言卻是資本主義的開場。這就是差別所在。因此我們必須更謹慎地檢視這循環週轉的特徵。因爲該體系沒有動力，其經濟生活受慣性支配：「所有知識與習慣一旦被獲得之後，就像地上的鐵軌路基般根深柢固。」熊彼德如是說。註6因此在嘗試錯誤而找到對我們最有利的經濟程序後，我們就會照例重複。經濟生活起初可能是一項挑戰，後來就成爲一種習慣。

更重要的是，在這不變的流程裡，任何人的獲利中超出其對產出的貢獻部分，都將被競爭所消除。這意味著雇主間的競爭，會迫使他們要付給勞工的薪酬，相當於他們做出產品的全部價值；土地之類自然資源的擁有者，收取的租金也只相當於其資源所貢獻者。所以工人和地主在此

〔294〕

編註

1奧地利經濟學家，新古典理論的重要傳播者，對奧地利經濟學派貢獻甚鉅。

循環週轉中各得其分。那資本家呢？除了管理的薪資外，他們什麼也拿不到。這又是個令人驚訝的論斷。資本財對產出價值的貢獻，全都被參與生產的勞工與資源所吸收。所以正如李嘉圖與彌爾所預見的，**在靜止的經濟體中沒有利潤**！

爲什麼熊彼德要向我們描述這樣一個奇特（更不用說是牽強附會）的體系形象？也許我們已經發現其方法背後的目的：靜態資本主義的模式是想要解答利潤的來源。

大多數經濟學家都曾極爲謹慎地處理過利潤來源的問題。亞當·斯密時而將利潤視爲勞工創造之價值的扣除額，時而將利潤視爲一種資本的獨立報酬。如爲前者，當然意味著勞工受到欺騙；如爲後者，就得解釋爲何獲利歸於機器的**擁有者**，而非發明者或使用者。彌爾認爲利潤是資本家「節制」的回報，但他並未解釋爲什麼資本家在從事顯然對自己有利的活動時，還有資格得到回報。還有其他經濟學家把利潤描述爲「資本」利得，說得好像是鏟子本身因其對生產的貢獻，而獲得報酬一樣。馬克思當然認爲亞當·斯密的第一個看法是正確的，雖然後者並不自知。但那是勞動價值論的一部分，而人人皆知其錯誤，因此無庸多言。

〔295〕

如今熊彼德對這個傷腦筋的問題，提出了一個出色的答案：利潤既非來自對勞工的剝削，亦非來自資本的所得，而是另一個過程的結果。當靜態經濟體中的循環週轉無法循例運作時，利潤便會出現。

現在我們可以看出，此一極不實際的循環週轉是多麼出色的起點。因爲在所有導致打破慣例的力量中，最引人注目的就是將技術或組織創新引進循環週轉中——新穎或更便宜的生產方式，或生產全新產品的方式。**這些創新所產生的收入流動，並非勞工或資源擁有者的貢獻**。新程序能讓創新的資本家以較低成本，製造出與競爭者一樣的商品，正如同地理條件較佳的土地，能讓其擁有人以比地段較差之地主更低的成本生產作物一樣。如今創新的資本家也像幸運的地主一樣，由於成本的差異而收到「地租」。但這租金不是來自於位置良好或土壤肥沃等天賜利益，而是源於創新者的意志與智慧。一旦其他資本家學會先驅的祕訣，此利益就會消失。所以新的收入流不是或多或少可以持續存在的地租，而是瞬息即逝的利潤。

有創新就有創新者，也就是以新方式結合生產要素的人。他們顯然不是因循舊例的「尋常」商人。改變經濟生活的人代表另一階級。更準確地說是代表另一團體，因為創新者不必然來自哪個社會階級。熊彼德使用**企業家**這個舊經濟詞彙來描述這些生產的革命者。而企業家及其創新行動就是資本體系的利潤之源。

8

《經濟發展理論》絕非僅在讚頌企業家而已。熊彼德對循環週轉的創新作用分析，可以導出〔296〕
利潤，乃至於利息和信貸的起源理論，以及對景氣循環的解釋。熊彼德說，創新往往是先驅者的工作，但先驅者少而創業維艱。反之，要追隨卻不困難。所以創新者的身後會有一窩蜂模仿者

（這是熊彼德的用語）。原本的改進從而普及於整個產業，大量的銀行借款與投資開支造成一片榮景。但創新的普及使得差別的優勢消失。競爭會迫使價格跌至新的生產成本。事態再次按照常規運作，利潤也隨之消失。投資與利潤同步下降。當某些模仿者轉而從事時機不當或規畫不良的投資時，經濟就開始緊縮。

我們將會回來討論熊彼德對週期的解釋。但現在我們感興趣的，是他對企業家功能的強調。要注意，雖然企業家創造出利潤，他本身卻未必獲利。利潤歸於企業主，就和地租歸於地主一樣。熊彼德的企業家啓動了新程序，其收入份額卻被這一股動力所壓縮。這甚至比李嘉圖的資本家還慘。

更有甚者，企業家精神並非一種專業，也不能世襲。它是一種特殊的領導才能——不是那種創造帝王將相的魅力，而是比較沒那麼受社會尊重的把握商業優勢的天賦。

> （熊彼德寫道）因此我們該瞭解，（企業家）身上沒有其他社會領袖擁有的榮耀。而且個別企業家或企業家整體的經濟地位並不穩定。當其社會地位隨著經濟成功而上升時，卻得〔297〕不到文化傳統或態度的支持，只能做一個暴發户，在社會中很容易被人嘲笑，所以我們應該瞭解，此一類型始終不受歡迎……註7

那麼爲何企業家還要從事他那吃力不討好的差事呢？熊彼德說：「首先，有著建立私人王國

（通常也是個王朝，但不必然）的夢想與意志……然後有征服的意志：戰鬥的衝動，證明自己比別人強，爲了成功本身而非成功的果實，去追求成功……最後，創造、把事情辦妥，或只是單純地運用自身的能力與想像力，也讓人喜悅。」註8

這個奇特的描寫混合了韋伯連所稱頌的製造本能，以及他所鄙視的掠奪性驅力。亞當．斯密筆下的資本家當然不會爲了贏得社會尊重而累積資本，馬克思筆下的工商巨頭，也不是迫於這些複雜的壓力而去擴張資本。熊彼德的企業家較浪漫，是體系中的漂泊騎士。企業家自己未必是資產階級，但渴望成爲其中一員。在實現理想的過程中，企業家替社會注入生機，使之不致變得像托馬斯．曼（Thomas Mann）的《豪門世家》（*Buddenbrooks*）中那敬畏上帝的商人王國那樣溫馴。而且我們稍後會看到，企業家的角色比熊彼德自己所詳加說明的更廣。但那也要等到最後解釋熊彼德的願景時才能揭曉。

《經濟發展理論》讓熊彼德步入學術生涯，只有在一次世界大戰後短暫的政府與商界工作使之中斷。在一九一九年，他同意加入德國新社會主義政府所成立之產業國有化委員會。一位年〔298〕輕的經濟學家問他，對企業如此頌揚的人怎能參加一個要將之國有化的委員會。熊彼德回答：「若有人想自殺，旁邊最好有個醫生。」註9同年，奧地利中間派與社會主義派合組的新政府請他出任財政部長。他制訂出一套頗具野心的計畫以穩定奧地利貨幣，但在通過前就因衝突與歧見而被迫下台。該計畫可能失敗——當時凝聚的通貨膨脹洪流勢不可擋。接著他又短暫出任貝德曼

（Biedermann）銀行董事長。但這間維也納的私人銀行卻被經濟風暴（以及熊彼德某些夥伴不誠實的行爲）拖垮，而這位新董事長發現自己已負債累累。這位有貴族之風的人償還了全部債務，而沒有接受破產保護，儘管這賠上了他的資本，還要持續賺錢還債十年之久。更慘的是，他母親寓所管理員迷人的二十一歲女兒，與熊彼德相戀五年後嫁給他，卻在一年後因難產過世。這打擊讓原本就憂鬱的熊彼德更加陰沉。在這齣眞實的悲劇之外，再透露一則接近喜劇的故事。熊彼德的妻子安妮在婚前有一年的時間不在奧國。不願意向朋友透露她卑微出身的熊彼德，說她去法國和瑞士的學校接受適當的教育。其實她是去巴黎當女僕賺生活費。[註10]

隨後他展開了眞正的教學生涯，先成爲日本的客座教授，接著到德國，很快又進入哈佛任教，並因爲他的舉止與斗篷而成爲校園名人。他也在那裡娶了另一位經濟學家，伊莉莎白・波迪（Elizabeth Boody）。最後也是在哈佛，他聲稱大蕭條是不錯的冷水澡，這評論至少讓一位年輕學子終生難忘。

事實上，大蕭條正可測試熊彼德的觀點。若資本主義的動力來自企業家的創新，爲何其刺激 〔299〕
在慘澹的一九三○年代不見蹤影？凱因斯曾說，不景氣反映了商人的預期狀態，但其理論無須解釋爲何商人的「動物精神」低迷。熊彼德還有一個更艱鉅的任務，因爲他用一連串的創新和一窩蜂的商人來解釋景氣榮枯。但無盡的蕭條讓人質疑，爲何新的創新未能及時出現。

熊彼德在他一九三九年出版的上千頁兩卷本著作《景氣循環》（*Business Cycle*）中，傾向於兩種解釋。他說經濟週期不只一種，而有很短的週期、七到十一年的週期，以及與蒸汽火車或汽車等劃時代創新有關的五十年長週期。這三種週期同時落底，就是蕭條如此嚴重的部分原因。從俄國革命到普遍的政府無能等負面外部因素的衝擊，是大蕭條的第二個原因。此因素雖落在景氣循環理論範疇**之外**，卻使得情況惡化。

雖然一窩蜂現象還未能穩固地解釋商業週期，上述對危機的評估卻很聰明。但此書引起我們的興趣，更另有原因。那就是資本主義和任何社會體系一樣，不能只靠麵包。它需要信念——在此指對文明的價值與美德的信念。資本主義創造該文明，後者又回頭再創造資本主義。**儘管該體系在經濟方面成功，此信念卻逐漸失去動力**。

於是此書（再一次！）以矛盾收尾。純就經濟而言，資本主義還能繼續賺錢好一陣子。誠如熊彼德在結尾倒數第二句所言，若他三個投資週期互動的輪廓正確，接下來的三十年將遠比過去〔300〕二十年好得多。然後就是他令人驚慌失措的結尾：「但無法期待社會趨勢的改變。」[註11]

我們已從他的《資本主義發展理論》（*Theory of Capitalist Development*）的論證中找到提示，而《景氣循環》則比提示更加深入。但對資本主義未來願景的完整論述要到一九四二年，才出現在熊彼德出版的《資本主義、社會主義與民主》（*Capitalism, Socialism and Democracy*）中。該書改變了我們對該體系的思考方式。

該書始於馬克思。奇怪的是，最自我中心的熊彼德卻以反駁他人來界定自己的學術生涯。凱因斯是他的頭號大敵，因為熊彼德不僅在哲學立場上反對凱因斯的願景，在個人立場上也為了凱因斯譽滿天下，而他卻只得到學界同僚的肯定而苦惱。更異常的是，他從不給予凱因斯應得的稱讚：當《一般理論》問世後，熊彼德在評論該書時對這位大師推崇備至（「致力於經濟問題的最傑出人士之一」），卻對該書提出了不得體，甚至無法被諒解的駁斥（「愈少提到該書愈好」）。註12

但熊彼德學術生涯中的眞正對手不是凱因斯，而是馬克思。熊彼德在學生時代便已研究馬克思，並與那時最傑出的兩位年輕馬克思主義學者魯道夫・希佛丁（Rudolf Hilferding）與奧托・包爾（Otto Bauer）研討。他比當時任何西方經濟學家都更深入地瞭解馬克思的著作——其中許多著作直到一九五〇年代才出現在英美世界。在哈佛期間，他隨時都樂於和年輕同事們討論馬克思，甚至寧願接受馬克思也不願接受凱因斯！難怪《資本主義、社會主義與民主》要以馬克思這個眞正足以匹敵的對手開場。

〈先知馬克思〉、〈社會學家馬克思〉、〈經濟學家馬克思〉、〈導師馬克思〉：這是該書〔301〕前四章的標題。或許這兩人觀點的異同之處已很明顯。對馬克思而言，資本主義的本質是辨證的變化與自創的失衡。這些都被熊彼德所吸納——馬克思對資本主義內在發展的觀點，無疑就是熊彼德觀點的來源。但馬克思將此動因歸於勞動階級與資產階級間的鬥爭——該鬥爭持續擠壓出剩餘價值，並因此刺激了所有資本家（不僅是先驅者）設法發明少用勞工的創新技術以挽救其利潤。

這就是熊彼德與馬克思分道揚鑣之處。他提供了另一種體系的觀點，強調資本主義「布爾喬亞」的一面，而非其貪得無厭的面向。對熊彼德而言，這布爾喬亞成分就是對理性且主張享樂的商人的文雅表述，而這商人被他視爲與神氣活現，重視榮譽之戰士恰恰相反的對照。他寫道：「資產階級生活風格的演化，可以被輕易地（或許是最生動地）用普通西裝的起源來描述。」註13這話有韋伯連之風。因此依熊彼德之見，實現資本主義之極重要目標的，並非其核心的布爾喬亞資本家，而是外來的闖入者——竄起的企業家。馬克思或韋伯連都會質疑這兩者有何區別，但就熊彼德對該體系的解釋而言，這至關重要。

我們用不著贅述熊彼德與馬克思之間的其他差異。熊彼德對其敵手可能沒有精確地衡量，但顯然他已勾勒出一位傑出智者，必須在他自己的立場上遭遇，並加以擊敗。這正是他的打算。當我們翻完〈導師馬克思〉一章，在次頁讀到：「資本主義能存續嗎？」答案讓人倍感震驚：「不，我認爲不能。」

但若資本主義注定滅亡，也不是出於馬克思所提的原因。所以我們要精心描述熊彼德所謂「看似合理的資本主義」。什麼是看似合理的資本主義？它很像凱因斯已呈現給我們的，經過仔〔302〕細思考的場景，可能是一個成長的世紀。這就是熊彼德絕對的最佳狀態。停滯論者對投資機會消失的擔憂被一掃而空：他說，對天空的征服，將與對印度的征服一樣重大。註14其他經濟學家對壟斷拓展趨勢的擔憂也被拋到九霄雲外，推動資本主義創新改革——「持續不斷的創造性破壞」——的正是這些「壟斷者」。這個舞台似乎就是用來正面駁斥馬克思。看似合理的資本主義是經過深思熟慮的經濟體系模式，得以不斷地自我更新以實現成長。註15

但現在熊彼德的矛盾登場：資本主義在**經濟**上得以成功，在**社會**上則否。這是因為，正如我們所見，資本主義經濟基礎創造出其意識型態上層建築——理性而不浪漫、愛批判而不勇敢、讓人穿西裝而不戴盔甲。最後拉垮體系的正是這個資本家的心理狀態：

資本主義創造出批判性的心理框架，而摧毀了許多其他制度的道德權威，到最後將矛頭轉向自己。資產階級驚訝地發現，理性批判的態度不會只針對國王與教宗，而會繼續攻擊私有財產以及整個資產階級價值系統。註16

因此偉大的創業冒險步向窮途末路的原因，不是勞動階級崛起，或體系最終無法控制一連串惡化的危機，純粹是因為氣氛已經變了。個性與人格力量的作用下降，官僚管理的作用上升。創新本身變成制度化的例行公事。作為資本主義價值觀偉大輸送帶的資產階級家庭，感染了理性主義的疾病，喪失了自身的信念。因此，表面看似運作順暢，「底下卻深藏著朝向另一個文明前進的緩慢趨勢」。註17

〔303〕

我們再次翻頁：「社會主義行得通嗎？當然可以。」註18這是非常熊彼德式的社會主義，溫和而官僚化的計畫經濟，我們稍後會簡短論及。但要注意熊彼德論證的卓越之處。他已在馬克思的立場上將其擊敗。雖然他在資本主義能否存續等似乎很關鍵的爭議點上都認輸，但他證明（至少提出了理由）資本主義之所以被社會主義取代，是基於熊彼德所述的原因，而不是馬克思的！

馬克思搶盡鋒頭，但熊彼德的觀點贏得勝利。

是這樣嗎？這個問題之所以非常重要，不僅是爲了評價熊彼德，而且是因爲其預言與我們的命運有關——我們就住在他描寫的體系中。

我們開始讚嘆熊彼德時，也感到惱怒。熊彼德不論在捏善良資產階級保守派的鼻子，或是捏狂熱馬克思主義信徒的鼻子時，都免不了裝腔作勢。他用他的書散布大量惱人的觀念：馬克思是個大保守派（！）；[註19] 壟斷「擴大聰明人的勢力範圍，縮小蠢笨者的勢力範圍」；[註20] 一個國家「資本主義的程度愈徹底」，就愈不可能侵略——[註21] 研究十九世紀英帝國主義，與二十世紀美國外交政策的學者，會對此判斷感興趣。

但這些特別炫目的說法，都必須被放在能反映整體論證的角度來看。該論證是否有若干依據？技術大幅進步的可能性、商界與政府漸趨官僚化、資產階級道德的衰退，難道不正是讓我們震驚的不尋常預言嗎？要記得該書出版於一九四二年。熊彼德的遠見在當時無與倫比，他立即讓當時的左派（興奮地預期資本主義即將滅亡）、中間派（天真地相信溫和的政府開支能一舉徹底〔304〕解決問題）、右派（不祥地預測我們將踏往奴役之路）相形見絀。

然而熊彼德的預測也不完美，在仔細推敲後，發現它不如初見時那樣令人印象深刻。熊彼德正確地預見科技的未來進展，卻沒預見從核武、核能到電腦化等科技的性質，可能對資本主義與投資領域造成相當大的危險。他無疑預見了大企業迫在眉睫的官僚化，卻不正確地以爲這些大巨人的崛起，會減少其侵略行為：大型跨國公司爭奪世界市場占有率的景象，與熊彼德對資本家擴張趨力減弱的預測不符。

資本主義世界會否被某種倦怠感或信念喪失所壓倒？在一九六〇年代晚期，此說固然似乎很有遠見，因為西方資本主義似乎明顯地朝向某種計畫經濟。三十多年後，此說就不那麼可信。因為不僅在美國，連整個歐洲都可見到資本主義信念的復甦。更多的計畫在起初引發成長，然後造成通膨，終於導致對計畫程序本身的信心消失，而蘇維埃體系的崩潰則是致命一擊。

當然，熊彼德描述的是長期，而我們用來批判他的都是短期現象。資本主義的復甦可能是曇花一現，而後繼續走向溫和的社會資本主義。或許官僚化趨勢最終會奪走企業的主導權，而大型跨國公司將組成某種巨型企業聯盟，把世界劃分成幾個私人經濟王國，就像百年前的帝國主義一樣。

這些都只是推測，但熊彼德的願景也是推測——一種看似合理的資本主義，但不是唯一的一〔305〕種。他的劇情可能光彩奪目，卻並非來自於體系先前發展的邏輯。我們知道李嘉圖、亞當·斯密或馬克思都遵循該邏輯。**這是因為熊彼德的預言並非純經濟性質**。它其實是一套關於社會與政治事務的精明斷言，因此原本讓亞當·斯密或馬克思得以建立其傑出理論的保證，卻無法用來預測熊彼德的理論。這位叛逆智者對於破壞此觀點起了如此大的作用，因為熊彼德的資本主義並不遵守資本積累或商業競爭法則。判定遊戲得不償失的商人是屈服於文化而非經濟壓力。更確切地說，熊彼德不是在最後得意洋洋地歸結出，經濟程序本身不足以決定體系動向嗎？

因此對其願景的判準，與對其他俗世哲學家的判準不同。他的預言中社會性高於經濟性，是關於文化變遷方向的判斷。熊彼德的貴族品味、冷漠的學者立場，以及在實際政治與企業界的難受經驗，使之比一帆風順的凱因斯或抑鬱終生的馬克思更適合判斷事物的趨勢。然而熊彼德犧牲了賦予古典預言家願景力量的嚴謹經濟邏輯，才換得其洞見中最重要的部分。

熊彼德命題之意涵令人憂慮——相關的不只是資本主義，還包括經濟學。因爲俗世哲學家們的偉大成就，不就在於能推斷社會動向嗎？經濟學不就是建立在或多或少的預測能力上嗎？而熊彼德的劇本不就是在說，一切都過去了，所以經濟學的預測能力已不再重要了嗎？我們將於最後〔306〕一章回頭討論此決定性的問題，但熊彼德這個唐吉訶德式的角色，還要演出最後的轉折，屆時我們就能看見，那不只能讓我們更瞭解熊彼德的生平而已。

讓我們再次回想，熊彼德對資本主義之描述的核心矛盾。我們在其《經濟發展理論》中發現，資本主義被描繪成靜態、遲緩、一成不變的「循環週轉」，也是一個被後來稱爲創造性破壞之風的變遷動力所趕上的體系。熊彼德怎能用如此不一致的詞彙來描述該體系呢？一個本質上一成不變的循環週轉體系，又怎能被描繪成持續自我轉變的過程呢？

我們知道熊彼德的解釋：循環週轉讓我們體會到企業家精神的作用——不僅是資本主義內的驅力，也是利潤收入的獨特起源。但還有另一種解釋。想想，熊彼德的企業家並非來自任何特定階級——他們只是擁有創新的天賦。因此資本主義的「發展」並非內生的，而此社會動力掌握在非資產階級菁英之手！

熊彼德本身無疑相信「菁英」在歷史上的重要性——菁英就是擁有不尋常天賦的少數人。讓我們看一下在《經濟發展理論》中，他是如何以音樂能力的例子來談菁英：

> 我們可以假設每個健康的人，想唱歌就能唱。或許在一群同族的人中，半數擁有平均程度的歌唱能力，四分之一的人能力在平均程度之下遞減，而讓我們假定有四分之一的人優於平均程度。在最後這四分之一中，程度愈高，人數愈少。最後我們就能找到卡羅素〔307〕（Carusos）[編2]。[註22]

歌唱能力如此，領導能力亦然，而經濟領導能力也包括在內。熊彼德說，大約四分之一的人極度缺乏此能力，所以被委派的都是辦事員之類，在經濟生活中最平凡的常規工作。[註23]另外一半的人具備正常的創新能力。在此我們發現，「實際上所有商界人士」，主要仰賴過去安逸的慣例行事，但能因應一般日常挑戰。在這之上的是眞正的菁英——「擁有超常才華與意志的人」。[註24]

所以敘述變遷與發展的歷史，即是菁英影響怠惰社會大眾的故事。在不同社會環境，需要發揮影響的特質也不同——封建社會要軍事天才、市場社會要經濟天才——但總會有某種菁英的驅力。因此領導階層構成一特殊團體，自居社會層峰。領導人可以更迭，但領導階層不變。熊彼德

寫道：「社會上層就像總是客滿的旅館，裡面的人來來去去。」註25

這又是針對著馬克思以無產階級做爲革命力量的觀念。熊彼德說，馬克思完全錯誤。人數眾多的無產階級必然以能力中等者爲主，不可能成爲變革的力量。個別的無產階級人物可能有領導才能，但領導才能本身只能爲極少數人擁有。

或許這就是熊彼德對社會主義的降臨如此泰然自若的原因。因爲在他想像中，於資本主義終結後管理經濟的人物，當然是有能力的資產階級。他寫道：「這個階級藉由篩選的過程，包含了〔308〕具備超乎尋常能力的人們，因此是國家的資產，而被任何社會組織運用都是合理的。」註26所以任何管理階級都無須害怕社會主義。指揮社會主義體系所需的技能，與經營先進資本主義體系所需的技能，相像到足以讓資產階級菁英自然居於社會頂端。

這是經濟學嗎？以任何傳統觀念來看都不是。這該被稱作歷史社會學。占據制高點的不是階級而是菁英。經濟學所描述的結果，發生在獎勵市場技能的社會中，而非獎勵在戰場、講壇或管理辦公室之技能的社會中。菁英人士永遠扮演主角。

因此熊彼德用他自己的經濟模式，來體現更大的社會願景。註27這個我們一直在用的字，本就屬於熊彼德。直到一九五〇年去世前，他持續對經濟思想進行權威性的研究。「願景」就在該

編註

2指Enrico Caruso（1873-1921），義大利知名歌劇演唱男高音。

研究的核心。分析可以是經濟學的偉大榮耀，但分析不會完整地從經濟學家的頭腦中蹦出來，就好像希臘神話中的智慧女神，從主神的額頭中生出來一樣。在提出合理的劇本前，必有一個「前分析」的過程，而該過程必然受我們內心深處價值觀與偏好的影響。熊彼德寫道：「分析工作體現出我們看到的事物風貌。不論有無任何可能動機讓我們預設了想要的觀點，我們看事物的方式，與我們希望看事物的方式，幾乎無法區別。」註28

這是出色的洞見，而且可以拿來說明，熊彼德自己幾乎必然沒察覺的事。這也是爲什麼最細心的經濟學家馬歇爾，未能預先考慮到凱因斯在消費與投資之流這兩者間，所發現的重大差異之原因。

我們在馬歇爾的《原理》中找到了答案。他討論**消費財**的本質，並與他稱之爲**生產財**的事物〔309〕比較。他提到這兩種產出間有「某種顯著的差別」。註29我們屏息以待，因爲我們可以看到凱因斯決定性的洞見已近在咫尺。但馬歇爾卻說這差異「含糊而且可能沒什麼實際用處」。爲什麼？因爲他的經濟願景著重於商品**定價**的過程，而非爲了未來成長而生產的後果。而且從這個觀點來看，馬歇爾是對的：替一件襯衫定價與替一台機器定價並無根本差別。他看不出生產前者與後者有何差異。

有沒有更引人注目的例子，可以說明願景造成的分析差別呢？若馬歇爾的觀點像凱因斯的一樣，集中於總產出的途徑上，就能看到凱因斯之所見。但像他那樣只著眼於定價，就會失之交臂。

那麼經濟學，是否為對我們希望見到，或不得不見之事物的分析，而非對一個明確存在世界之超然且客觀的剖析？我們將在下一章試圖評估俗世哲學家們的成就，以及俗世哲學整體的前景時，回到此問題。

繩子上還有最後一個結。我們還記得年輕的熊彼德闖進維也納貴族學校的環境，並吸收了對其人生至關重要的價值觀。當我們認為那些價值觀，轉化為他自己以菁英為核心動力的歷史願景時，是否有誤？此菁英當然是貴族，相信被選中的少數本來就比較優秀，而這就是貴族社會觀的核心。但要注意，熊彼德的少數菁英選拔標準不是血統，而是「才華與意志」。因此那是**天賦的**貴族。註30 熊彼德就是這一類菁英。而這齣歷史劇，就如熊彼德所想像的，不僅將資本主義正當化，同時更將一個立基於比單純家族或血統更穩固之基礎上的群體（熊彼德自己的群體！）也正〔310〕當化。因此個人經驗與歷史願景最終合而為一，化解了許多矛盾。

或許熊彼德自己不喜歡這個評價，但也不太可能否認。他立志成為大經濟學家——這個願望是否已實現還不清楚。有趣的是，儘管他的學生與同事懇求在課堂上講授他自己的理論，他都不這麼做。有位學者表示，這是因為熊彼德感覺他最後的分析構想仍有所不足的緣故。註31 我們並不知道他是否立志擁有遠大的見識——他當然有。不論做為分析者或先知，對經濟學有興趣的人都必須對他有所理解。這不僅是因為他在這個領域內的成就，更是因為他的成就突顯出其侷限。

第十一章　俗世哲學的終結？

若經濟學並不是一種社會科學，那它對社會究竟有什麼用呢？經濟分析本身無法指明我們通往未來的道路，但經濟願景能讓人覺醒，使資本主義結構可以擴大其動機、增加其彈性，並發展其社會責任。總之，在壓力近在眼前的時刻，俗世哲學的重大目的，應該是讓人對於社會上與經濟上同樣成功的資本主義其需要與可能性，有新的體認。

本章標題似乎證實了序言中預先提醒的，一個可能讓人倉皇失措的結局。但我要提醒讀者，〔311〕「終結」一詞有兩種意義：**終止**與**目的**。當我多年前寫完本書，試圖決定書名時，我很愉快地選了這個題目。在我們考慮此主題的未來與效用時，一定要把「終結」的雙重意義銘記在心。

如何開始這個高難度的任務呢？我認爲最好回到起點，提醒我們自己經濟學究竟是什麼。不用說，這不僅僅是在討論數字、預測與政府公告等日常經濟新聞，也不是供需線圖和方程式等每個經濟學者都很熟悉的事物。經濟學的核心是一個解釋體系，其目的在啓發我們，被我們稱爲經濟的複雜社會實體的運作、問題及前景。

到目前爲止，我們主要在強調這些辯明的願景的特別變化。從重商主義的君主到馬歇爾的職員，或從斯密「十足自由的社會」到韋伯連商人搞破壞的社會，似乎不可能有一個全盤統一的研究對象。然而在這最後一章，我提議換個角度——在找尋共同結構核心時，無須過度重視表面差〔312〕異。

我們要回答該問題，就得回顧第二章。該章開始於觀察人類出現在地球後，前百分之九十九的期間，如何靠著決定其狩獵與採集活動的傳統生存。但我們很難將這些複雜的規則與禁忌稱爲「經濟學」。同樣情形也適用於西元前四千年到西元前三千年間，建造城市、灌溉系統與大金字塔之更複雜也更具創造力的社會體系。如我們所見，如今決定人類生活的不只是「傳統」遺風，還有「指令」這股強大的新力量。

或許沒有比這些社會的興起更引人注目的事件。但我們需要「經濟學」觀念來解釋或理解

「指令」帶來的革命嗎？我不這麼想。舉例來說，價格變動一直是經濟學解釋體系的主要部分。但法老的工人所切割的石塊並無價格可言，金字塔就更不用說了。指令以驚人的方式改變社會；它並未帶來需要我們稱之爲經濟學的全新方式去理解的生產與分配組織。

那麼這個理解社會運作的新方法最終如何登場？答案也在第二章，就是中古傳統與封建指令，被確實需要新說明方式的社會秩序緩慢地取代。此社會秩序即被稱爲資本主義；以經濟爲其組織物質生活的手段，而經濟學則爲其新的解釋體系。

我可以簡述資本主義帶來的改變。首先是仰賴貪欲做爲主要手段，以組織社會物質需要的生產與分配。我只請讀者記住，對每個人而言，在那之前追求財富於任何社會都不合法，更不會受〔313〕到鼓勵。國王當然可以；投機者或許還行；低下階層絕不可能。

其次，資本主義讓市場的獎懲機制來引導生產及其分配形態。在採集與狩獵或指令體系中，沒有這樣的程序：透過買賣競爭來供應民生物資的作法，不存在於任何其他社會秩序中。

第三，資本主義是第一個，由公私兩種界線分明的權力來全面指導的社會。公權力（政府）運用武力並制訂法律，但本身不執行日常生產與分配任務。該任務大致上交給追逐利潤的個人，這些人依其所願從事生產、雇用願意接受其提供薪資與工作條件的人、遣走不接受這些條件的人，但他們不能像蓋金字塔的人一樣強迫別人上工，也不能像封建領主一樣體罰不稱職的工人。

這三項歷史性創新，爲所有大經濟學家的願景設好了舞台。隨著新經濟加速拋棄「傳統」的包袱與「指令」的獨斷，他們的描述和對策也有所不同。但從斯密到凱因斯與熊彼德，都以該社會型態爲其共同根源。俗世哲學是資本主義之子，沒有後者便無法存在。

這一切與本章標題的兩種意義——經濟學本身可能終止，與經濟學本身的最終目的，有何關聯？第一個問題的答案，就在於一項正在變成經濟學家願景的深遠變遷。這起於使用抽象詞彙描述買賣活動的傾向，也許開始於第七章提到的艾基渥斯的「幸福微積分」，與馮．屠能的「合〔314〕
理工資」公式。到了馬歇爾時期，許多書本章節中都有美麗的圖表，而我們也注意到凱因斯用代數來描述其分析結果。

然而奇怪的是，我們這時代經濟學的關鍵改變，並非數學的逐漸普及。任何仰賴現代科技的社會都充斥數字。所有工業體系都會造出大批量化資訊，也需要這些資訊。在高速生產與即時通訊出現前，這是不可想像之事。現代經濟的互賴程度，更甚於亞當．斯密別針工廠中的工人。隨著互賴的增加，資訊的數量與需求還會更上層樓。統計學與數學就此進入現代經濟學，否則無法將數以百萬計的產出化約爲一個叫作「國內生產毛額」的數字，也不能算出用來表示數不清商品與勞務平均價格的「物價水準」。這並不是說數學模型顯示出，如何依據我們身邊充斥的資訊來採取最好的行動：在現代結合了統計學與經濟理論的計量經濟學，絕非以準確著稱。更確切地說，在不同的數學形式中，沒有更好的方法來說明經濟學所要分析的許多議題。

雖然數學化的情形很顯著，卻不是本章關切的極爲重要之變化。如今數學滲透到經濟學中，將其形式化，並成爲經濟學偏愛的表述方式。但沒人眞的把數學與經濟學混淆在一起。更深刻的改變在於，先後做爲經濟學願景（甚至是其本質）的新舊概念的消長。新概念是指「科學」；正在消失的舊概念則是「資本主義」。

讓我引述兩本最近的教科書，使該指控更加具體。《經濟學原理》的作者N．格列哥里．曼昆（N. Gregory Mankiw）註1與《經濟學》的作者約瑟夫．斯蒂格利茨（Joseph Stiglitz）註2都有極高的專業聲譽。他們撰寫的教科書清晰易讀，充滿智慧。讓我們來看看它們是否說明了我的論〔315〕點。我先引述曼昆著作的〈導論〉：

> 經濟學家試圖以科學家的客觀性來處理他們的題材。他們處理經濟題材的方式，大致與物理學家研究物質和生物學家研究生命的方式相同：他們構思理論、蒐集資料，然後加以分析以證實其理論。

我們會立即思考將科學置於中心位置的意涵。但資本主義是否已不再被用來描述經濟？看看斯蒂格利茨兩卷本的教科書。實際上，在這本九百九十七頁的經濟學導論中，資本主義一詞並未出現。答案很明顯。

選擇性的引述當然會被懷疑。我或可請求存疑的讀者，前往最近的公共圖書館，隨意從一九五〇年代前十年，以及最近十年的《美國經濟評論》（*American Economic Review*）（美國經濟協會的頭號期刊），或與之相當的英國《經濟期刊》中，選出數目相若的幾本來比較。我想我可以保證，懷疑論者將會發現在第二個群組中顯然涉及更多科學方法，而**資本主義**一詞急劇減少。即使這會危及我的可信度，我也必須大膽提出這些改變發生的原因。

讓我們先從科學著眼。不只一項理由使人認爲，科學概念變成經濟學家的願景中愈來愈明確的部分。其中第一個（絕非最不具說服力的）理由，就是研究經濟運作的學者像研究自然運作的 〔316〕 學者一樣，尋找行爲的規律性，將之當成發現「法則」的首要線索，而法則的發現或許是科學最重要的成就。沒有重力法則的知識，我們就不能解釋（或預測）行星或飛機的軌道。問題是經濟行爲有類似這樣的法則嗎？

我用「類似」一詞，因爲個人行爲顯然比在空中移動的物體更複雜。衣物價格上漲時，我們對衣物的購買量可能下降；但也可能不會（若我們的喜好被促銷廣告所掌握）。然而沒人會否認物價與購買量間有著**普遍**的關係——物價變動後，購買量通常呈反向變化。

此外，在我們的收入與消費支出之間，或利率變化與企業投資支出之間，也能發現同樣普遍可預測的刺激—反應關係。因此經濟行爲顯然有某種程度的可預測性，而這在政治之類的其他社會生活領域，很難（甚至根本不可能）找到類似的例子。同樣值得注意的是，經濟刺激通常帶來反向變動，端視我們是買家還是賣家而定。這是經濟與非經濟生活的另一個區分。其實正是這種價格刺激對行爲的兩極影響，讓市場促進社會秩序，而非使之失序。這獨特的穩定效果再次將經濟行爲與某些自我平衡的自然過程聯繫在一起。

因此市場體系早先被發覺與科學關切的自然過程有些相似，並不讓人驚訝。這種相似性無疑具有吸引力。若經濟學能變成眞正科學的分支，它會大幅增加我們預測事件走向，以及改變該走向後果的能力。經濟科學肯定不會讓我們對未來的控制，比物理科學對重力走向的控制更多，但〔317〕它無疑會增加我們對於改變經濟體系運作後果的預見能力，從而選擇最有利的行動路線。那麼，爲什麼我們不該爲經濟學逐漸成爲一門科學而喝采？

有兩個原因。馬歇爾注意到了其中一個。雖然他爲經濟學像科學的那一面著迷，卻提醒人們「經濟學無法和精密的物理科學相比，因爲它處理的是人類本質上變動無常的微妙力量」。註3在描述科學研究的電子與介子行爲時，我們談到物理或化學定律。但這些自然物與構成社會科學研究對象的人類，兩者的「行爲」之間有著無法逾越的鴻溝。例如科學家在解釋光學現象時，提到電子的行爲，沒人認爲個別電子會「決定」要不要移動，或移動到哪裡。反之，經濟學家藉由買賣雙方的行爲，解釋價格變動現象時，必須假設個人已決定像從前那樣行動，否則無法對研究對象加以描述。一言以蔽之，除了純物理反應之外，人類行爲還會有例外——到最後一刻仍能不可預測地改變我們的心意。自然事物的「行爲」則不然，物理粒子對其行爲無從「選擇」。

因此漫不經心地使用「行爲」一詞，很容易把有意識與無意識這兩種完全不同的事物混爲一談。若經濟學眞的是一門科學，我們人類便僅僅是無法選擇如何因應物價上漲的機器人，和受磁鐵吸引的鐵粒子沒兩樣。

第二個反對的原因看似大不相同，實際上只是一體的兩面。那就是，人類社會生活本質上是〔318〕**政治性**的。所有社會一旦脫離狩獵與採集階段而變爲「指令」社會，就會創造出受益者與受害者，從貴族到奴隸、從階級到種姓、從有產到無產。資本主義也不例外。諸如財富或所得分配等重大經濟事務，是由像重力一樣的社會因素決定的嗎？稅務、繼承權或血汗工廠的存在，只是恆久不變自然法則的表現？還是屬於我們所處的社會政治秩序中，很容易變化的事物？

此問題與曼昆所謂經濟學家「試圖以科學家的客觀性來處理他們的題材」有關。像被繼承的財產或過度貧困等事物的「客觀性」是什麼意思呢？那反映出某些必須被接受的社會特性，正如科學家接受透過望遠鏡或顯微鏡研究所得的結果？還是意味著，我們若小心翼翼地體察自己對社會安排的贊同與反對，我們就能藉由適當的懷疑，達到一個眞正中立的觀點？這樣的話，即使我們的研究對象是社會而非自然的產物，仍能用「科學的」一詞來形容我們的發現嗎？

答案是不能。當然有很大的空間運用科學方法來分析許多經濟學試圖闡明的問題，包括滿足經濟學家們報告其盡可能謹愼觀察所得之資料的需要。但涉及政策建議時，不可能將經濟分析呈現得好像它們是在特定社會中不受挑戰地長出來一樣。這是因爲沒有能與自然的已知事實相比較的事物。此外，要承認所有層級化社會中皆有的權力與服從，並不會因此允許我們採用在說明自然時的客觀性解釋。它僅讓我們用描述自然運作的語言，來描述社會運作。若這樣一種僞科學觀〔319〕點變成經濟學的目的，那眞的會造成俗世哲學的終結。

因此，我們的討論引領我們去思考我在本章開端提出的第二個更大的問題——即我們主題的目的。若經濟學並不是一種社會的科學，那它對社會究竟有什麼用呢？

我的答案是，它的目的是讓我們更瞭解資本主義環境——在可見的未來，我們很可能得在該環境中塑造集體的命運。我支持民主社會主義的觀念與目標多年，做出那樣的斷言並非易事。但以二十世紀的社會主義經驗爲依據，很難期望它會在新世紀脫胎換骨。更確切地說，考慮到未來數十年內明顯可見的瑕疵和壓力，社會主義（尤其是在它最可能出現的低度開發地區）極可能再次發展出政治自大狂、官僚的惰性與意識型態的偏狹。

這些瑕疵與壓力肯定也會破壞資本主義社會。以全球暖化爲首的生態危機，不僅使人們需要在貧窮國遏制氣候變遷的損害，要讓做爲溫室氣體發源地的較富裕國家減少排放量，甚至是更加艱鉅的挑戰。再加上核子武器令人擔心地擴散；族群、人種與宗教仇恨，資本主義國家不可能自外於這些問題與緊張情勢。最後還有全球化經濟快速成長的問題；它大致興起於個別資本主義國家之內，後來卻脫離其控制，成爲威脅最富裕資本主義國家主權的超國家怪物。總之，富裕的資本主義世界與貧窮的前資本主義或前社會主義世界，同樣面對一個險惡的（假如不是絕望的）前景。

在這種情形下，願景與分析的目的何在？經濟學顯然對政治領導、外交技巧與社會激勵等防〔320〕止上述壓力破壞資本主義社會運作的關鍵因素，幫助甚微。然而俗世哲學家具有獨特的潛力，以提供具有前瞻性的指引，至少幫助某些資本主義國家盡可能地安度未來數十年。

讓我強調是**某些**資本主義國家。最後一次重申，所有資本主義體系的特徵都是資本的驅力、市場體系的引導與限制，以及分散到兩個互相滲透但又各自獨立的分支（一般公認這是件好事，但也不是沒有缺點）。然而對此還得加上讓資本家完成工作的適應與創新能力，其表現範圍可見於資本驅力的強度、市場自由的程度，以及公私界線的位置。所以資本主義體系雖有共同點，但仍有很多種不同的資本主義**社會**——看看歐洲（包含斯堪地那維亞在內）在社會層面成功的資本主義（即使在經濟層面不總是成功），以及美國在經濟層面成功卻造成社會災難的資本主義，這兩者間的鴻溝。試想，美國頂尖企業高層的薪水，是法國或德國高層的兩倍，而美國窮人向上提升的流動性只有法、德的一半，瑞典的三分之一。[註4]第一項比較點出貪婪的文化；第二項比較點出社會的冷漠。這兩者的結合，對任何致力減輕未來數十年將遭逢之壓力的國家來說，在制度上沒什麼可取之處，更不可能以此做爲領導世界的模式。

重生的俗世哲學，對資本主義這些社會層面最爲有用。經濟分析本身無法指明我們通往未來的道路，但經濟願景能讓人覺醒，使資本主義結構可以擴大其動機、增加其彈性，並發展其社會〔321〕責任。總之，在壓力近在眼前的時刻，俗世哲學的重大目的，應該是讓人對於社會上與經濟上同樣成功的資本主義其需要與可能性，有新的體認。

這無疑將遭到反對，因爲實現這樣一個影響深遠的計畫，需要政治領袖天才，而具體落實這種願景所需的學問，大多屬於心理學、社會學與政治學等其他知識領域。

沒錯，沒錯。不可能僅憑經濟學而在缺乏必要領導的情形下，引導一個國家，但領導若無開明且廣博的經濟學自我定義的啓發，將會缺乏明確的方向。這種新經濟學一定會包含其他社會研究領域的知識，但若二十一世紀俗世哲學的效益，要能比得上十九到二十世紀早期的效益，就得變得更爲深廣，凌駕於我們今日留下的乾癟殘渣之上。記住我們標題中「終結」的兩種意義，本書就是要獻給明日的俗世哲學這充滿希望的願景。

延伸閱讀指南

傳聞中，經濟學著作都很枯燥乏味。老實說，大多數的確如此。經濟學者必須做好心理準〔323〕備，閱讀讓人昏昏欲睡的長篇大論。要有駱駝的持久力與聖徒的耐心，才能讀完某些偉大的文本。

但是也有很多充滿活力、刺激，甚至能激勵初學者的經濟學作品，有更多有趣、具說服力與重要性的高品質著作。這就是我要在此推薦的。它們絕非對整個經濟學門的研究——這不是簡短的清單所能完全羅列。它們只能做爲探索經濟學中某個領域的良好起點。其中有些書籍比較艱澀，但不至於無法閱讀，而且它們都很有價值。基於種種原因，我樂於閱讀這些書籍，而且獲益良多。附帶一提，下列書籍中有不少都出了平裝本（重印平裝本的速度，令人目不暇給。我在已知有平裝本的書籍標題後，加上星號〔*〕註記）。

讀者可能想先挑一本教科書，看看經濟學究竟在講些什麼。假如是以閒暇進修而非娛樂爲目〔324〕的，這值得一試。在十餘本不錯的教科書中，我推薦保羅．A．薩繆爾森（Paul A. Samuelson）所撰寫，當代最著名的《經濟學》。這是一本生氣勃勃、內容廣泛而不易讀的書——不能僅是瀏覽，必須深入研讀。若想讀單純一點的簡介，可以看萊斯特．梭羅（Lester Thurow）與我合著的《經濟學的祕密》（*Economics Explained**）（Touchstone Books, published by Simon & Schuster,

Inc. New York, 1998）。

經濟學說史的書單比較難開。讓我推薦一本含括這整個領域，而又富含許多細節，並兼顧一切經濟觀念的書。馬克．布勞格（Mark Blaug）的《經濟理論的回顧》（*Economic Theory in Retrospect*）（Cambridge University Press, 1978）是上乘之作，但要具備甚多經濟理論知識才足以閱讀此書。密契爾著名的《講義》（*Lecture Notes*）已由奧古斯都．凱利（Augustus Kelley）以《經濟理論之類型》（*Types of Economic Theory*）之名出版。它們是非常好的讀物，可惜價格也非常高。而且編者將每一個最後的不同版本，都塞進本文中，於是造成不斷重複，減損了密契爾非凡知識一氣呵成的感覺，也部分地降低了閱讀的樂趣。熊彼德過世後出版的《經濟分析史》（*History of Economic Analysis*）是這個領域的傑作，對經濟分析進行了真正的通盤考察。該書和其作者一樣，既出色又頑固。非專業人士可能會讀得很慢。我懷疑，大部分學校裡的經濟學者，都沒讀完這本書。最後，我會推薦本人的《資本主義聖經》（*Teachings from the Worldly Philosophy**）（New York, W.W. Norton, 1996）。該書提供了主要人物的著作選集，並夾雜我的評論。

卡爾．博蘭尼（Karl Polanyi）的《巨變》（*The Great Transformation**）（Farrar & Rinehart, New York, 1944），對資本主義的興起這個主題，進行了極佳的探討。博蘭尼的書主要研究的是，將市場觀念強加於十八世紀非市場導向的世界的難題，但也處理了同一問題的當代面向。這本書非常引人入勝。偉大的歷史學家R．H．托尼（R. H. Tawney）以一種無與倫比風格撰寫的《宗教與資本主義的興起》（*Religion and the Rise of Capitalism**）（New York, 1937，近期 〔325〕
由Harcourt, Brace重新發行），也是針對同一主題，但把焦點放在資本主義興起的不同面向。這是一部有深度的經典著作。馬克斯・韋伯（Max Weber）的《新教倫理與資本主義精神》（*The Protestant Ethic and the Spirit of Capitalism**）（G. Allen & Unwin, London, 1930），是該領域的另一部經典，但閱讀難度更高。只想閱讀資本主義演進史一般概論的讀者，可以看威廉・米爾博格（William Milberg）與我合著的《經濟社會的起源》（*The Making of Economic Society**）（Prentice-Hall, Englewood Cliffs, N.J., 1998）。

想要更深入瞭解歷史背景的讀者，可以閱讀H・皮朗（H. Pirenne）的《中世紀歐洲經濟社會史》（*Economic and Social History of Medieval Europe**）（Harcourt, Brace, New York, 1937），或由多位史家令人讚嘆的論文合成的兩卷本《劍橋歐洲經濟史》（*Cambridge Economic History of Europe*）（Cambridge, London, 1952）。對於要享受閱讀樂趣的讀者，我推薦大衛・藍迪斯（David Landes）的《解放的普羅米修斯》（*The Unbound Prometheus**）（Cambridge Unversity Press, Cambridge, 1969）以及他備受讚揚的《新國富論》（*The Wealth and Poverty of Nations*）（W.W. Norton, New York, 1998）。保羅・曼圖（Paul Mantoux）的《十八世紀產業革命》（*The Industrial Revolution in the Eighteenth Century**）（Harcourt, Brace, New York, 1928）也是珍貴的經典。

想要瀏覽亞當・斯密之前的經濟文獻，也有許多有趣的選擇。想找點消遣娛樂的人可以讀曼德維爾的《蜜蜂的寓言》（*The Fable of the Bees*）（Penguin Classics, New York, 1970）。想對經濟科學的興起進行有系統的檢視，可以讀威廉·列文（William Letwin）的《經濟科學的源起》（*The Origins of Scientific Economics*）（Doubleday, New York, 1964）與隆納德·米克（Ronald Meek）雖嫌專業但卻令人驚嘆的《重農主義經濟學》（*The Economics of Physiocracy*）（Harvard University Press, 1963）。基於某種原因，我也該提及C·B·馬克弗森（C. B. MacPherson）的《占有式個人主義的政治理論》（*The Political Theory of Possessive Individualism*）（Oxford University Press, New York, 1962）。其標題顯示出，這不是「經濟學」著作。但讀者會發現，它對經濟問題非常有啓發性。最後，法國史家費爾南·布勞岱爾（Fernand Braudel）的多卷傑作（Harper & Row, New York, 1967-1979），「非讀不可」。

關於亞當·斯密有個問題。格拉斯哥大學推出了一部卷帙浩繁、無所不包而又極其昂貴的〔326〕「全集」，來慶祝《國富論》出版兩百週年。想成爲亞當·斯密專家的人當然一定要讀其中的《文集》（*Essays*）（ed. A. Skinner and E. Wilson, Clarendon Press, Oxford, 1975）那一卷。否則，我會建議購買「現代叢書」（Modern Library）的《國富論》。若有人想多瀏覽一些，含括《道德情操論》的「菁華」以及亞當·斯密某些其他作品，可以讀我的《亞當·斯密的菁華》（*The Essential Adam Smith**）（W.W. Norton, New York, 1985）。

關於馬爾薩斯和李嘉圖，也有和亞當·斯密一樣的問題。非本行的讀者可以只取一瓢飲。凱因斯的《傳記文集》（*Essays in Biography*）（Horizon Press, New York, 1951）中，有對馬爾薩斯簡潔優美的素描。前述密契爾的《講義》中關於李嘉圖的論述也極其有趣。皮埃羅·斯拉法（Piero Sraffa）的《李嘉圖作品集》（*Works of David Ricardo*）（Cambridge University Press, London, 1951）一絲不苟地將李嘉圖所有的著作，輯錄在這個多卷的版本中，其中最後一卷包含許多非常有趣的傳記資料。然而，除非做好受到智力方面之挫敗的心理準備，我不建議讀者一頭栽進李嘉圖的作品中。因爲其中全是抽象論證，絕不易讀。假如仍有好奇心，不妨嘗試斯拉法作品的第二卷。該卷中重現了馬爾薩斯的《原理》，而每個段落後都附有李嘉圖一針見血的評論。這是兩個惺惺相惜的敵手間的全力對決。想瞭解馬爾薩斯本身以及人口方面的難題，就讀《人口論》（Modern Library, New York, 1960）。該版本附有歷史學家葛楚德·希梅法柏（Gertrude Himmelfarb）最有趣的導論。這本書勝過許多現代討論人口問題的書籍。最近，薩繆爾·杭亭頓（Samuel Huntington）的千頁鉅著《馬爾薩斯》（*Malthus*）（University of Toronto Press, Toronto, 1997），對每一位有志於此領域的學人都至關重要。

無須嘗試閱讀烏托邦人士的作品，只要讀法蘭克·馬努埃（Frank Manuel）的《巴黎先知》（*The Prophets of Paris*）（Harvard University Press, 1962），或亞歷山大·格雷（Alexander Gray）的《社會主義傳統》（*The Socialist Tradition*）（Longmans, Green, London, 1946）。我十分仰仗這兩本書提供關於聖西門和傅立葉的知識。格雷著重描述瑣事，很適合某些富有奇趣的人物。他的書顯然嚴重地偏袒烏托邦主義者，反對「科學的」社會主義。假如要陷到這個領域，可〔327〕以閱讀原典。但我得提出警告：它們全都冗長得令人難以忍受。F·波德莫爾（F. Podmore）撰寫了《羅伯特·歐文》（*Robert Owen*）（Appleton, New York, 1907）這部良好的老派傳記，而

G・D・H・柯爾（G. D. H. Cole）寫的傳記（E. Benn, London, 1925）更眞實，但可讀性較低。這兩本書對這位奇人都不夠公正。或許他的自傳《羅伯特・歐文的一生》（*The Life of Robert Owen*）（Knopf, New York, 1920）才是最好的。

接下來，當然就是彌爾了。他的《自傳》（*Autobiography*）（Columbia University Press, New York, 1944）是冗長的經典。麥可・帕克（Michael Packe）（Macmillan, New York, 1954）也替他寫了出色的傳記。對彌爾有興趣的人，可以讀海耶克出版的書信集《約翰・斯圖亞特・彌爾與哈莉特・泰勒》（*John Stuart Mill and Harriet Taylor*）（University of Chicago Press, Chicago, 1951）。這本書顯示了對彌爾的新觀點。希梅法柏的《論自由與自由主義》（*On Liberty and Liberalism*）（Knopf, New York, 1974），提供了另一個關於彌爾及其與哈莉特之間關係的啓發性觀點。彌爾在經濟學方面很有貢獻。他以優雅的文采與自在的步伐，撰寫了《政治經濟學原理》（University of Toronto Press, Toronto, 1965）。該書對現代讀者仍有吸引力。班特姆（Bantam）還推出了平裝本的《彌爾菁華錄》（*The Essential Works of John Stuart Mill*），包含《自傳》與非常著名的《論自由》（*Essay On Liberty**）。

關於馬克思的文獻汗牛充棟。讀者可以從近來許多傑出的傳記入手。我感覺，其中最好的是大衛・麥克里蘭（David McLellan）的《卡爾・馬克思》（*Karl Marx*）（Harper & Row, New York, 1973），以及他爲維京（Viking）出版之當代大師系列所寫關於馬克思的一篇較短的傑作（New York, 1975）。但我要推薦一本比較舊的書：艾德蒙・威爾遜（Edmund Wilson）的《到芬蘭車站》（*To the Finland Station**）（Harcourt, Brace, New York, 1940）。這是馬克思與恩格斯的傳記、對他們工作的回顧，以及一般歷史著作的批評。最棒的是，其風格讓人感覺像在讀小說。

或許最好讓馬克思自己來導讀。特別重要的是他的《資本論》第一卷。藍燈書屋（Random 〔328〕
House）出了非常好的新版本（Vintage, New York, 1977*）。「看完」之後，接著看較短（而非較長）的《政治經濟學批判大綱》（*Grundrisse*）（ed. David McLellan, Harper Torchbook, New York, 1971*）。然後，羅伯特・塔克（Robert Tucker）的讀本（W.W. Norton, New York, 1978）是不錯的選擇。之後或許是保羅・M・斯威齊（Paul M. Sweezy）的《資本主義發展論》（*The Theory of Capitalist Development*）（Monthly Review Press*）。其後便是龐雜支蔓，無法概括的大量文獻。很抱歉，我要再次提及自己的作品《馬克思主義：贊成與反對》（*Marxism, For and Against*）（W.W. Norton, New York, 1983）。

沒有關於維多利亞時代經濟學者的專卷。讀者可能會想看馬歇爾的《經濟學原理》（Macmillan, New York, 1948）。該書非常厚重，卻不困難。閱讀時要有耐性，知識量倒不是問題。對了，前面提過凱因斯的《傳記文集》，有不錯的段落提到馬歇爾和艾基渥斯。

地下世界有更多有趣的讀物。亨利・喬治已經過時，但他的《進步與貧窮》（*Progress and Poverty*）（Doubleday, New York, 1926）仍很煽情。該書是以報導風格撰寫而成——這點也許做得太過頭了。霍布森比他更認真，更引人入勝。《帝國主義》（G. Allen & Unwin, London, 1938）一書比列寧標以同一名稱的著名小冊子，更能切中要點，也更加有趣。

對於能接受韋伯連風格的人來說，他本人就極具可讀性。某些崇拜他的人會引述他的如珠妙語。《有閒階級論》*（Modern Library, New York, 1934）是他最著名的作品，但我要推薦的是《袖珍本韋伯連選集》（*The Portable Veblen*）（Viking Press, New York, 1950）。馬克斯・勒納（Max Lerner）爲該書撰寫的出色導論，非常清楚地闡明了韋伯連其人及其基本觀念。該書包含了許多韋伯連的作品。關於韋伯連的思想，我大力推薦傑克・狄金斯（Jack Diggins）深具洞察力的論著：《野蠻的詩人》（*The Bard of Savagery*）（Seabury Press, New York, 1978）。馬修・約瑟夫森在他極佳的著作《土豪劣紳》（*The Robber Barons**）（Harcourt, Brace, New York, 〔329〕 1934）中，銳利而又戲謔地闡明了他們的時代。

關於凱因斯的傳記主要有二。羅伊・哈羅德的《凱因斯的一生》（*Life of John Maynard Keynes*）（Harcourt, Brace, New York, 1951），無所不包，卻略嫌浮誇。羅伯特・史紀德斯基爵士（Lord Robert Skidelsky）的《凱因斯傳》（*John Maynard Keynes*）（Viking, New York, 1986）原本計畫分成三卷，但只完成了前兩卷。也可以直接閱讀他才氣煥發、條理明晰的文章。要瞭解凱因斯的文風和思想，《和平的經濟後果》（Harcourt, Brace, New York, 1920）以及《說服論》（*Essays in Persuasion*）（Harcourt, Brace, New York, 1951）都是很好的出發點。

論及資本主義往何處去，與經濟學往何處去的問題時，我仍須給予熊彼德的《資本主義、社會主義與民主》（Harper, New York, 1947）很高的評價。從熊彼德的觀點出發，有興趣的讀者可能希望研讀我的《資本主義的性質和邏輯》（*Nature and Logic of Capitalism**）。若想瞭解熊彼德的一生，羅伯特·羅林·艾倫（Robert Loring Allen）的兩卷本《開門》（*Opening Doors*）（New Brunswick, N. J., Transactions Publishers, 1991）乃是不可或缺的作品。

我們在最後一章考慮的是經濟學本質的問題。這很快會遭遇到技術考量。然而，我建議有興趣的讀者閱讀下列並不「簡單」，卻很重要的著作。戴伯拉·瑞德曼（Deborah Redman）的《經濟學與科學哲學》（*Economics and the Philosophy of Science*）（Oxford, New York, 1991），對於經濟學與科學哲學之間逐漸恢復的關係，做了出色的陳述，是關注歷史者所必讀。菲利浦·米羅斯基（Philip Mirowski）的《似光實熱》（*More Heat Than Light*）（Cambridge University Press, New York, 1989），對於「做爲社會科學的經濟學」提出了具刺激性、爭議性，而又非常有價值的批判觀點。托馬斯·梅爾（Thomas Mayer）的《經濟學中眞實性與精確性的對抗》（*Truth versus Precision in Economics*）（Edw. Elgar, U.K., 1993），是對該主題所做之最好、最公平，也最具批判性的著作。

最後，能寫優美英文的挪威經濟學者埃里克·S·賴納特（Erik S. Reinert），難能可貴地對〔330〕
於當代經濟學如何沿著歷史的路徑走來，以及它可能走上什麼不同的路線，做了極佳的綜述。我建議，想更進一步瞭解他的工作內容的人，寫信到奧斯陸大學的發展與環境中心，地址是P.O. Box 1116-Blindern, N-0317, Oslo, Norway。賴納特就此主題，寫了許多有趣的小冊子和文章，但我會先研讀他的〈國家的角色〉（The Role of the State）這本小冊子。絕對值得一試。

註釋 NOTES

第一章 序論

註1 "The ideas of economists...": John Maynard Keynes, *The General Theory of Employment, Interest, and Money* (New York: Harcourt, Brace & World, 1964), p. 383.

第二章 經濟革命

註1 Elizabeth Marshall Thomas, *The Harmless People* (New York: Vintage, 1958), p. 50.

註2 "In ancient Egypt...": Adam Smith, *An Inquiry into the Nature and Causes of the Wealth of Nations* (New York: Modern Library, 1937), p. 62.

註3 France, 1305: Henri Pirenne, *Economic and Social History of Medieval Europe* (New York: Harcourt, Bruce: n. d.), pp. 102-103.

註4 divan, syrup: Pirenne, ibid., p. 145.

註5 "Owed ten gulden...": Miriam Beard, *A History of the Business Man* (New York: Macmillan, 1938), p. 83.

註6 Saint Gothard pass: Pirenne, op. cit., p. 35, n. 1; Beard, op. cit., p. 83.

註7 Andreas Ryff: Beard, op. cit., p. 83.

註8 tolls and measures: Eli Hecksher, *Mercantilism* (London: George Allen & Unwin, 1935), Vol. I, pp. 57, 118.

註9 Boston, 1639: John Winthrop, *Winthrop's Journal* (New York: Charles Scribner's Sons, 1908), Vol. 1, pp. 315-317.

註10 The Merchant Adventurers Company: W. E. Lingelbach, *The Merchant Adventurers of England* (New York: Longmans, Green, 1902), pp. 47-52; also Sylvia Thrupp, *The Merchant Class of Medieval London* (Chicago: University of Chicago Press, 1948), pp. 165, 169.

註11 fabrics of Dijon and Selangey...pilloried instead: Hecksher, op. cit. pp. 160, 164.

註12 Sir William Petty..."to drink": *The Economic Writings of Sir William Petty*, C. H. Hull, ed. (New York: Augustus Kelley, 1963), p. 274.

註13 the Fuggers: Lewis Mumford, *The Condition of Man* (New York: Harcourt,

Brace & World, 1944), p. 168.

註14 Saint Godric: Henri Pirenne, *Medieval Cities* (Princeton, N.J. : Princeton University Press, 1925), pp. 120-121.

註15 Tablets of Tell-el-Amarna: W. M. Flinders Petrie, *Syria and Egypt*(London: Methuen, 1898), Ch. 2, esp. pp. 44-48.

註16 Maoris: Raymond Firth, *Primitive Economics of the New Zealand Maoris* (New York: E. P. Dutton, 1929), p. 340.

註17 wonderworkshop: Sir William Ashley, *An Introduction to English Economic History and Theory.* 4th ed. (London: Longmans, Green, 1925), pp. 229-237.

註18 France, 1666: Heckshe r, op. cit., p. 171.

註19 England, stocking frame: Paul Mantoux, *The Industrial Revolution in the XVIII Century* (New York: Harcourt, Brace, 1927), p. 196.

註20 is met with measures… calico wares: Heckshe r, op. cit., p. 173.

註21 "Paupers are everywhere!": Karl Marx, *Capital* (New York: International Publishers, 1967), Vol. I, p. 721.

註22 John Hales: Mantoux, op cit., p. 159.

註23 3,500 killed: ibid.

註24 Duchess of Sutherland: Marx, op. cit., pp. 729-730.

註25 "Houses of Terror": Mantoux: op. cit., p. 278.

註26 Columbus: John Boyd Thacher, *Christopher Columbus* (New York and London: G. P. Putnam's Sons, 1903), Vol. II, p.645.

註27 With the share received as a stockholder: John Maynard Keynes, *A Treatise on Money*(London: Macmillan, 1953), Vol. II, pp. 156-157.

註28 "Every man… Circle of Commerce:" Heckshe r, op. cit., p.301.

註29 John Law: Beard, op. cit., pp. 416-419.

註30 Aristotle: *Aristotle's Politics*, trans. Benjamin Jowett (New York: Modern Library, 1943), p. 58.

註31 Hobbes, "nasty, poore…", *Leviathan*, Oxford University Press, 1967, pp. 41, 97.

註32 Mun's *English Treasure…*", see R. Heilbroner, *Teachings from the Worldly Philosophy*. W.W. Norton, N.Y., pp. 24-28.

註33 "To make the Society Happy…": Bernard Mandeville, *The Fable of the Bees* (Oxford: Clarendon Press, 1966), pp. 287, p. 288.

第三章　亞當・斯密的美妙世界

註1 foremost philosophers of his age: biographical details from John Rae, *Life of Adam Smith* (1895) with an introduction by Jacob Viner (New York: Augustus

Kelley, 1965) ; Dugald Stewart, *Biographical Memoir of Adam Smith* (1793) (New York: Augustus Kelley, 1966) ; William Scott, *Adam Smith as Student and Professor* (Glasgow; Jackson, Son & Co., 1937) .

註2 Suppose, for example… mines of Cornwall: Elie Halevy, *England in 1815* (New York: Peter Smith, 1949), pp. 259-265.

註3 Companies of Ancient Britons: Halevy, ibid., p. 242.

註4 Lombe… Daniel Defoe: Paul Mantoux, op. cit., p. 199, n. 1.

註5 child labor: Halevy, op. cit., pp. 279-280.

註6 "I am a beau …": James Bonar, *Library of Adam Smith* (London: Macmillan, 1894), pp. viii-ix.

註7 "a man endowed with every great talent…": Percy Fitzgerald, *Charles Townshend: Wit and Statesman* (London：R. Bentley, 1866), pp. 359-360.

註8 Townshend's fickleness: ibid., p. 334.

註9 Quesnay… circulation of blood: Ronald Meek, *The Economics of Physiocracy* (Cambridge, Mass.: Harvard University Press, 1963) . P. 375, n. 2.

註10 Mirabeau the elder: quoted in Adam Smith, *The Wealth of Nations* (New York: Modern Library, 1937), p. 643; hereafter cited as *Wealth*.

註11 Smith - Johnson altercation: Rae, op. cit., p. 156.

註12 "the outpouring…whole epoch": Max Lerner, Introduction to *Wealth*.

註13 "nation of shopkeepers": Smith, *Wealth*, p. 578.

註14 "By nature…greyhound": ibid., p. 16.

註15 East India Company: ibid., p. 605.

註16 "invisible hand": ibid., p. 423.

註17 "private interests and passions of men": ibid., pp. 594-595.

註18 "system of perfect liberty" : ibid., p. 651.

註19 "It is…our dinner" : ibid., p. 14.

註20 Sir John Byng：Beard, op. cit., p. 493.

註21 In 1720…million and a half：from Gregory King, *Two Tracts* (1696) (Baltimore: Johns Hopkins Press, 1936), p. 31.

註22 "prudence…folly"：Bernard Mandeville, *The Fable of the Bees* (Oxford: Clarendon Press, 1929),Vol. I, p. 194.

註23 "No society…poor and miserable": Smith, *Wealth*, p. 79.

註24 the pin factory: ibid., pp. 4-5.

註25 "Observe the accommodation…naked savages": ibid., pp. 11-12.

註26 Law of Accumulation; Adolph Lowe, "The Classical Theory of Economic Growth," *Social Research*, Summer 1954, pp. 132-141.

註27 Arkwright: Mantoux, op. cit., p.238.

註28 Samuel Walker: ibid., p. 311.
註29 "This won't do…": ibid., p. 386.
註30 "like him who perverts…": Smith, *Wealth*, p. 322.
註31 "the demand for men…": ibid., p. 80.
註32 "It is not uncommon…": ibid., p. 79.
註33 "in the very long run": ibid., pp. 94-95.
註34 200-year limit; *Wealth*, p.394.
註35 "mean rapacity": ibid., p. 460.
註36 "Consumption…the sole end": ibid., p. 625.
註37 "the understandings…prevent it": ibid., pp. 734-735.
註38 "People of the same trade…": ibid., p. 128.
註39 "With the greater part…": ibid., p. 172.
註40 "If any of the provinces…": ibid., p. 900.
註41 "For to what purpose…": Adam Smith, *The Theory of Moral Sentiments* (1759), in R. Heilbroner, *The Essential Adam Smith* (New York: W. W. Norton, 1986), p. 78.
註42 Pitt's remark: Rae, op. cit., p. 405.

第四章　馬爾薩斯和李嘉圖的陰暗預感

註1 Drawing on records: King, op. cit., p. 18.
註2 "In all probability…": ibid., p. 24.
註3 "The decay of population…": Wesley Mitchell, *Types of Economic Theory* (New York: Augustus Kelley, 1967), Vol. I, p. 47.
註4 Pitt's bill: James Bonar, *Malthus and His Work*. 2nd ed., (1924) (New York: Augustus Kelley, 1967), pp. 6, 30. The quote from Paley comes from his *Principles of Moral and Political Philosophy* (London: R. Fauler, 1790), Vol. II, P.347.
註5 "there will be no war…": Bonar, *Malthus and His Work*, p. 15.
註6 56 percent of invested capital…ten years later: Halevy, op. cit., p. 229.
註7 Reevesby estate: ibid., pp. 227-228.
註8 But by 1813…14 shillings per bushel: Mitchell, op. cit., p. 279.
註9 Alexander Baring's remark: ibid., pp. 279-280.
註10 "The interest of the landlords…": David Ricardo, *Works and Correspondence*, ed. Piero Sraffa (Cambridge University Press, 1965),Vol. IV, p. 21.
註11 Ricardo's fortune: ibid., Vol. X, pp. 95-106.
註12 "From the first…refutations": Bonar, *Malthus and His Work*, pp. 1, 2.
註13 "early attachments": Thomas Robert Malthus, (first) *Essay on Population* (1798)

(New York: Macmillan, 1966), p. 65.

註14 "at Nature's mighty feast...": quoted in Bonar. *Malthus and His Work*, p. 305. The quotation appears only in the second edition of the (first) *Essay*. It was subsequently withdrawn.

註15 "the express object of Mr. Malthus's writing..."William Godwin, *Of Population* (1820) (New York: Augustus Kelley, 1964), p. 616.

註16 "I have no hope...my own voice": Ricardo, op. cit., Vol. XIII, p. 21.

註17 That voice..."another planet":Mitchell, op. cit., Vol. I, pp. 306-307.

註18 "They hunted together": quoted in John Maynard Keynes, *Essays in Biography* (London: Macmillan, 1937), p. 134.

註19 "The subdued jests...": Harriet Martineau, *Autobiography*, Maria Weston Chapman, ed. (Boston: James R. Osgood, 1877), p. 247.

註20 "lakes of Killarney": ibid., p. 248.

註21 For Edgeworth see article by J. P. Croshaw, *The New Palgrave Dictionary of Economics*, (New York, MacMillan, 1987), Vol. II, p. 99.

註22 Maria Edgeworth...coxcomb: Ricardo, op. cit., Vol. X, p. 171.

註23 "The talent for obtaining wealth...": ibid., p. 6.

註24 "If, therefore, dealing...": ibid., pp. 73-74.

註25 "unless it is wrong..."ibid., Vol. VI, p. 229.

註26 "And now, my dear Malthus...": ibid., Vol. IX, p.382.

註27 Malthus's opinion of Ricardo: Keynes, *Essays in Biography*, p. 134.

註28 "Thus a new kind of balance...": Joseph Townshend, *A Dissertation on the Poor Laws* (1786) (London: Ridgways, 1817), p. 45.

註29 "Taking the population of the world": Malthus, (first) *Essay*, pp. 25, 26.

註30 "melancholy hue": ibid., p. iv.

註31 "Famine...food of the world": ibid., pp. 139,140.

註32 "Spreading like scabrous growths...": Robert Heilbroner, in Just Faaland, ed., *Population and the World Economy* (Oxford: Basil Blackwell, 1982), p. 237.

註33 "And the effort has begun to pay off": pp. 93-94, Population projections, *U.S. Statistical Abstract*, Dept. of Commerce, 1997; U.S. Table 3, World Table 13317

註34 Paley: Mitchell, op. cit., p. 47.

註35 Coleridge summed up the doleful outlook: Keynes, *Essays*, p. 111.

註36 "Rents," said Malthus: Ricardo, op. cit., Vol. II, p. 222.

註37 "Mr. Malthus never appears to remember...": ibid., p. 449.

註38 "Many a merchant...": ibid., pp. 98-99.

註39 "True, but a brother merchant...": ibid., pp. 376-377.

註40 “I have so very high an opinion…”: ibid., p. 12.

第五章 烏托邦社會主義者的夢想

註1 As early as 1779: Mantoux, op. cit., pp. 411-413.
by 1811…Luddites: J. L. and Barbara Hammond, *The Skilled Labourer* (London: Longmans, Green, 1920), pp. 257-301.

註2 For Owen’s life see *The Life of Robert Owen written by himself* (London: Chas. Knight & Co., 1971) ; Frank Podmore, *Robert Owen: A Biography* (New York: D. Appleton, 1924) ; G. D. H. Cole, *The Life of Robert Owen* (Hamden, Conn.: Archon, 1966) .

註3 For Ricardo’s views see *Works and Correspondence*, Vol. V, pp. 30, 467.

註4 One editorialist wrote: Podmore, op. cit., p. 240.

註5 William Cobbett, *Cobbett’s Political Works* (London: n.d.), p. 230.

註6 “Robert Owen is not a man…”: quoted in Alexander Gray, *The Socialist Tradition* (London: Longmans, Green, 1946), p. 202.

註7 “When the child…circumstances”: Robert Dale Owen, *Threading My Way: An Autobiography* (New York: Augustus Kelley, 1967), pp. 57, 58.

註8 Saint-Simon: see Gray, op. cit., pp. 136-138, and Frank Manuel, *The New World of Henri Saint-Simon* (Cambridge, Mass.: Harvard University Press, 1956) .
“Arise…do today”: Manuel, op. cit., p. 13.

註9 “Since the world began…”: ibid., p. 40.

註10 “Monsieur: be my saviour…” :ibid., p. 112.

註11 “Remember…impassioned!” Gray, op. cit., p. 138.

註12 “We suppose”…thirty thousand people in all: ibid., pp. 151-152.

註13 Charles Fourier: ibid., pp. 156-196.

註14 John Stuart Mill: see Mill’s *Autobiography in Collected Works of John Stuart Mill* (Toronto: University of Toronto Press, 1981), Vol. I.

註15 “I never composed…”: ibid., pp. 17,19.

註16 “lest the habit of work…”:ibid., p. 39.

註17 “Whoever, either…three” :ibid., p. 265.

註18 “The things once there…”:ibid., Vol. II, pp. 199, 200.

註19 “I confess…”:ibid., Vol. III, p. 754.

註20 “That the energies of mankind…”: ibid.

註21 “The question is whether…”:ibid., Vol. II, p. 209.

註22 “I beg that…”:ibid., Vol. XVI, p. 1146.

註23 “Surely no one…”:ibid., Vol. 1., p. 226.

第六章 馬克思的嚴酷體系

註1 "A spectre...": Karl Marx and Friedrich Engels, "The Manifesto of the Communist Party," *Collected Works* (Moscow: Progress Publishers, 1976), Vol. VI, p. 481.

註2 a year of terror: see Priscilla Robertson, *Revolutions of 1848: A Social History* (Princeton, N.J.: Princeton Univ. Press, 1948) .

註3 "The Communists disdain...": ibid., p. 519.

註4 "really people in our gentle walk...": I cannot find the source but am advised by Mr. Fred Whitehead the it is probably Heine's introduction to *Lutetia* (1854) .

註5 Marx and Engels biographical data: see Edmund Wilson, *To the Finland Station* (New York: Farrar, Strauss & Giroux, 1940, 1972) ; Franz Mehring, *Karl Marx* (Ann Arbor, Mich.: University of Michigan Press, 1962) ; David McLellan, *Karl Marx: His Life and Thought* (New York: Harper & Row, 1973) .

註6 "in mahogany...": Wilson, op. cit., p. 157.

註7 "And yet there is a great deal...":ibid., p. 163.

註8 "a veritable earthly god": Elie Halevy, *Imperialism and the Rise of Labour* (London Ernest Benn, 1951), p. 18.

註9 "The materialist conception...": F. Engels, *Anti-Dühring* (New York: International Publishers, 1970), p. 292.

註10 "Men make their own history...": "The Eighteenth Brumaire of Louis Napoleon", in Marx, *Works*, Vol. II, p. 103.

註11 "The hand-mill...":"The Poverty of Philosophy," ibid., Vol. VI, p. 166.

註12 "The development of modern industry...": ibid., p. 496.

註13 Lenchen: see Yvonne Kapp, *Eleanor Marx* (London: Lawrence and Wishart, 1972), Vol. 1, Appendix I, pp. 289-297.

註14 "Our dear mother...": David McLellan, *Karl Marx: Interviews and Recollections* (Totowa, N.J.: Barnes and Noble, 1981), p. 165.

註15 "You must your war-articles...": Wilson, op. cit., p. 365.

註16 "I hope the bourgeoisie...": ibid.

註17 "My wife is ill..."Marx, *Works*, Vol. XXXIX, p. 181.

註18 "swinging his stick..."Kapp, op. cit., p. 112.

註19 "I am not a Marxist": McLellan, *Karl Marx: His Life and Thought*, p. 443.

註20 "The philosophers hitherto...":"Theses on Feuerbach," in Marx, *Works*, Vol. V, p. 8.

註21 anti-Semitism: see Paul Padover, *Karl Marx: An Intimate Biography* (New York: McGraw-Hill, 1978) , p. 166-170.

註22 "Ignorance has never…": McLellan, supra cit., pp. 156-157.

註23 Proudhon's letter: ibid., p. 159.

註24 "The history of capitalism…": *The Communist International, 1919-1943*. Jane Degras, ed. (London: Oxford University Press, 1961), p. 475.

註25 "vampire thirst…": ibid., p. 245.

註26 "dripping from head to foot…": Marx, *Capital* (Moscow: Progress Publishers, 1954), p. 712.

註27 "Along with…are expropriated": ibid., p. 715.

註28 unemployment and poverty: see Thomas Palley, *Journal of Post-Keynesian Economics*, Spring 1998, p. 338, Table 1; p. 343, Table 8.

註29 "just as Darwin discovered…": Padover, op. cit ., p. 591.

第七章　維多利亞世界與經濟學的地下世界

註1 Sir Robert Giffen, *Economic Inquiries and Studies* (London: George Bell & Sons), Vol. I, 1909, p. 349.

註2 working hours: see Sir John Clapham, *An Economic History of Modern Britain, 1850-1886* (Cambridge: Cambridge University Press, 1963), pp. 448-449. The citation in the text does not follow Clapham exactly.

註3 "The English proletariat…": Marx, *Works*, Vol. XL, p. 344.

註4 "Shall I answer briefly…": from Keynes, *Essays*, p. 273.

註5 "Considerations so abstract…": F. Y. Edgeworth, *Mathematical Psychics* (1881) (New York: Augustus Kelley, 1961), p. 128.

註6 von Thünen : J. A. Schumpeter, *History of Economic Analysis* (New York: Oxford University Press, 1954), p. 467.

註7 Jevons's quotes: W. Stanley Jevons, *The Theory of Political Economy* (London: Macmillan, 1879), pp. vii, 3.

註8 for Bastiat's life see Charles Gide and Charles Rist, *A History of Economic Doctrines* (London: George A. Harrap, 1915) ; *International Encyclopedia of Social Sciences*, 1968; and *Encyclopaedia Britannica*, 11th ed., 1910. See also essay by de Fontenay in *Oeuvres Complètes de Frédéric Bastiat* (Paris, 1855), Vol. I

註9 "Negative Railway": Bastiat, *Economic Sophisms* (New York: G. P. Putnam, 1922), pp. 101-102.

註10 military adventures: Bastiat, *Oeuvres Complètes*, pp. 26, 27.

註11 Molinari: Gide and Rist, op. cit., p. 329n. The text citation differs slightly.

註12 Petition of the Manufacturers…: ibid., pp. 60-65.

註13 "Everyone wants to live…": freely adapted from Bastiat, *Selected Essays in*

Political Economy (Princeton, N. J.: Van Nostrand, 1964), p. 111.
註14 "Pass a law to this effect…": ibid., p. 135.
註15 "Thank God I am not dead…": Bastiat, *Oeuvres Complètes*, pp. 205, 206.
註16 "Truth, truth…": ibid., p. xxxii.
註17 "About politics…in a fog": in Mitchell, op. cit., Vol. II, p.30.
註18 "Political Economy…injustice": *Complete Works of Henry George* (National Single Tax League, 1900), Vol. I, p. 557.
註19 "Words fail the thought!": ibid., p. 549.
註20 Henry George biographical details: Henry George, Jr., *Life of Henry George*, in ibid., Vols. IX, X.
註21 "I walked alone…": ibid., Vol. IX, p. 149.
註22 "The name of political economy…": ibid., pp. 277-278.
註23 "In daylight…like a child": ibid., pp. 311-312.
註24 "Take now… an almshouse": ibid., Vol. I, pp. 291, 292.
註25 "raise wages…nobler heights": ibid., p. 188.
註26 A reviewer in *Argonaut*: C. A. Barker, *Henry George* (New York: Oxford University Press, 1955), p. 318; see Henry George Scrapbook, no. 24; New York Public Library, p. 7.
註27 A friend asked him: I cannot locate this source.
註28 "I will not insult…":Stephen B. Cord, *Henry George: Dreamer or Realist?* (Philadelphia: University of Pennsylvania Press, 1965), p. 39.
註29 "The Anglo-Saxon race…": J. A. Hobson, *Imperialism*. 2nd ed. (Ann Arbor, Mich.: University of Michigan Press, 1965), p. 160.
註30 "France is needed by humanity": ibid.
註31 Pobyedonostsev; the Kaiser: ibid.
註32 "a vast system of outdoor relief…": ibid., p. 51.
註33 "these wretched colonies…": R. Palme Dutt, *Britain's Crisis of Empire* (New York: International Publishers, 1950), p. 18.
註34 "Yes, the English are mentioned…": J. A. Hobson, quoted in *Confessions of an Economic Heretic* (London: George Allen & Unwin), 1938, p. 59.
註35 Sir Charles Crossthwaite: Hobson, *Imperialism*, p. 50.
註36 "the middle stratum…": Hobson, *Confessions*, p. 15.
註37 "My intercourse with him…": ibid, p. 30.
註38 "as equivalent in rationality…": ibid., p. 30.
註39 "timidest of God's creatures":ibid., p. 62.
註40 "I was in the East End…" Dutt, op. cit., p. 22.
註41 "the endeavor of the great controllers…": Hobson, *Imperialism*, p. 85.

註42 "Imperialism, the highest phase…": *The Communist International*, 1919-1943, ed. Jane Degrad (London: Oxford University Press, 1960), pp. 480-481.

註43 "All the advantages…": Dutt, op. cit., p. 18.

註44 English overseas investment: see Halevy, *Imperialism and the Rise of Labour*, pp. 13-14; also Eric Hobsbawm, *Industry and Empire* (New York: Pantheon, 1968), p. 125.

註45 Fay's anecdote: *Memorials of Alfred Marshall*, ed. A. C. Pigou (London: Macmillan, 1925), p. 74, 75.

註46 "a whole Copernican system…": Keynes, *Essays in Biography*, p. 223.

註47 "the blades of a pair of scissors": Alfred Marshall, *Principles of Economics*, 9th variorum ed. (London: Macmillan, 1961), p. 348.

註48 "chivalry," ibid., p. 719.

註49 "clerk with ￡100," p. 19.

註50 "Political Economy," p. 43.

第八章　韋伯連的野蠻社會

註1 Vanderbilt letter: Matthew Josephson, *The Robber Barons* (New York: Harcourt, Brace, 1934), p. 15.

註2 "What do I care about the law?": ibid.

註3 Rogers-Rockefeller transaction: ibid., p. 398.

註4 A. B. Stickney: ibid., 312.

註5 "I owe the public nothing": ibid., p. 441.

註6 "A very strange man, Thorstein Veblen": biographical data from Joseph Dorfman, *Thorstein Veblen and His America* (New York: Viking, 1947) .

註7 Veblen on religion:"Salesmanship and the Churches," in *The Portable Veblen*, ed. Max Lerner (New York, 1950), p. 504.

註8 "an advertisement…of ferocity": Thorstein Veblen, *The Theory of the Leisure Class* (New York: Modern Library, 1934), p. 265.

註9 "From my earliest recollection…": Dorfman, op. cit., p. 12-13.

註10 "He was lucky enough…": op. cit., p. 56.

註11 On Laughlin's death: Dorfman, op. cit., p. 517.

註12 "When I entered the room…": ibid., p. 118.

註13 "In a low creaking tone…": ibid., p. 249.

註14 "Why, it was creepy…": ibid., p. 316.

註15 "It fluttered the dovecotes…": ibid., p. 194.

註16 "A certain king of France…": Veblen, *Theory of the Leisure Class*, p. 43.

註17 "We all feel, sincerely…": ibid., p. 156.

註18 "The discipline of savage life…":"Christian Morals," in *The Portable Veblen*, p. 489.
註19 "In order to stand well…": Veblen, *Theory of the Leisure Class*, p. 30.
註20 "The book, I am creditably told…": Dorfman, op. cit., p. 220.
註21 "The iron rails have broken…": Josephson, op. cit., p. 136n.
註22 "the lines are located in good country…": ibid., p. 245.
註23 "Doubtless this form of words…": "The Captain of Industry" from *Absentee Ownership and Business Enterprise*, in *The Portable Veblen*, p. 385n.
註24 "throws out anthropomorphic habits…": Thorstein Veblen, *The Theory of Business Enterprise* (New York: Scribner's, 1932), p. 310.
註25 "There is nothing in the situation…":Thorstein Veblen, *The Engineers and the Price System* (New York: Harcourt, Brace, 1963), p. 151.
註26 "the tapeworm's relations to his host…": "The Case of Germany," in *The Portable Veblen*, p. 555.
註27 "Veblenism was shining in full brilliance…": Dorfman, op. cit., p. 492.
註28 "He took a hatchet…": ibid., p. 456.
註29 Veblen's will: ibid., p. 504.
註30 "the high gloss…":Veblen, *Theory of the Leisure Class*, pp. 131-132.
註31 "The vulgar suggestion of thrift…": ibid., p. 134.
註32 The irrepressible Mencken: Dorfman, op. cit., p. 423.
註33 "A gang of Aleutian islanders…": Thorstein Veblen, *The Place of Science in Modern Civilization* (New York: Capricorn Press, 1918), p. 193.
註34 His pupil, Wesley Clair Mitchell: Dorfman, op. cit., p. 505.

第九章　凱因斯的異端學說

註1 Veblen's investment: Dorfman, op. cit., pp. 485-486.
註2 John J. Raskob…"He will be rich": Frederick Allen, *Only Yesterday* (New York: Bantam Books, 1931), p. 345.
註3 Bertrand Russell: Roy Harrod, *The Life of John Maynard Keynes* (New York: Augustus Kelley, 1969) , p. 135.
註4 Keynes biographical details from Harrod, ibid., and Robert Skidelsky, *John Maynard Keynes* (New York: Viking, 1986) .
註5 "It was the usual stuff…": Harrod, op. cit., p. 26.
註6 "I want to manage a railway…": Skidelsky, op. cit., p. xxiii.
註7 "I evidently knew more…": Harrod, op. cit., p. 121.
註8 "There was an urgent need…": ibid., p. 203.
註9 Keynes contributed more: ibid., p. 206.

註10 "I dislike being in the country…": ibid., p. 364.

註11 "It must be weeks…": ibid., p. 249.

註12 Clemenceau"had only one illusion…": John Maynard Keynes, *The Economic Consequences of the Peace* (New York: Harcourt, Brace, 1920), p. 32.

註13 Wilson"looked wiser when seated": ibid., p. 40.

註14 "The Council of Four…": ibid., pp. 226-227.

註15 "The danger confronting us…": ibid., p. 228.

註16 Keynes as investor: Harrod, op. cit., pp. 297, 298.

註17 Keynes as Bursar: ibid., p. 388.

註18 "But at first, of course…": ibid., p. 20.

註19 Planck and economics: ibid., p. 137.

註20 "These periodic collapses…": cited in John Maynard Keynes, *Essays in Biography*, New York: W. W. Norton, 1963, p. 273, 277.

註21 "What is prudence…": Smith, *Wealth*, P. 424.

註22 "It has been usual to think…": John Maynard Keynes, *A Treatise on Money*, Vol. II, pp. 148, 149.

註23 "To understand *my* state of mind…": Harrod, op. cit., p. 462.

註24 "Ancient Egypt…": John Maynard Keynes, *The General Theory of Employment, Interest, and Money* p. 131.

註25 "If the Treasury…": ibid., p. 129.

註26 *New York Times*, June 10, 1934.

註27 "It is better that a man should tyrannize…": Keynes, *General Theory*, p. 374.

註28 "I should…the devil": Harrod, op. cit., p. 436.

註29 "How can I accept the〔Communistic〕 doctrine": Charles Hession, *John Maynard Keynes* (New York: Macmillan, 1984), p. 224.

註30 "Einstein has actually done…": I cannot rediscover the source.

註31 "Surely it is impossible…Three Cheers": Harrod, op. cit., pp. 477, 488.

註32 "Lenin is said to…": Keynes, *Economic Consequences*, p. 235.

註33 "This evening, I participated…": Harrod, op. cit., p. 577.

註34 Keynes's final speech: ibid., p. 584.

註35 "No such luck": ibid., p. 617.

註36 economists should be humble: John Maynard Keynes,"Economic Possibilities for Our Grandchildren," in *Essays in Persuasion* (New York: W. W. Norton, 1963), p. 373.

註37 Sir Harry Goschen: op. cit., p.222.

註38 "The study of economics…": Keynes, *Essays in Biography*, pp. 140-141.

註39 Blinder, R. Heilbroner and W. Milberg, *The Crisis of Vision in Modern*

Economic Thought (New York, Cambridge University Press, 1995), p. 46.

第十章　熊彼德的矛盾

註1 "Don't mourn for me...": Keynes, *Economic Possibilities for Our Grandchildren*, p. 367.

註2 "...a century is a 'short run'": Joseph A. Schumpeter, *Capitalism, Socialism and Democracy* (New York: Harper & Bros., 1942, 1947), p. 163.

註3 "Can capitalism survive?...": ibid., p. 61.

註4 For biographical details see Arthur Smithies, "Memorial," *American Economic Review*, 1950, pp. 628-645; Gottfried Haberler, "Joseph Alois Schumpeter," *Quarterly Journal of Economics*, August 1950, pp. 333-384; Christian Seidl, "Joseph Alois Schumpeter: Character, Life and Particulars of the Graz Period," in *Lectures on Schumpeterian Economics*, Christian Seidl, ed. (Berlin: Springer Verlag, 1984), pp. 187-205; Seymour Harris, ed., *Schumpeter: Social Scientist* (Cambridge, Mass.: Harvard University Press, 1951) .

註5 "never a beginner": Haberler, op. cit., p. 340.

註6 "All knowledge and habit...": J. A. Schumpeter, *The Theory of Economic Development* (Cambridge, Mass.: Harvard University Press, 1949), p. 84.

註7 "We shall understand...": ibid., pp. 89-90.

註8 "First there is the dream...": ibid., pp. 93-94.

註9 "If somebody wants to commit suicide...": Haberler, op. cit., p. 345.

註10 "Annie," Robert Loring Allen, *Opening Doors* (New Brunswick, N.J., Transactions Publishers, 1991), p. 193.

註11 "But the sociological drift...": J. A. Schumpeter, *Business Cycles* (New York: McGraw-Hill, 1939),Vol. II, p. 1050.

註12 "one of the most brilliant men..."and" the less said...":"Review of Keynes's *General Theory*," *Journal of the American Statistical Association*, December 1936.

註13 "The evolution of the bourgeois style...": Schumpeter, *Capitalism, Socialism and Democracy*, p. 126.

註14 conquest of the air: ibid., p. 117.

註15 "Perennial gale...": ibid., pp. 84, 87.

註16 "Capitalism creates a critical frame of mind...": ibid., p. 143.

註17 "tendency toward another civilization...": ibid., p.163.

註18 "Can socialism work?": ibid., p.167.

註19 Marx-a conservative: ibid., p. 58.

註20 monopolies increase influence of better brains: ibid., p. 101.

註21 capitalist nations less aggressive: ibid., pp. 128-129.
註22 "We can assume that every healthy man...": Schumpeter, *Theory of Economic Development*, p. 81, n. 2.
註23 About a quarter of the population: ibid.
註24 the true elite: ibid.
註25 "The upper strata...": Schumpeter, *Capitalism, Socialism and Democracy*, p. 156.
註26 "Here is a class...": ibid., p. 204.
註27 flesh out a larger "vision": J. A. Schumpeter, *History of Economic Analysis* (New York: Oxford University Press, 1954), p. 41.
註28 "Analytic work embodies...": ibid., p. 42.
註29 Marshall's view of consumer goods, *Principles*, p. 64.
註30 aristocracy of talent: see discussion by Smithies, op. cit., 634-637.
註31 one scholar has suggested: Seidl, op. cit., p. 197, n. 55.

第十一章　俗世哲學的終結？

註1 Mankiw, *Principles of Economics* (Ft. Worth, Tex.: Dryden Press, 1997), p. 18.
註2 Stiglitz, *Economics* 2nd ed. (New York: W. W. Norton, 1996) .
註3 Marshall, "human nature" *Principles*, p. 32.
註4 Comparative management compensation, *The State of Working America*, 1998-1999, Economic Policy Institute (New York, Cornell University Press, 1999), p. 213; upward mobility of the poor, *Business Week*, Feb. 26, 1996, p. 90.

國家圖書館出版品預行編目資料

俗世哲學家：改變歷史的經濟學家／海爾布魯諾 (Robert L. Heilbroner) 著　唐欣偉 譯. --
二版.-- 臺北市：商周出版：家庭傳媒城邦分公司發行, 2020.8
面；　公分.（Discourse ; 36）
譯自：The Worldly Philosophers : The Lives, Times, and Ideas of the Great Economic Thinkers, 7th ed.
ISBN 978-986-477-896-6（平裝）
1.經濟學家 2.傳記 3.經濟思想史
550.99　　109011029

Discourse 36

俗世哲學家：改變歷史的經濟學家

原文書名／The Worldly Philosophers: The Lives, Times, and Ideas of the Great Economic Thinkers, 7th ed.
作　　者／海爾布魯諾（Robert L. Heilbroner）
譯　　者／唐欣偉
企畫選書／李尚遠
責任編輯／葉咨佑、楊如玉

版　　權／黃淑敏、劉鎔慈
行銷業務／周佑潔、周丹蘋、黃崇華
總 編 輯／楊如玉
總 經 理／彭之琬
事業群總經理／黃淑貞
發 行 人／何飛鵬
法律顧問／元禾法律事務所　王子文律師
出　　版／商周出版
115台北市南港區昆陽街16號4樓
電話：(02) 2500-7008　傳眞：(02) 2500-7579
Blog: http://bwp25007008.pixnet.net/blog
E-mail：bwp.service@cite.com.tw
發　　行／英屬蓋曼群島商家庭傳媒股份有限公司城邦分公司
115台北市南港區昆陽街16號8樓
書虫客服專線：(02)2500-7718；2500-7719
24小時傳眞專線：(02)2500-1990；2500-1991
服務時間：週一至週五上午09:30-12:00；下午13:30-17:00
劃撥帳號：19863813　戶名：書虫股份有限公司
E-mail：service@readingclub.com.tw
歡迎光臨城邦讀書花園　網址：www.cite.com.tw
香港發行所／城邦（香港）出版集團有限公司
香港九龍土瓜灣土瓜灣道86號順聯工業大廈6樓A室
電話：(852) 25086231　傳眞：(852) 25789337
E-mail：hkcite@biznetvigator.com
馬新發行所／城邦（馬新）出版集團　Cité (M) Sdn. Bhd.
41, Jalan Radin Anum, Bandar Baru Sri Petaling,
57000 Kuala Lumpur, Malaysia.
電話：(603) 9056-3833　傳眞：(603) 90576622
E-mail：services@cite.my

封面設計／李東記
排　　版／浩瀚電腦排版股份有限公司
印　　刷／韋懋實業有限公司
經 銷 商／聯合發行股份有限公司
電話：(02)29178022　傳眞：(02)29156275

■2020年8月二版
■2024年9月二版2.2刷
Printed in Taiwan

定價／450元

Authorized translation from the English language edition, entitled The Worldly Philosophers, updated 7th Edition, by Robert L. Heilbroner, published by Simon & Schuster, Inc., publishing as Touchstone.
Copyright © 1953, 1961, 1967, 1972, 1980, 1992, 1999 by Robert L. Heilbroner.
Complex Chinese translation copyright © 2020 by Business Weekly Publications, a division of Cité Publishing Ltd.
Published by arrangement with William Morris Endeavor Entertainment, LLC. through Andrew Nurnberg Associates International Limited.
All rights throughout the world are reserved to Robert L. Heilbroner c/o William Morris Endeavor Entertainment, LLC.
No part of this book may be reproduced or transmitted in whole or in part in any form or by any means.

著作權所有，翻印必究
978-986-477-896-6

城邦讀書花園
www.cite.com.tw

商周出版

廣　告　回　函
北區郵政管理登記證
台北廣字第000791號
郵資已付，免貼郵票

115 台北市南港區昆陽街 16 號 8 樓

英屬蓋曼群島商家庭傳媒股份有限公司　城邦分公司

請沿虛線對摺，謝謝！

商周出版

書號：BK7036X	書名：俗世哲學家	編碼：

請於此處用膠水黏貼

商周出版

讀者回函卡

不定期好禮相贈！
立即加入：商周出版
Facebook 粉絲團

感謝您購買我們出版的書籍！請費心填寫此回函卡，我們將不定期寄上城邦集團最新的出版訊息。

姓名：＿＿＿＿＿＿＿＿＿＿ 性別：□男 □女

生日：西元＿＿＿＿年＿＿＿＿月＿＿＿＿日

地址：＿＿＿＿＿＿＿＿＿＿

聯絡電話：＿＿＿＿＿＿＿＿ 傳真：＿＿＿＿＿＿＿＿

E-mail：

學歷：□ 1. 小學 □ 2. 國中 □ 3. 高中 □ 4. 大學 □ 5. 研究所以上

職業：□ 1. 學生 □ 2. 軍公教 □ 3. 服務 □ 4. 金融 □ 5. 製造 □ 6. 資訊
□ 7. 傳播 □ 8. 自由業 □ 9. 農漁牧 □ 10. 家管 □ 11. 退休
□ 12. 其他＿＿＿＿＿＿＿＿

您從何種方式得知本書消息？

□ 1. 書店 □ 2. 網路 □ 3. 報紙 □ 4. 雜誌 □ 5. 廣播 □ 6. 電視
□ 7. 親友推薦 □ 8. 其他＿＿＿＿＿＿＿＿

您通常以何種方式購書？

□ 1. 書店 □ 2. 網路 □ 3. 傳真訂購 □ 4. 郵局劃撥 □ 5. 其他＿＿＿＿

您喜歡閱讀那些類別的書籍？

□ 1. 財經商業 □ 2. 自然科學 □ 3. 歷史 □ 4. 法律 □ 5. 文學
□ 6. 休閒旅遊 □ 7. 小說 □ 8. 人物傳記 □ 9. 生活、勵志 □ 10. 其他

對我們的建議：＿＿＿＿＿＿＿＿＿＿

【為提供訂購、行銷、客戶管理或其他合於營業登記項目或章程所定業務之目的，城邦出版人集團（即英屬蓋曼群島商家庭傳媒（股）公司城邦分公司、城邦文化事業（股）公司），於本集團之營運期間及地區內，將以電郵、傳真、電話、簡訊、郵寄或其他公告方式利用您提供之資料（資料類別：C001、C002、C003、C011 等）。利用對象除本集團外，亦可能包括相關服務的協力機構。如您有依個資法第三條或其他需服務之處，得致電本公司客服中心電話 02-25007718 請求協助。相關資料如為非必要項目，不提供亦不影響您的權益。】

1.C001 辨識個人者：如消費者之姓名、地址、電話、電子郵件等資訊。
2.C002 辨識財務者：如信用卡或轉帳帳戶資訊。
3.C003 政府資料中之辨識者：如身分證字號或護照號碼（外國人）。
4.C011 個人描述：如性別、國籍、出生年月日。

請於此處用膠水黏貼